中国（丽水）两山研究院资助项目



# 企业并购对股票错误定价的影响研究

黄兰兰　著

中国农业出版社
北　京

# 前言

有效市场假说认为资本市场是有效的，股票的价格是其内在价值的反映，投资者无法利用技术手段获得超额收益。然而，现实的资本市场并非完全有效，投资者的有限理性与信息不对称导致股票价格长期偏离其内在价值，资本市场的这种金融异象被称为股票错误定价。股票错误定价不仅影响投资者的投资效率，也导致资本市场的资源配置效率降低，阻碍资本市场的平稳发展，严重的可能危及金融安全，甚至造成经济危机。因此，股票错误定价问题受到相关领域研究者的重点关注。我国资本市场具有新兴和转轨的典型特征。相较于发达国家成熟的资本市场，我国的证券市场制度尚待完善，仍需进一步发展，投资者有限理性和信息不对称广泛存在，问题较为突出。近年来，我国上市公司的并购事件经常见诸各大媒体。并购事件是证券市场追逐的热点。一方面，基于协同效应理论，并购的“利好”消息提高了投资者的乐观情绪；另一方面，企业并购过程中存在严重的信息不对称问题，很可能成为套利者的工具，还可能存在有些利益相关者利用并购操纵股票价格的行为，同时企业并购增加了管理层的盈余管理行为，因此企业并购行为可能加剧投资者的有限理性和信息不对称，降低资本市场定价效率。企业并购是如何影响股票错误定价的形成，如何加剧股票错误定价的？这些都是为了保障我国证券市场的平稳发展而亟待研究和解决的重要问题。

本书采用文献研究和实证研究等方法，在回顾和梳理现有文献、进行概念界定与理论分析的基础上，以中国沪深A股2007—2019年上市公司为研究对象进行分析。首先，检验了企业并购对股票错误定价的影响，阐述并实证了企业并购行为对股票错误定价会带来什么样的影响；其次，从并购方式和外部环境异质性视角考察企业并购对股票错误定价的调节作用，实证检验了并购方式的异质性，即并购模式、支付方式、并购商誉、并购溢价在企业并购与股票错误定价关系中发挥的作用，进一步检验了外部治理的异质性，即审计质量、媒体关注和分析师关注在企业并购与股票错误定价关系中发挥的作用；再次，基于行为金融学中的投资者有限理性理论、信息不对称理论，研究投资者情绪和信息不对称对股票错误定价的影响。梳理出“企业并购—投资者有限理性—股票错误定价”及“企业并购—信息不对称—股票错误定价”两条影响路径；最后，从股票价格崩盘风险的视角分析了企业并购行为更深层次的经济后果，并结合本书的研究结论，从改善投资者有限理性和信息透明度、提高并购效率出发，提出了提高资本市场定价效率的对策和建议。

本书的主要结论如下：

第一，企业的并购行为加剧了并购方企业的股票错误定价。一方面，企业的并购行为增加了投资者的乐观情绪，刺激股票价格上涨，导致股票价格高估；另一方面，由于信息不对称，企业的并购行为强化了投资者情绪对股票错误定价的影响。实证结果表明，企业的并购行为加剧了股票错误定价，并且与境内并购相比，跨境并购对股票价格的正向影响更显著。而共享审计师、机构投资者持股能够显著抑制企业并购对股票错误定价的正向影响。

第二，企业选择高估值、高业绩承诺及高溢价的并购方式，加剧了股票错误定价，而企业并购采用现金支付方式能缓解股票错误定价，提高审计质量、提高媒体关注度及分析师关注度也有助于缓解股票错误定价。通过对企业并购方式的异质性检验发现：当企业选择高估值、高业绩承诺及高溢价的并购方式时，并购对股票错误定价影响更显著；当企业选择现金支付方式时，则能有效缓解企业并购对股票错误定价的影响。通过对外部治理环境的检验发现：企业选择审计质量高的事务所进行审计、媒体及分析师对企业并购行为关注度高等情况能够有效缓解企业并购对股票错误定价的影响。

第三，投资者情绪和信息不对称在企业并购与股票错误定价关系中起到部分中介作用。通过检验发现：投资者情绪和信息不对称是企业并购影响股票错误定价的中介变量，企业并购通过投资者情绪和信息不对称的部分中介效应加剧了股票价格高估。经过中介效应比较得知，投资者情绪这一中介效应在总效应中占主导地位。

第四，企业并购影响股票错误定价，从而加剧了股票价格崩盘风险。进一步探究企业并购对股票定价的影响是否会对股票价格崩盘风险产生作用，对企业并购影响股票错误定价的经济后果进行研究后发现，企业并购行为加剧了股票价格高估、造成企业投资效率低下和信息不对称的增加，并最终增加了并购方企业的股票价格崩盘风险。

本研究可能的贡献和创新之处在于：

首先，从投资者情绪和信息不对称两个视角考察企业并购行为对股票错误定价的影响及作用机理。区别于现有文献大多仅从行为金融学或信息不对称的单一视角研究股票错误定价，本书结合行为金融学中的投资者情绪理论和信息不对称理论，重点考察并购战略在企业并购行为与股票错误定价关系中的调节作用，为股票错误定价影响因素的研究提供了一个新的方向，是对股票错误定价研究思路和范围的有益拓展，有助于更深入地认识企业并购行为给股票错误定价带来的影响。

其次，基于企业并购行为，系统性剖析企业并购方式的异质性对企业并购影响股票错误定价的调节作用。现有文献在考察企业并购行为对资产定价效率的影响时，大多仅单独考察并购模式或并购商誉对股票错误定价的影响，然而企业并购行为具有丰富的内涵，并且不同的并购方式对股票错误定价的影响具有不同的特征。本书聚焦企业并购行为中不同的方式特征，全面、系统地分析其对股票错误定价的影响，是对现有企业并购行为经济后果研究进一步的有益补充。

最后，考察企业并购外部环境治理的异质性在企业并购与股票错误定价关系中的调节作用。现有研究从外部治理角度研究企业并购对资本市场定价的调节作用时，多从分析师跟踪和机构投资者持股视角开展研究，本书选取审计质量、媒体关注和分析师关注 3 个不同的外部治理特征，分别分析其在企业并购与股票错误定价关系中的调节作用，丰富了现有影响企业并购行为与资本市场定价关系的外部因素研究。

# 目录

# 第1章 绪 论

## 1.1 选题背景与研究意义

### 1.1.1 选题背景

基于有效市场假说的观点，资本市场是有效的，股票的价格能反映出其内在价值，投资者无法获得超额收益（Fama，1970）。但现实的资本市场并非完全有效，而是充斥着各种"噪声"，且存在着股票价格长期偏离其内在价值的金融异象。资本市场的这种异象被称为股票错误定价。对于股票错误定价产生的根源，目前学者们较为认同的观点有两个：①投资者有限理性及认知偏差（Stein，1996；Baker and Wurgler，2006）；②信息不对称（Nanda and Narayanan，1999）。股票错误定价普遍存在于各国资本市场，其给资本市场带来的影响不容小觑：一方面，导致资源配置效率低下，造成上市公司利益受损（陈仕华和王雅茹，2022）；另一方面，严重影响了资本市场的稳定性，给资本市场的平稳发展及实体经济的正常运行带来了极大的困扰，甚至可能导致金融危机。

我国资本市场起步较晚，交易机制及相关法律法规有待完善，投资者与上市公司之间存在较为严重的信息不对称，特别是股票市场上以非理性程度较高的散户投资者为主，股票价格常会偏离其以资产为基础的内在价值，出现不同程度的高估或者低估。造成这一现象的主要原因是：首先，上市公司的并购事件是证券市场追逐的热点，基于协同效应理论，并购的"利好"消息增强了投资者对公司未来业绩的信心，投资者预期上市公司的并购行为可能为企业带来新的增长，持有并购方公司股票能够获得超额收益。因此，上市公司的并购行为增加了投资者的乐观情绪，易产生"羊群效应"。其次，与发达国家资本市场相比，我国资本市场具有较强的新兴加转轨特征（薛天航，2022），存在诸多不规范；企业并购过程中存在严重的信息不对称问题，并购很可能成为套利者的工具（赵息和张西栓，2013）；还可能存在利用并购操纵股票价格的行为（赵妍等，2016）。这不仅影响了投资者的投资决策，导致资本市场的资源配置功能失效，而且可能对实体经济产生冲击，影响资本市场定价效率。

随着国内经济体制的不断改革并深化，加之外贸冲突加剧等宏观经济形势的变化，企业在所处的微观经济环境——市场中的竞争也越来越激烈，企业改制、并购重组大量涌现，成为资本市场研究的热点。党的十九大报告指出：我国经济已由高速增长阶段转向高质量发展阶段，正处在转变发展方式、优化经济结构、转换增长动力的攻关期。并购是经济活动中企业扩张或者调整的常见行为，也是企业获取外部创新资源、提高市场竞争力的重要途径。并购作为资本市场配置资源的重要手段，能提高产业集中度，迅速扩大企业规模，提升产业竞争力，增强企业竞争力。美国大型企业无一例外是通过并购成长起来的，通过并购形成了许多垄断巨头。2015 年底的中央经济工作会议明确指出，要积极稳妥化解产能过剩，资本市场要配合企业兼并重组，尽可能多兼并重组、少破产清算。随后，我国资本市场并购交易高潮迭起，并购成为助力经济转型升级的重要金融业态。从 2007—2019 年我国境内企业并购交易趋势（图 1－1）可以看出，尽管近些年并购监管逐渐趋向严格，但以上市公司为统计口径的并购总规模仍然呈现逐年上升的态势。

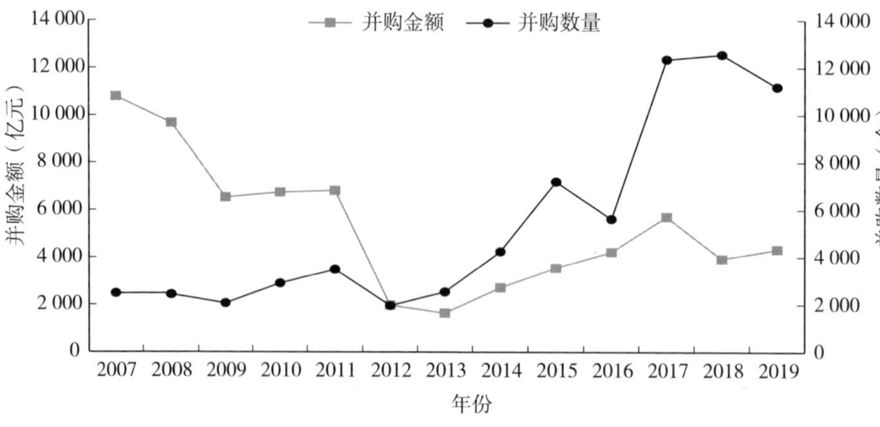


图 1－1　2007—2019 年我国境内企业并购交易趋势

（资料来源：Wind 数据库）

已有的文献分别从投资者非理性行为、公司内部治理特征、资本市场融资制度、新闻媒体报道、分析师预测及机构投资者持股等视角分析了股票错误定价价产生的原因。并购作为企业投资的重要方式之一，在理论界和实务界均引起广泛关注，企业的并购行为可能会对股票价格产生一定的影响。然而，现有从企业并购行为探究股票错误定价如何产生的文献较为少见，其内在机制尚不清楚。综上所述，企业并购行为与股票市场错误定价之间关系这一问题应当引起高度重视，探究企业并购对股票错误定价的影响及作用机制，不仅能丰富股票错误定价影响因素的文献，而且有助于投资者理解并购行为对股票价格的作用。

本研究以行为金融学理论、信息不对称理论及委托-代理理论等为基础，聚焦于证券市场资产定价效率问题，研究企业并购行为将如何影响股票错误定价。通过结合我国资本市场低效率的并购背景探讨上述问题，以企业并购行为作为切入点，深入探讨股票错误定价产生的内在机理。本研究有利于深入探究股票错误定价的影响因素，以及企业并购行为对资本市场定价产生的影响；有助于引导资本市场投资者做出合理的投资决策，提高资本市场定价效率；有助于促进我国证券市场稳定地发展。

### 1.1.2 研究意义

本研究以我国企业并购为切入点，研究企业并购行为将如何影响股票错误定价，进一步检验企业并购影响股票错误定价的机制路径，并深入探究并购的异质性、外部治理对研究结论的差异化影响。除此之外，从股票价格崩盘风险方面分析企业并购行为影响股票错误定价更深层次的经济后果。

#### 1.1.2.1 理论意义

（1）资本市场定价效率对资源配置发挥着重要作用。在中国转型经济体中，企业并购行为影响股票错误定价的机理尚不清楚，有待深入探究。本研究从企业并购行为出发，分析其对股票错误定价的影响，为股票错误定价提供了新的研究视角，丰富了并购行为与资本市场领域的相关研究成果。在我国新兴资本市场背景下，本研究分析了企业并购对股票错误定价的影响，探究并购背景下股票错误定价形成的内在机理，是对资本市场定价效率相关文献的补充。

（2）现有文献在研究企业并购行为时往往是对企业是否发生并购进行单一指标分析，而忽略了企业并购的各个环节的影响。区别于现有文献，本研究对企业并购各环节指标进行构建，以考察其对资本市场的影响。本研究系统而深入地分析了并购过程中各个环节重要节点发挥的作用及影响机理，拓展了企业并购行为与资本市场定价效率的研究成果。

（3）本研究梳理归纳出企业并购行为对股票错误定价产生影响的两条路径——投资者情绪和信息不对称，从这两条路径出发探究企业并购行为加剧股票错误定价的内部传导机制，并进一步比较两条路径的作用机制对股票定价的影响大小，使得企业并购对股票错误定价的作用机制分析更加稳健和全面，为政府正确引导企业并购行为提供一定的理论借鉴与实证依据。

#### 1.1.2.2 实践意义

（1）从企业并购行为出发，研究其对股票错误定价的影响。对政策制定者来说，本研究可以在其后续完善有关企业并购政策的过程中为其提供相关的实证证据；对微观企业而言，本研究有助于管理层寻找合适的并购对象，确定合适的并购价格，减少盲目并购的概率，降低并购失败的可能性。

（2）聚焦于企业并购后的股票错误定价异象，研究企业并购行为对其带来的影响，有助于帮助监管者深刻理解股票错误定价产生的内在原因，有益于我国证券市场的健康发展。

（3）有助于投资者更深刻地理解股票错误定价异象，为他们的投资决策提供参考，有助于投资者正确地对资产进行定价，指导投资者理性投资。如果能够找出上市公司并购与资产定价效率之间的某种关系，将有利于投资者更加理性地对待自己的投资决策和公司并购，避免非理性投资和不必要的损失，营造良好的投资氛围。

## 1.2 研究内容与研究框架

### 1.2.1 研究内容

本研究坚持理论与实践相结合的原则，从企业并购行为考察并购对我国企业股票错误定价的影响，并深入分析并购方式异质性与外部治理环境对企业并购与股票错误定价研究结论的差异化影响，同时深入剖析了企业并购影响股票错误定价的作用机制及经济后果，最终凝练出本研究的结论与政策建议。本书分为 9 章，具体研究内容如下：

第 1 章为绪论。首先，对企业并购与股票错误定价研究的重要性做了分析；其次，对提炼的研究内容、采用的研究方法、研究的逻辑框架和技术路线、研究的思路、研究的意义和可能的创新进行了论述。

第 2 章为文献综述。本章分为两部分。第一部分梳理了影响股票错误定价的因素，分别从投资者有限理性和信息不对称两个方面概括了如何影响股票错误定价；第二部分主要对企业并购经济后果的相关文献进行梳理和分析，并结合财务绩效、超额收益、股票价格等后果进行总结和探讨，最后较为客观、系统地对所梳理的文献进行了相关评述。

第3章为概念界定与理论基础。股票错误定价主要围绕着有效市场假说、信息不对称理论、投资者有限理性理论、委托-代理理论等进行研究。关于股票错误定价的影响因素，目前较被认同的观点是投资者非理性和信息不对称，相关文献中较少涉及企业并购对股票错误定价的影响。在我国上市公司并购频发及经济体制改革进一步深化的背景下，从企业并购的影响这个角度来分析股票错误定价更具有解释力。首先，对企业并购及股票错误定价等概念进行界定；其次，阐述了企业并购历程及类型；再次，阐述企业并购影响股票错误定价的理论基础，并阐明企业并购行为如何影响股票错误定价；最后，基于我国经济制度背景，分析企业并购的现状及企业并购可能影响股票错误定价的主要途径。

第4章为企业并购对股票错误定价的影响。股票错误定价普遍存在于各国资本市场，受到相关领域研究者的重点关注。股票错误定价受投资者有限理性和信息不对称的影响。该部分以我国沪深A股市场2007—2019年上市公司为研究对象，实证考察了企业并购对股票错误定价的影响。研究表明，企业并购行为显著增加了股票错误定价，且与境内并购相比，跨境并购对股票错误定价的影响更大，导致的股票错误定价程度更高。区分审计质量和机构投资者持股的差异性发现，聘用共享审计师能够有效降低信息不对称，有助于减少投资者对并购事件的过度解读，使股票错误定价得到缓解；在公司存在机构投资者持股时，公司治理环境较好，信息透明度较高，投资者的过度乐观情绪得到抑制，同样能够缓解股票错误定价。进一步分析发现，业绩承诺和市场行情能够强化企业并购对股票错误定价的影响，而行业竞争度能够弱化企业并购对股票的错误定价的影响。

第5章为并购方式的异质性、企业并购与股票错误定价。企业并购按照并购双方所处产业是否关联，可以划分为相关性并购和多元化并购；按照支付方式，可以划分为现金支付并购和股权支付并购；按照并购是否产生商誉，可以划分为有商誉的并购和无商誉的并购；按照并购溢价的高低，可以划分为高溢价并购和低溢价并购。在此基础上，进一步研究了企业并购方式的异质性对股票错误定价的影响，结果发现：在企业选择多元化并购、高商誉、高溢价并购的情况下，企业并购对股票错误定价的影响更大，股票错误定价效应更显著；而在现金支付的情况下，能够抑制股票错误定价。

第 6 章为外部治理、企业并购与股票错误定价。本章检验了审计质量、媒体关注以及分析师关注这 3 个典型的外部治理机制对企业并购与股票错误定价关系的影响，试图研究并解答如下问题：①审计质量对企业并购与股票错误定价关系产生何种影响？②媒体关注对企业并购与股票错误定价关系产生何种影响？③分析师关注对企业并购与股票错误定价关系产生何种影响？研究发现，审计质量高、媒体及分析师关注度高能够起到积极作用，即显著抑制企业并购与股票错误定价之间的正向影响。

第 7 章为企业并购影响股票错误定价的机制检验。研究发现企业并购通过两条路径影响股票错误定价：①企业并购通过提高投资者情绪影响股票错误定价。根据协同效应的观点，并购后能发挥协同效应、提高公司绩效，由此提高了投资者的乐观情绪，导致投资者对并购的过度反应。②企业并购增加了信息不对称程度。通过增加信息不对称程度，企业并购一方面增加管理层盈余管理，正向影响股票错误定价；另一方面，加剧股票错误定价。信息透明度高的企业向市场披露的信息较为丰富，能准确反映出公司特质信息，这些特质信息有助于投资者对企业未来现金流进行预测，并将企业未来有关事项信息提前融入股票价格中，有利于股票价格更接近其内在价值。投资者情绪和信息不对称是企业并购影响股票错误定价的两条路径，其中投资者情绪这一中介效应占主导地位，其次是信息不对称。两条路径并不是独立对企业并购与股票错误定价产生影响，而是彼此互相交叉，共同对二者产生作用。

第 8 章为企业并购与股票错误定价的经济后果。由于企业并购行为基于投资者情绪与信息不对称两条路径加剧股票错误定价，因此有必要进一步探究企业并购行为与股票定价的影响是否会对股票价格崩盘风险产生作用。经过对企业并购影响股票错误定价的经济后果进行研究后发现，企业并购行为加剧了股票价格高估，造成企业投资效率低下和信息不对称的增加，并最终提高了并购方企业的股票价格崩盘风险。

第 9 章为结论与展望。在上述章节的理论分析和实证检验的基础上，归纳出本研究的主要结论和展望，分为两个部分：①主要结论与启示，对研究结论进行归纳和总结；②研究不足与未来研究展望，主要梳理了本研究的不足之处，并提出今后需要进一步研究的方向。

### 1.2.2 研究框架

本研究在文献回顾与机理分析的基础上提出研究框架，如图 1-2 所示。

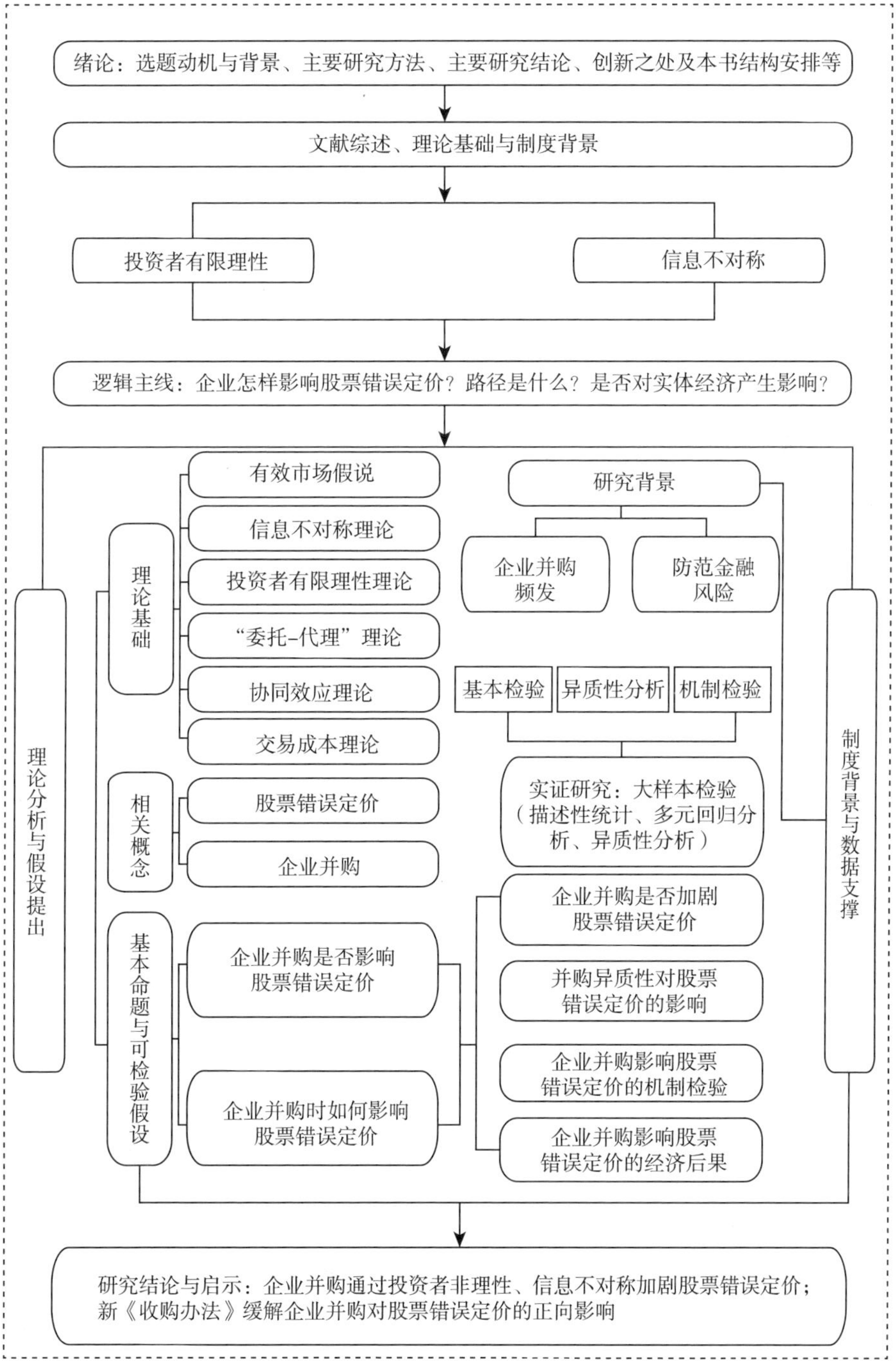

绪论：选题动机与背景、主要研究方法、主要研究结论、创新之处及本书结构安排等
文献综述、理论基础与制度背景
投资者有限理性
信息不对称
逻辑主线：企业怎样影响股票错误定价？路径是什么？是否对实体经济产生影响？
理论分析与假设提出
理论基础
有效市场假说
信息不对称理论
投资者有限理性理论
“委托-代理”理论
协同效应理论
交易成本理论
相关概念
股票错误定价
企业并购
基本命题与可检验假设
企业并购是否影响股票错误定价
企业并购时如何影响股票错误定价
研究背景
企业并购频发
防范金融风险
基本检验
异质性分析
机制检验
实证研究：大样本检验（描述性统计、多元回归分析、异质性分析）
企业并购是否加剧股票错误定价
并购异质性对股票错误定价的影响
企业并购影响股票错误定价的机制检验
企业并购影响股票错误定价的经济后果
制度背景与数据支撑
研究结论与启示：企业并购通过投资者非理性、信息不对称加剧股票错误定价；新《收购办法》缓解企业并购对股票错误定价的正向影响


图 1-2 研究框架

## 1.3 研究思路与方法

### 1.3.1 研究思路

本研究基于投资者有限理性理论和信息不对称理论探讨了企业并购行为对股票错误定价的影响，研究了股票错误定价形成的内在原因。从并购战略、共享审计师和机构持股角度，深入研究企业并购行为对股票错误定价的形成机理。通过对企业并购与股票错误定价之间关系理论分析的梳理，拓展企业并购行为对资本市场定价效率的研究。本书重点实证研究了以下问题：

（1）企业并购行为将如何影响股票错误定价？受并购战略、共享审计师及机构投资者持股的影响，企业并购可能受制于并购战略的选择及内外部治理而对股票错误定价产生影响，是否意味着这些差异对企业并购行为与股票错误定价之间的关系产生调节作用？

（2）受并购方式异质性和外部治理异质性的影响，企业并购还可能受制于并购方式的选择及外部中介机构的监督影响，那么这种差异是否也会对企业并购与股票错误定价之间的关系产生调节作用？

（3）企业并购主要通过何种路径影响股票错误定价？

（4）企业并购行为影响股票错误定价是否会产生企业股票价格崩盘风险？

对上述问题的回答不仅有利于看清企业并购影响股票错误定价后的经济后果，且有利于全面分析企业并购的经济价值，从而为我国金融市场改革服务于企业实体经济发展提供最为直接的实证证据和经验借鉴。

### 1.3.2 研究方法

目前对企业并购和资本市场定价效率关系的研究方法主要集中在规范研究和实证研究方法上。其中，规范研究方法比较直观，很多研究通过绘制图形的方法给人留下深刻印象。实证研究方法属于计量经济学的范畴，通过该方法研究得出的结论更具说服力。本研究仍然综合采用已有的这两种分析方法，具体方法介绍如下：

（1）规范研究。本研究的规范研究法主要体现在研究背景、文献综述、理论基础和理论分析等几个方面。在研究背景方面，本研究通过对当前股票错误定价的相关研究及企业并购的经济后果分析等提出了拟研究的问题。在文献综述方面，本研究对相关文献的研究动态与学术观点进行历史回顾与梳理，对股票错误定价的影响因素、企业并购的经济后果等方面的国内外相关文献进行了回顾，在此基础上进行详细的文献述评。在概念界定与理论基础方面，本研究拟通过有效市场假说、信息不对称理论、投资者有限理性理论等对企业并购与股票错误定价关系作用机理进行理论分析。

（2）实证研究。本研究在规范分析的基础上，依据现有研究和相关理论，结合我国企业并购的背景及现状，首先，采用规范研究法探究并购对股票错误定价产生的影响及作用机制；其次，采取实证研究方法，通过搜集、处理、分析研究中的相关数据，运用多种检验方法，验证规范研究中所提出的假设与待检验命题。具体采用的实证分析方法如下：倾向得分匹配（PSM）法、倾向得分匹配与双重差分（PSM-DID）模型、OLS 回归法、中介效应检验法、多期 DID 模型、动态面板模型等。在对相关研究内容进行深入分析和实证研究时，科学严谨地设定了研究模型与定义变量，为确保研究结论的可靠性，分别对本研究提出的每个假设均进行了替代相关变量、倾向得分匹配、改变样本区间等多角度的稳健性检验，确保研究结论的可靠性和稳健性。

综合上述研究内容、思路与方法，提出本研究的技术路线，如图 1-3 所示。

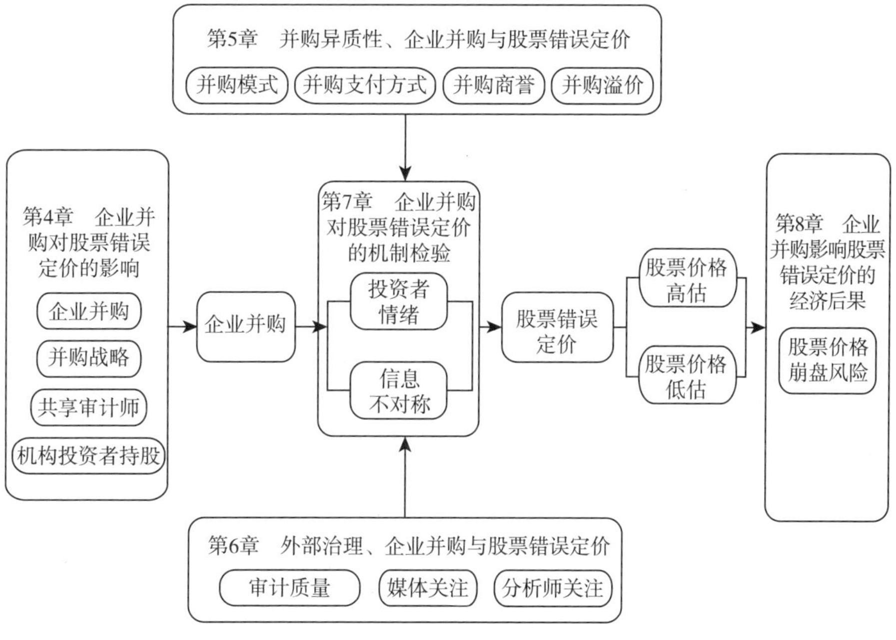


图 1-3　技术路线

## 1.4 主要创新点

现有关于对股票错误定价影响因素的研究较为完善。经梳理后，发现影响股票错误定价的因素较多，但很少有研究考察企业并购对股票错误定价的影响。因此，本研究以我国资本市场频繁发生的并购行为为背景，将并购引入我国上市公司股票错误定价的研究中。在综合运用多学科交叉等相关理论与知识后，构建了本研究框架。可能的创新之处主要体现在以下几个方面：

（1）基于投资者情绪和信息不对称双重视角，考察企业并购行为对股票错误定价的影响及作用机理。现有文献大多仅从行为金融学和信息不对称的单一视角研究股票错误定价，本研究结合行为金融学中的投资者情绪和信息不对称理论两个视角研究股票错误定价问题，重点考察并购战略、共享审计师和机构投资者持股在企业并购行为与股票错误定价关系中的调节作用，进一步从企业层面、行业层面和市场层面研究业绩承诺、行业竞争和市场行情对企业并购与股票错误定价关系的调节作用。本研究为股票错误定价影响因素的研究提供了一个新的视角，是对股票错误定价研究思路和范围的有益拓展，有助于深刻认识到企业并购行为给股票错误定价带来的影响。

（2）基于企业并购行为，系统性剖析企业并购方式的异质性对企业并购影响股票错误定价的调节作用。现有文献在考察企业并购行为对资产定价效率的研究时，大多仅考察并购模式或并购商誉对股票错误定价的影响，然而企业并购行为具有丰富的内涵，并且不同的并购方式对股票错误定价表现出不同的特征。本研究聚焦企业并购行为中的并购模式、支付方式、并购溢价及并购商誉特征，较为全面地、系统地分析企业并购行为对股票错误定价的影响，是对现有企业并购行为经济后果研究全面系统的有益补充。

（3）基于企业并购外部环境治理的异质性，考察其在企业并购与股票错误定价关系中的调节作用。现有从外部治理角度研究企业并购对资本市场定价影响的研究，多从分析师跟踪和机构投资者持股两个视角进行，本研究从审计质量、媒体关注和分析师关注 3 个不同的外部治理特征，分别分析审计质量高、媒体关注度高和分析师关注度高在企业并购与股票错误定价关系中的调节作用，较为全面地考察了外部治理作用对企业并购与股票错误定价影响的作用，丰富了现有影响企业并购行为对资本市场定价关系的外部因素的文献。

# 第 2 章 文献综述

本章分别从股票错误定价的影响因素、企业并购的经济后果两个方面对现有研究进行梳理。现有文献对股票错误定价影响因素的研究主要分为两个部分，分别是投资者有限理性和信息不对称；现有文献对企业并购的经济后果的研究主要分为 3 个部分，分别为企业并购对股票价格、绩效及企业创新的影响。

## 2.1 股票错误定价的影响因素

我们把股票的市场价格与其自身的内在价值之间存在差异这种现象称为股票错误定价。与股票价格泡沫不同，股票错误定价的程度相对可控，即可以表现出不同程度的高估和低估，因此不具备方向性。在完善的资本市场中，股票的市场价格反映出其内在价值，投资者不能通过任何技术手段获取超额收益。实际上，现实的资本市场并不完善，市场上充斥着各种“噪声”，导致股票价格偏离其内在价值。在世界资本市场发展历程中，由股票错误定价带来的股票价格泡沫形成、膨胀与破灭不断重复发生。尽管全世界不少学者和相关政策部门越来越重视股票错误定价问题，然而股票错误定价现象并没有因此好转或减弱，相反，价格泡沫呈现出愈演愈烈的态势。我国 A 股市场起步较晚，配套的体系运作还不够成熟，政府对上市公司的监督机制还不完善，以至于上市公司披露的信息质量存在较大问题，大股东、管理层操纵股票价格现象频繁发生，证券市场上的多数公司存在股票价格与其内在价值偏离的情况。造成股票错误定价的原因主要有：外部环境如投资者情绪（张静和王生年等，2018；刘维奇和武翰章，2018）、媒体报道（游家兴和吴静，2012）、分析师关注（李倩和吴昊等，2018）等。徐寿福和徐龙炳（2015）提出，造成上市公司股票市场价格长期偏离其内在价值的根本原因是信息不对称、内部代理成本如激励政策（王生年和朱艳艳，2017；徐寿福，2017；徐寿福和邓明茂，2020）等。现实的资本市场充斥着各种“噪声”，并非完全有效，股票价格会受到“噪声”的影响，偏离其内在价值，出现错误定价的现象，加之投资者非理性因素的存在，资本市场普遍存在股票错误定价现象，造成资本配置效率低下，其结果最终可能会影响企业的投融资行为以及收益。现有文献对企业并购活动影响并购方和目标方公司股票价格的研究已经较为丰富，但并未形成一致的结论。企业并购导致股票错误定价的主要原因归纳为以下两点：①投资者有限理性；②信息不对称。

### 2.1.1 基于信息不对称的影响因素

近年来，非效率资本市场所导致的股票市场错误定价越来越受到学者们的关注，资产定价问题已成为金融学领域研究的热点问题，国外学者 Ball 和 Brown（1968）较早研究了会计盈余在股票定价中的作用。由于外部投资者与上市公司之间普遍存在着信息不对称现象，投资者难以掌握到公司的真实经营情况，仅能通过上市公司披露的不完全信息做出判断。因此，如果公司采取股权融资方式进行筹资，就会向市场传递出公司股票价格被高估的信号，投资者会选择抛售所持股票，导致股票价格降低（Myers and Majluf，1984）。也有学者从行为金融学角度研究股票错误定价产生的原因，例如投资者意见分歧（Berkman et al.，2009）、管理层过度自信（Scheinkman and Xiong，2003）。国内学者研究发现：媒体报道基调会对股票错误定价产生一定的影响。媒体传递的信息不仅包含了上市公司发布的信息，还融入了媒体自身对公司业绩及发展前景的观点及看法，因此，媒体传递的情绪会对投资者决策产生影响，致使投资者产生一致性偏好，产生“羊群效应”，导致股票市场的定价机制受到影响（游家兴和吴静，2012）。不完善的证券制度对股票错误定价产生一定影响。例如，卖空限制导致市场上投资的悲观情绪未被融入股票价格，造成股票价格被严重高估，而融资证券制度又能在一定程度上缓解高估（李科，2014；张肖飞和张钟化，2019）。王生年和朱艳艳（2018）从代理成本角度研究发现，对高管的股权激励不仅没有缓解股票错误定价，反而加剧了管理层的盈余管理行为。除此之外，也有学者认为分析师的乐观评估通过投资者情绪的传导引发股票错误定价（李倩等，2018）。高铁开通能够促进信息的有效传播，从而为利益相关者掌握公司更多信息提供便利，通过降低信息不对称程度有效缓解所在地上市公司的股票错误定价现象（赵玲和黄昊，2019）。上市公司年报文本信息量非常大且较为复杂，对其解读需要一定的专业知识积累且要付出较长的时间精力，这在一定程度上增加了外部投资者与上市公司之间的信息不对称，也加剧了股票错误定价。而制度规定的对企业社会责任强制性披露的条款在某种程度上又能降低外部投资者与上市公司二者间的信息不对称，有助于提高上市公司披露的会计信息质量，强化信息传导效应，进而抑制股票错误定价（贺康等，2020；许罡，2020）。

现代企业的特征是所有权与经营权分离。投资者多数并未直接参与企业生产经营管理，因此无法获得管理层所掌握的企业资产价值信息，企业资产很可能会被市场错误定价，股票的价格也不是其内在价值的真实体现（Myers and Majluf，1984）。此外，对企业的监督需要具备专业性和付出高昂的监督成本，一般投资者很难做到，导致企业的信息透明度低，普遍存在着信息不对称现象，因此有关于资本市场股票价格问题的研究主要基于信息不对称视角展开。由于信息不对称的存在，证券市场的广大投资者会受管理层盈余管理行为的干扰，无法准确估计出上市公司的股票价格，不能对企业股票价值做出正确判断（Chaney and Lewis，1995）。加之我国的证券市场机制运行有待完善，投资者多数存在投机心理，且对证券市场中介如分析师、审计师等的依赖程度较高。证券分析师利用自身专业知识对上市公司进行跟踪，整理并收集公司相关信息，经过处理后发布公司的盈余预测。分析师作为信息的传递者，通过这种方式将跟踪的公司信息反馈给投资者，这些信息被融入股票价格，使股票价格中包含公司大部分信息，投资者可根据公司信息，对股票价格做出正确的决策和判断，最终降低了投资者与企业管理层之间的信息不对称程度（宋海旭和王福胜，2013）。也有学者提出造成股票错误定价的原因是管理层进行盈余操纵（夏芳，2012）。机构投资者作为专业的投资机构，能够发挥积极监管作用，机构投资者持股不仅能够改善上市公司的信息环境，还能提高公司的信息透明度（Frankel et al.，2006），从而能够有效稳定公司股票价格（Chen et al.，2012）。

#### 2.1.1.1 基于代理成本的研究

现有的文献还提供了有关代理成本对股票错误定价的影响。Pantzalis 和 Park（2014）研究发现，公司内部的代理成本正向影响股票错误定价，股权激励政策加剧二者间的正向关系。上市公司实施股权激励政策的初衷是改善公司治理水平、降低代理成本。为解决现代企业所有权与经营权分离而造成的代理问题，2005 年中国证券监督管理委员会（以下简称证监会）颁布《上市公司股权激励管理办法（试行）》[①]，希望通过实施股权激励制度完善公司治理、

---

① 证监会于 2016 年 7 月 13 日发布《上市公司股权激励管理办法》，自 2016 年 8 月 13 日起施行。2005 年发布的《上市公司股权激励管理办法（试行）》同时废止。

建立现代企业制度。但是股票期权的内在价值与公司股票价格的升降紧密相关，管理层薪酬激励不仅没有提高公司的信息披露质量，反而可能进一步恶化代理问题，降低了公司股票价格的信息含量（肖浩和孔爱国，2014），加剧股票错误定价。如果企业持有大量的自由现金流，管理层很可能侵占资金以满足其私利，或者出现过度投资、在职消费行为。企业持有的自由现金流水平会对高管的薪酬水平产生影响，即使高管的薪酬发放标准在事前已经确定且自由现金流水平不作为高管薪酬的决定因素，但研究发现高管薪酬会随着自由现金流的增多而增加（Cheng，2016）。由于现代企业具有所有权与经营权分离的特征，企业持有大量自由现金流时，不一定对企业的发展起正向作用，反而可能会加重代理问题，增加管理层过度对外投资的风险，同时也增加资金被滥用的风险，最终增加企业的代理成本。因此，现金持有水平正向影响企业的代理成本。另有研究发现，企业的市场竞争能有效缓解代理成本。当企业的市场竞争激烈时，会对管理层形成有效的外部监督，有助于降低代理成本，也会提高企业的信息透明度和股票价格信息含量，最终缓解股票错误定价程度（张超林和杨竹清，2019）。

**2.1.1.2 基于盈余管理的研究**

上市公司的盈余质量关系到股票的价格，管理层的盈余操纵行为能够降低公司盈余信息质量，现实中的资本市场上，上市公司披露的公司盈余与其实际盈余之间往往存在一定偏差，这也是股票价格偏离其内在价值的原因之一。我国证券市场在迅速发展的同时也伴随着许多问题。例如，部分上市公司对“坏消息”的信息披露不完全，盈余管理现象频发，甚至出现财务信息造假现象。已有研究表明，会计应计项目质量（以下简称应计质量）包含非可操控部分与可操控部分（Francis et al.，2005），实际上，公司的盈余可分为可操纵盈余和不可操纵盈余两部分，管理层仅能对可操纵部分的盈余进行管理操纵。学者们对这两部分盈余影响股票价格的研究较为丰富，但对盈余质量影响股票定价方面的结论还存在较大争议。Shevlin（2013）提出，由于公司的应计质量是对其会计信息质量的真实反映，因此应计质量可以反映资本市场的信息风险，其对资产的定价起到作用。也有学者提出应计质量不具有定价作用（Core，2008）。国内也有学者进行了盈余信息相关研究。例如，李胜和王艳艳（2007）对应计质量进行了区分研究，考察整体盈余质量与权益成本的关系，又分别探讨可操纵盈余和非可操纵盈余对公司权益资本成本的影响，结果发现，公司的整体应计盈余质量与权益资本成本呈显著负相关，即较高的应计盈余质量能够降低公司的权益资本成本。然而，可操纵盈余部分对权益资本成本没有显著的影响。也有学者利用资本资产定价模型和Fama的三因子模型检验盈余质量与股票定价的关系，结果发现应计盈余质量对股票定价并没有明显的影响（王鸿和朱宏泉，2010）。有学者认为，在短期内可操纵盈余对上市公司所披露的盈余水平和股票收益率具有正向影响，而长期来看则没有影响（李心愉等，2018）。

### 2.1.2 基于投资者有限理性的影响因素

Stein（1996）提出投资者对公司未来收益情况的预测会存在偏差，投资者情绪会对投资者判断股票未来收益有一定的干扰作用，这种作用会影响投资者做出决策，进而影响到整个股票市场。Fisher 和 Statman（2000）通过发放问卷的形式对美国个体投资者协会会员的情绪进行预测，得出投资者情绪指数可以非常准确地衡量投资者情绪。学者利用专业模型测算美国三大股票指数的超额收益、股票价格波动受投资者情绪的影响情况，测算结果显示，投资者情绪不仅会对股票的超额收益产生显著冲击，而且对股票价格波动也产生了显著冲击（Lee et al.，2002）。与看涨情绪相比，看跌情绪对股票价格波动的影响更显著。国外学者对这方面的研究较为成熟，Brown 和 Cliff（2004）则采用投资者智能指数衡量投资者情绪，研究结果显示，投资者情绪强化了股票错误定价，意味着投资者情绪加剧资本市场上的股票错误定价。结合我国具体的情况，国内学者也构建了投资者情绪衡量指标，采用较多的指数有央视看盘 BSI 指数[①]等。央视看盘 BSI 是依据分析师对未来市场行情以及市场走势的看法，计算出各项指数的比例。行为金融学理论认为，投资者有限理性行为及其偏差是造成股票错误定价的重要原因。投资者的乐观情绪、投资者过高的关注度及过度自信都会推动股票价格被高估（王生年和张静，2017；张静等，2018；李倩等，2018）。

#### 2.1.2.1 投资者情绪

投资者情绪是指投资者对未来股票价格涨跌的主观判断，也是投资者根据自身对上市公司信息的了解及掌握，对公司未来的盈利情况做出的判断。投资者做出何种决策，取决于投资者的偏好及对公司信息的主观认知。投资者情绪是投资者非理性行为的表现之一，它是投资者对股票未来价格走势的一种预判，但投资者对股票未来价格的预判依据并不是上市公司所有的信息，同时其所依

① 牛市情绪指数（bullish sentiment index，BSI）也称为看涨情绪指数，是反映投资者情绪（investor sentiment）的一个指标。行为金融学认为，投资者情绪是导致证券市场系统性偏差的主要原因之一。BSI 的计算公式为：BSI＝看涨投资者数量/（看涨投资者数量＋看跌投资者数量）。

据的信息也不一定准确。投资者不仅根据公司所披露的各种信息，而且还根据自身的投资经验、性格偏好、专业知识背景等，综合对公司股票未来价格走势进行主观性的估计。投资者的乐观或悲观预期对股票价格走势会产生较大的影响，根据行为金融学的观点，投资决策在很大程度上既被投资者自身的情绪所左右，也会被其他投资者的情绪所感染。现实的资本市场中充斥着各种“噪声”，也存在大量“噪声”交易者，加之我国证券市场制度对套利行为的限制，在这种情况下股票价格受投资者情绪波动的影响尤为突出。那么，投资者情绪究竟如何影响股票价格波动？这个问题一直是国内外众多学者研究的热点。投资者情绪的好坏会影响到股票价格的涨跌，因此投资者情绪越来越受行为金融学的重视，目前已经成为行为金融理论研究的热点。现有研究主要从以下 3 个方面展开：

（1）投资者情绪指标的衡量方法。行为金融学的观点主张投资者情绪对股票错误定价起着至关重要的影响，也是股票错误定价产生的主要原因之一。学术界目前对投资者情绪的研究聚焦于投资者情绪是否会对上市公司首次公开募股产生抑价影响以及投资者情绪对股票收益有多大程度的影响。而衡量投资者情绪的方法通常有直接法和间接法两种。其中，直接法是指采取问卷调查的方法统计出投资者对证券市场的期望值，即投资者情绪指数。该指数也可以采取除问卷以外的其他方式获取，但这样获取的投资者情绪指数仅能反映出投资者对证券市场的整体看法，也就是市场的整体情绪，而非个体的投资者情绪。高扬（2022）将东方财富股吧的发帖数量作为股评文本的数据来源，利用 Python 获取历史发帖信息，并用 Softmax 函数进行情感分类，再根据分类结果构建情绪指数，这种方法能够较为直接地反映出投资者情绪的变化情况。间接法采用的是用间接反映投资者情绪的指标（如央视看盘 BSI）衡量投资者情绪，饶育蕾和刘达锋（2003）研究投资者情绪对未来市场收益的影响，但得出的结果并不显著。说明央视看盘 BSI 并不能用于衡量投资者情绪。程昆和刘仁和（2005）同样研究投资者情绪与股票收益之间的关系，他们采用好淡指数[①]衡量投资者情绪，同样得到了与前文一致的结果，即投资者情绪的好坏显著影响到股票市场收益率：当投资者情绪乐观时，股票市场收益率就高；反之，悲观的情绪会降低股票市场收益率。Liu 等（2019）则使用包含投资者情绪因子的四因子模型解释中国 A 股市场的大多数市场异象。

① 好淡指数或称好友指数，是指股票市场上看好（看多）或者看淡（看空）的百分比。它不是通过对客观数值的计算得出的，而是通过统计被访者的主观判断得出的，是一种主观性的指标。通常的做法是统计选定的证券媒体上看好（看多）或者看淡（看空）观点的比例。

（2）投资者情绪对收益率的影响。Fayim 和 Rahman（2015）也对投资者情绪与收益率和股票价格波动进行了研究，发现投资者情绪的非预期变化对收益率产生显著正向冲击，但对股票价格波动却产生显著负向冲击。由于衡量投资者情绪的直接指标存在弊端，因此学者们探索采用间接指标进行衡量，选取的指标需要能够体现出投资者对单个公司的意愿，而不是对整个证券市场的意愿，同时还要能够反映出投资者心理，以便更加真实地反映出投资者真实状态。间接指标一般是用来衡量整个市场情绪，常见的有首次公开募股（IPO）首日收益率、IPO 数量、新增开户数、封闭式基金折价率等。投资者情绪是否会影响到基金的价格？针对这一问题，Zweig（1973）首次提出，投资者情绪会影响基金价格，悲观的情绪会导致基金折价。基于此，后来有学者直接提出用封闭式基金衡量投资者情绪（Lee et al.，1991），之后的研究结果也证实了以上观点，通过实证检验投资者情绪与封闭式基金之间的变化，发现二者的变化呈现出一致性的特征，因此进一步证实了可以采用封闭式基金折价变化来衡量投资者情绪，结果具有可靠性。有学者提出，公司的 IPO 会选择恰当的时期，往往在投资者乐观情绪高涨时进行（Baker and Wurgler，2006）。也有学者采用更加能够反映出投资者情绪的指标。例如，Da 等（2015）通过网络搜索得到导致投资者感到恐慌的词语如金融危机、破产等，重构出能反映出投资者真实反映的情绪指标——“FEARS”指数，而且“FEARS”指数与市场收益呈显著负相关，因此可用于预测未来股票市场收益情况。国内学者对投资者情绪也有研究。张俊喜和张华（2002）、伍燕然和韩立岩（2007）等采用我国沪深 A 股市场上的数据对投资者情绪与封闭式基金折价率之间的关系进行验证，得出与上述研究相同的结论，鉴于此，有学者用封闭式基金折价率作为衡量投资者情绪的代理变量。李媛和冉齐鸣（2021）指出，个股的投资者情绪比市场整体的投资者情绪对股票未来收益的预测准确性更强。高扬等（2022）研究发现，投资者情绪可以影响交易量，进而影响科创板股票市场的收益率。

（3）投资者情绪对股票价格波动的影响。有研究提出我国股市交易所新增户数的变化也可以反映投资者情绪。史金艳（2010）研究了投资者情绪与公司发布的信息敏感度之间的关系，发现投资者情绪对上市公司发布信息的敏感度较低。张宗新和王海亮（2013）的研究也得出投资者情绪正向影响了股票市场的波动。有研究证实，在牛市时，投资者情绪会使上证指数产生泡沫；反之，在熊市时，投资者被严重低估（马若微和张娜，2015）。投资者的有限注意力在一定程度上约束投资者对信息的分析能力（Aboody et al.，2008），因为散户投资者受其专业能力和精力的限制，对公司股票基本面信息了解不全面（Engelherg et al.，2009）。刘晓星（2017）的研究发现股票市场波动与投资者情绪之间具有双向影响，即：投资者情绪与股票市场价格波动之间相互影响，在投资者情绪影响股票市场价格波动的同时，股票市场价格波动会对投资者的投资决策产生较大的影响。为了验证投资者情绪与投资组合收益二者之间的影响机制，刘维奇和武翰章（2018）进行了实证检验，结果发现二者是正相关关系。投资者的乐观情绪容易推动股票价格高估，且情绪越乐观，股票价格波动越大，股票错误定价程度越大（张宗新和王海亮，2013）。杨威等（2018）研究了投资者情绪对股票价格泡沫与崩盘的关系，发现投资者对并购活动的过度反应及投资者非理性投资导致股票价格泡沫的形成。陈健和曾世强（2018）分别研究了投资者乐观情绪和悲观情绪对股票价格的影响，发现乐观情绪和悲观情绪均会加大股票市场价格波动。袁晓晖和王博（2021）提出，过度乐观的投资者情绪会通过积累大量债务和减少投资来影响经济状况。何诚颖（2022）研究发现，有限套利是A股市场投资者情绪异象的主要原因之一。

**2.1.2.2 投资者关注度**

投资者关注是由 Kahneman（1973）最早提出的。由于投资者的注意力有限，其关注度是一种稀缺的认知资源，会影响到投资者的决策。但是，投资者关注度的衡量非常复杂，因此如何衡量投资者关注度成为学术界的难题，目前采用得比较多的方法大致分为两种：

（1）采用间接指标来衡量，常见的衡量指标有换手率、媒体报道数量等。为了剔除偶然事件的影响，使结果更加稳健，Gervais 和 Kaniel（2001）采用上市公司公告前 3 个月的换手率平均值来衡量，而不是采用某一时期的换手率。为了研究投资者关注度的异质性在推荐股公告前后的变化，将公告前 3 个月的换手率平均值分为低组和高组，分别进行考察。Grullon 等（2004）采用上市公司在 Super Bowl 上刊登广告的数量来衡量投资者对该上市公司的关注度。投资者的有限注意力在一定程度上约束投资者对信息的分析能力（Aboody et al.，2008）。也有学者采用媒体对上市公司的报道数量来衡量投资者的关注情况，例如 Fang 和 Peress（2009）采用公司在权威报纸上发表文章的数量衡量投资者关注度。以上采用媒体报道数量衡量投资者关注度的方法无一例外地以被动关注程度衡量投资者关注度，并不能体现出投资者自身主动关注程度。之后，学者们采用了更加合适的衡量指标，能够更加准确地反映出投资者的关注程度，例如，Hou 等（2012）实证检验股票价格动量对盈余动量的影响时，采用了与前人不同的衡量投资者关注度的指标，以超额交易量来衡量投资者的关注度。与媒体报道数量相比，该指标更具有说服力。然而，采用换手率作为投资者关注度的代理变量并非十分理想。由于投资者的注意力有限，同时投资者对分析师给出的意见会出现反应滞后的现象，导致公司的信息不能及时融入股票价格中，股票价格会在一定程度上发生漂移现象（Loh，2010）。贾春新等（2010）采用谷歌历史资讯数量衡量投资者关注度，实证检验了投资者关注对股票收益的影响，结果发现二者呈显著正相关。饶育蕾等（2012）提出，由于机构投资者具备专业知识能力，比普通投资者掌握更多的公司信息，有更加成熟、合理的判断力，因此机构投资者对公司盈余质量的判断较为准确。也就是说，机构投资者持股情况可以用来衡量公司盈余的好坏，可以作为投资者关注度的衡量指标，但主要是作为投资者识别公司盈余质量的关注度代理变量。汤晓东和陈少华（2021）研究发现，投资者关注度正向影响管理层实施向上的盈余管理行为，能够降低企业的权益资本成本，从而增强公司的融资能力。

（2）采用直接变量衡量。例如采用网站上的搜索引擎记录等。由于互联网的普及与发展，投资者网络搜索十分便利，因此使用投资者网络搜索衡量投资者关注度较为合理。投资者网络搜索量能够反映出投资者的关注度情况，这种方法衡量出来的投资者关注度则更为直接有效。该变量早期已被国外学者使用过。Bhattcharya 早在 2003 已经开始使用一些检索网站搜索被关注的公司名称，发现在不同的网站检索的结果也会有所差别，这种情况下，使用多个网站的搜索量之和可能会更加真实地反映投资者对公司的关注情况。也有使用在权威报纸上刊登的新闻数量作为投资者关注度的衡量指标（Tetlock，2007）。Baber 和 Odean（2008）提出由于投资者的注意力有限，他们在面对证券市场上的数千只股票时会显得不知所措，多数投资者倾向于选择他们熟知的或关注过的股票，而不是那些陌生的或不熟悉的股票。通过事件研究法检验发现，投资者持有上市公司的股票，并且在媒体报道前获得了显著为正的超额收益，然而媒体报道后，上市公司的股票价格表现较为平静，在媒体报道后购买股票的投资者不能获得显著超额收益。这一结论说明了投资者对股票的关注更倾向于短期收益，即投资者的投机行为较为严重，新闻报道吸引投资者注意力，产生短期的买入情绪，进而会影响股票的短期价格。也有学者采用谷歌搜索量作为衡量投资者关注度的指标（Da et al.，2011）。另外，也有学者采用标准普尔 500 成分股为样本，采集谷歌趋势搜索指数（SVI）衡量投资者关注度（Ding et al.，2015），使用这一指标似乎比谷歌搜索量更为准确。我国学者对此也有研究。饶育蕾等（2011）以搜索到的新闻数量衡量投资者关注度，使用的搜索引擎是新浪网，运用网络数据库进行实证研究，分时段进行搜索。更有学者使用证券简码和证券代码搜索量之和重构投资者关注度指标（俞庆进和张兵，2012）。此外，还有学者得出相反的结论，但选择的样本有所不同。刘锋等（2014）区别其他学者的研究对象，选取我国金融业上市公司为研究对象，采用投资者在百度网页的搜索量即百度指数来衡量投资者的关注度，实证检验投资者关注度与未来股票收益的关系。结果发现，公司被关注度越高，未来收益越小。与以上研究不同，张继德等（2014）为探究投资者关注对股票流动性、股票收益的影响机制，使用百度指数衡量投资者对信息的关注度。王建新等（2015）实证考察投资者关注对股票收益的影响，并以百度新闻搜索作为投资者关注的变量，发现二者呈正相关。该结论与 Fang 和 Peres（2009）以媒体报道数量衡量投资者关注度的研究结论一致。张永冀（2022）发现投资者横截面维度有限关注影响基金业绩与投资流的关系（PFR），表现为投资者仅根据简单业绩评价标准申购基金。

## 2.2 并购的异质性与并购绩效

从 20 世纪 60 年代开始，对企业并购的研究文献逐渐增多，主要聚焦于并购是否创造价值、为谁创造价值及创造价值的原因 3 个方面，并分别对并购方公司和目标方公司的并购绩效进行研究。采用的方法主要有事件研究法和会计研究法。事件研究法是利用企业并购前后股票价格波动给股东带来的超额收益大小来衡量并购绩效。会计研究法则是比较并购前后企业主要财务指标的变化来评估并购的绩效。信号传递理论认为，当购买方公司股东以自身股权作为收购对价支付给目标方公司股东时，会向市场释放出购买方公司自身股票被市场高估的信号，购买方公司股东几乎不能通过股权支付方式获得财务性收益，收益甚至可能为负（Stein，1997）。为考察美国上市公司的并购绩效，Healy 等（1992）利用会计指标变动情况，以美国 1979—1984 年发生的 50 项并购交易为研究对象，分析其并购绩效，发现并购方的资产管理能力得到提升，但资本和研发费用仅能保持行业水平，公司的资产回报率也得到一定程度的提高。Harris（2001）的研究也得出相同的结论。Albert 和 Sheen（2014）实证研究了并购方公司的产品质量和价格，发现并购有助于公司绩效的改善，究其原因主要是并购促进企业经营效率的提升和成本的下降。也有学者得出相反的结论，即并购导致并购方公司的业绩不断恶化（Gibson and Tsakalotos，1997）。

还有研究表明，在企业并购后，并购方和目标方公司的经营业绩未发生恶化，但也未得到改善（Moeller et al.，2004）。对并购后公司绩效的研究发现，并购后公司的绩效得以改善，是由于经营效率的提升、成本的下降（Albert and Sheen，2014）。但也有学者提出并购方的公司绩效在并购后不断发生恶化（Gibson and Tsakalotlos，1997）。公司在并购前披露的有关内控缺陷与并购后企业的绩效呈显著负相关（Harp et al.，2017）。媒体是公司的外部治理渠道。与发达国家的媒体相比，发展中国家的媒体受到各方干扰的可能性更大（Borochin and Cu，2017）。

### 2.2.1 并购战略与公司绩效

从并购的长期视角来看，企业发生的跨境并购活动不一定能提高企业财务绩效；相反，可能会降低企业的营业利润（Dickerson，1997；Parrino，1999；Harris，2000）。Benou等（2001）的研究发现，当目标方企业在发展中国家时，并购方企业受益最大，主要原因是国家之间的回报相关性较低。然而这种投资也将面临更大的风险，因为并购方在陌生的环境中不能充分发挥其专业知识与管理能力。姚溢龙等（2009）研究了不同类型的企业并购对各生命周期下公司绩效的影响，发现：对于成长期的企业，横向并购绩效最优；对于成熟期企业，纵向并购和混合并购的绩效明显优于横向并购；对于衰退期的企业，混合并购的绩效最优。刘焰（2014）通过研究我国上市公司2007—2009年的并购绩效也得出类似结论，即企业处于成长和成熟期时，混合并购绩效好。为验证并购对并购方企业资产收益率的影响，李豫湘和李丽（2015）以2006—2010年我国沪深A股上市公司392起并购事件作为研究对象，发现：并购导致并购方企业的资产收益率显著下降；相较于纵向并购和混合并购，处于成长期行业的企业更愿意进行横向并购；处于成熟期行业的企业则更愿意选择纵向并购模式，而不是横向并购和混合并购；处于衰退期行业的企业多数采取横向并购模式。对企业的跨境并购绩效的研究发现，我国企业从事的跨境并购活动中，并购方企业的长期绩效总体上未得到明显改善（何先应和吕勇斌，2010）；而对跨境并购活动对目标方企业的绩效有积极影响。关于并购的动因，刘青等（2017）分析得出我国企业海外并购的主要动因是寻求市场、寻求资源。Yang和Deng（2017）提出我国企业并购发达国家企业的动因是寻求市场、自然资源和战略资产。吴先明（2017）也是基于这3种动因进行研究。赵毅和乔鹏华（2018）则主要分析了市场开拓动因和战略资产寻求动因。刘静欣（2021）发现我国企业进行跨境并购时，企业并购后的短期绩效与目标方企业所在国家或地区的发达程度呈负相关，与并购规模也呈负相关。跨境并购会显著增加并购方企业的风险，在政局不稳定且经济发展水平偏低、法制不完善、文化差异较大的国家实施跨境并购，风险会更大（王喆和蒋殿春，2021）。除此之外，与境内并购相比，我国企业跨境并购的溢价程度较高，尤其是当目标方企业处于敏感行业或目标方企业所在国与我国的文化差异较大时，溢价更高（孙淑伟等，2017）。企业社会责任对并购溢价也会产生一定影响。Gomes 和 Marsat（2018）实证研究了企业社会责任与并购溢价的关系，结果发现企业社会责任与并购溢价呈显著正相关，即：社会责任越大，并购溢价越高。魏小仑（2010）设立绩效评估体系，考察分析了并购前后 21 家企业的业绩，发现与并购前的业绩相比，企业并购后的业绩不但没有得到显著的改善，反而进一步恶化。基于交易成本理论的假设，李青原（2011）的研究发现，并购交易目标方的资产专用性越高，并购方的并购业绩越高，而目标方企业所在地的产权保护程度越低，二者的相关程度越强。王砚羽等（2014）提出政治基因对并购方财富趋势的影响，基于路径依赖理论和企业遗传理论的观点，企业的政治基因越强，在并购过程中的主导趋势越强，这对企业并购绩效有不利影响。企业选取的并购模式不同，并购后各年的绩效也表现出差异性，与纵向并购相比，混合并购和横向并购后并购方企业的业绩有显著的改善（冯根福和吴林江，2001）。关于并购对公司短期绩效的影响，并购后民营控股公司的绩效改善显著优于国有控股公司；但从长期来看，民营控股公司和国有控股公司的绩效都在逐年递减（叶小娇和龙超，2021）。选择相关性并购模式的并购方能获得显著为正的财富，而选择多元化并购的企业则未能获得，相关性并购促进并购方公司当年业绩提升，但对并购后年度业绩没有影响（李善民和陈玉罡，2002）。上市公司进行的并购活动使股东获得显著为正的超额收益，产生并购的财富效应（李善民和陈玉罡，2010）。通过定向增发方式获得优良资产，也能够形成财富效应（顾海峰，2014）。通过对不同并购模式窗口期超额收益率的比较分析发现，跨境并购与国内并购两种模式下的股东在窗口期内均能获得超额收益率，且两种并购模式所获得的超额收益率无显著差异；跨境并购目标方为发达国家的企业时，股东获得的超额收益率与国内并购相比无显著差异；跨国并购目标方为发展中国家的企业时，股东则没有显著超额收益率（蒋冠宏，2020）。也有学者提出海外并购增加了国有企业公司价值，在提升效应方面存在一定的滞后现象（吴先明和张玉梅，2019）。当并购方和目标方所处的行业不存在相关性时，多元化并购不能明显改善被并购方公司的绩效（蒋冠宏，2022）。

## 2.2.2 并购支付方式与公司绩效

通过检验现金支付与股权支付的经营绩效，发现与股权支付相比，现金支付方式的经营绩效表现得更好。这是由于现金支付后，并购目标方公司股东的经营现金流显著增加，现金支付给目标方公司带来了更高的管理效率。而在股权支付的情况下，目标方公司的经营活动现金流没有显著提升，还可能造成员工和供应商的流失（Ghosh，2001）。而股权支付下的并购交易也可能是管理层的择时行为。Akbulut（2005）实证检验了采用股权支付方式时并购方企业管理层的行为，结果发现在并购发生前，并购方管理层出现异常抛售股票的行为，这种现象发生的原因很可能是并购方的股票价格被高估了。对股权支付的市场反应的研究发现，股权支付在并购公告前有显著为正的超额收益，但公告日当天的超额收益却为负数。Slovin等（2005）比较了股权支付和现金支付下资产并购事件的公司绩效，结果发现采用股权支付交易对价的公司短期和长期绩效均好于现金支付的公司，可能的原因是采用股权支付方式向市场传递了目标方公司资产及并购方公司经营方面的积极信息。并购支付方式的选择关乎并购是否成功。由于我国2005年之前股权分置的限制，加之资本市场各种制度的不完善，国内学者对于并购支付方式与并购绩效的研究要明显滞后于国外研究，且采用我国上市公司数据得出的结论也与国外研究存在差异。部分结论显示现金支付下绩效更优，但更多的结论认为股权支付与混合支付的并购绩效要好于纯现金支付。对于股权支付给股东带来的短期和长期超额收益的研究，宋希亮等（2008）发现股权支付在短期内给股东带来显著为正的超额收益，但是长期来看，并购方容易出现过度自信的表现，意味着长期绩效并不好。也有学者通过控制变量，利用概率选择模型来分析未来并购方公司绩效，并检验支付方式对并购绩效产生的影响。得出以下结论：在企业并购过程中，采用股权支付方式能获得比现金支付方式更好的绩效。与现金支付相比，采用股权支付或混合支付方式，由于控制权和风险没有完全转移到并购方股东，而是保留了部分风险由双方共同承担，因此并购后的绩效表现更好（刘淑莲，2011）。从自由现金流代理成本的角度来看，当不受融资约束的公司持有大量现金时，很可能会引发代理问题，其管理层表现出过度投资倾向，从而导致并购绩效较低。黄奕轩（2013）从短期和长期两个视角分别检验我国上市公司2008—2009年的并购数据，发现采用股权支付方式进行企业并购，不管从短期还是长期来看，其并购效果均优于现金支付方式。周绍妮和王惠瞳（2015）研究发现，并购方采用股权支付后，股权集中度下降，股权制衡度有所提高，还能引入机构投资者持股，从而规范公司的经营活动，有利于提升并购绩效。

### 2.2.3 并购商誉与公司绩效

从并购方来看，其所支付的并购交易对价中不仅包含了并购所带来的各种“协同效应”，还包含了并购方管理层过度自信的成分，这意味着并购溢价中含有不合理的成分。一方面，这会增加并购成本，给并购方造成经济损失；另一方面，也说明了根据现行《企业会计准则》中关于商誉确认的规定而确认的商誉金额中含有冗余成分，因而并不能反映出商誉的本质。为验证并购商誉的本质是企业获取超额收益的能力，胡燕等（2012）以我国沪深 A 股上市公司 2007—2010 年发生并购且有存量商誉的企业为研究样本，实证研究发现商誉的本质是企业获取超额收益的能力，多数投资者对商誉的价值包含在股票价格中的观点较为认可。钟翰（2012）从投资者能否获取超额收益的视角考察商誉，并引入 Ohlson 剩余收益模型来验证商誉价值的相关性，结果发现商誉具有价值相关性，但也存在部分“杂质”，也就是说，商誉中包含不具备获取超额收益能力的成分。关于商誉价值相关性是否具有持续的相关性，郑海英等（2014）对我国沪深 A 股上市公司 2007—2014 年非金融类公司的并购数据进行研究，发现高溢价形成的商誉仅能改善公司当期的业绩，但对公司未来的业绩未能改善，反而会降低；进一步的研究还发现，高商誉并购在市场集中度不高的行业中会显著降低业绩。王玉萍（2016）通过实证研究发现，上市公司的并购商誉不仅对当期企业绩效产生影响，而且与合并后的两期企业绩效同样具有显著相关关系。李凌杰（2016）从企业资源论和协同效应论的视角，实证发现并购商誉对企业当期和下一期的企业绩效有着显著的提升作用。邹小娟（2017）研究发现，并购商誉与企业当期绩效没有关系，但对并购之后的几期绩效有着正向影响；而使用托宾 Q 值[①]作为企业长期绩效时，并购商誉与托宾 Q 值呈正相关。对商誉与公司业绩的研究发现，上市公司大股东、管理层为了提高公司股票价格，可能会进行伪市值管理，当公司的股票价格升高后乘机高位减持股票，从而获得收益。因此，高溢价并购形成的商誉实际上是大股东、管理层赚取收益的手段，对公司的业绩并没有促进作用（邓鸣茂等，2019）。冯科和杨威（2018）研究发现并购商誉与企业绩效之间并非线性关系，

① 托宾 Q 值是一项资产的市场价值与其重置价值之比，最早由詹姆斯·托宾（James Tobin，1981 年诺贝尔经济学奖获得者）提出。托宾 Q 值事实上是股票市场对企业资产价值与生产这些资产的成本的比值进行的估算。托宾 Q 值高意味着产业投资回报率高，此时企业发行的股票的市场价值大于资本的重置成本，企业有强烈的进入资本市场变现套利的动机。

而是倒U形关系，意味着适当的溢价能够促进企业财务绩效提升，但当支付的溢价过高，反而会降低公司财务绩效。商誉减值也会影响公司绩效。研究发现商誉减值与公司短期绩效呈显著负相关，而对长期绩效则会有正向作用，在内部治理水平低的公司，上述影响更为显著（王春丽和褚志姣，2020）。

## 2.3 企业并购对市场定价的影响

### 2.3.1 企业并购的市场反应

企业并购往往伴随着公司基本面的变化，而基本面的变化通常会引起股票价格发生变动，从而导致整个市场的变化产生超额收益。实施并购活动，一方面，目标方股东能获得显著的超额收益（Song and Walking，2000），尤其在并购公告发布前，超额收益更显著（Bhabra，2008），但在并购公告发布后，其超额收益率显著下降（Asciglu，2002）。另一方面，并购战略实施后，并购方公司不能实现企业价值的增值（Barkema and Schijven，2008），并购方和目标方的股票价格会在并购公告前后发生较大的波动。具体影响股票价格的市场因素目前并不确定。除市场因素外，非市场因素也会对股票价格产生较大影响，例如大盘波动、行业风向转变、政策变化等。

#### 2.3.1.1 并购战略的市场反应

关于跨境并购是否能给并购方带来财富效应的研究，早期国外学者Harris和Rravenscraft（1991）对不同国家跨境并购事件的财富效应进行了检验，结果发现跨境并购能够为并购方企业带来财富效应。在上述学者研究的基础之上，Cybo-Ottone和Murgia（2000）以欧盟银行业的跨境并购事件为对象，分别研究了跨境并购对并购方和目标方股东的财富效应，结果发现并购方和目标方股东均在跨境并购事件中获得了显著的财富效应。跨境并购也会有溢出效应的产生。研究发现，我国企业并购方的竞争对手居然能够在跨境并购过程中获得财富效应。与上述结论不同，一些研究者提出相反意见，认为跨境并购不但不能为并购方带来财富效应，而且还可能减损企业价值。此结论同样适用新兴市场中的跨国公司海外并购活动（Bulent and Aysun，2009）。Brealey等（1998）则提出跨境并购不能获得财富效应。Moeller和Schlingemann（2005）研究了多个国家的跨国企业并购活动对超额收益的影响，发现荷兰和美国的跨国企业并购仅有微弱的超额收益。而通过事件研究法得出的结论是企业并购能为企业创造价值，但是仅能为目标方股东带来超额收益，而对并购方股东而言则存在很大争议。例如，Schwert采取事件研究法，考察分析了1975—1991

年的并购事件共 1 814 起，其研究结论就是并购方股东在公告窗口期并未获得显著超额收益。然而，也有学者得出并购行为会给并购方带来负的异常回报的结论。在企业并购过程中，对目标方企业的定价较为复杂，而且不同的评估方法所确定的价格差别很大，因此并购方会参照资本市场近期类似的并购交易价格与目标方企业进行谈判（Fanto，2000）。资本市场的折价效应使得信息透明度低的公司假借并购蹭热度，吸引投资者注意力，利用投资者对公司未来盈余重新估值的机会，提高股票价格（Draper and Paudyal，2008）。Baker（2012）提出，目标方股票峰值也是谈判交易时需要考虑的因素，并购方在拟定交易价格时会考虑目标方股票市场峰值。大多数企业会根据并购事件能否获得超额收益率衡量企业并购绩效。当投资者获得超额收益时，企业的并购绩效好；当投资者获得负的超额收益时，则企业为超额亏损。目标方企业的信息透明度会对市场反应有一定的影响。研究发现，目标方企业的信息透明度越高，即目标方企业的会计信息质量越高，并购方企业的市场反应就越好；相反，并购方企业的反应就更差。可能的原因是目标方企业的信息透明度高，其会计信息质量也相应地提高，这有助于并购方企业对目标方企业的准确估值，从而有效抑制了并购溢价，降低了并购成本（McNichols 和 Stubben，2015）。

#### 2.3.1.2 支付方式的市场反应

关于并购支付方式经济后果的研究，目前尚未得到统一的结论。部分文献提出，并购方公司采取股权支付方式时，容易产生较高的溢价，也会强化委托-代理问题，对并购方公司来说，可能会因“逆向选择”的问题而获得显著为负的超额收益，即发生损失。与此相反，也有文献表明，并购方采用股权支付方式时，目标方企业股东的风险保持未发生完全转移，二者共同对目标方企业的生产经营发挥作用，这样能够减轻并购方企业的风险，也可降低双方的信息不对称，因此股权支付方式的公司绩效要好于现金支付方式。Travlos（1987）对单一股权支付、单一现金支付情况下并购方公司股东的绩效情况进行了比较，结果显示，并购方采用股权支付方式的情况下，其股东会因此遭受显著的收益损失；采用现金支付方式时，并购方股东在并购公告宣布的窗口期便能获得超额收益。该研究结论说明了采用股权支付和现金支付两种不同方式的情况下，股东获得的超额收益率有显著区别。股东性质也会对支付方式产生影响。Chang（1998）研究发现，目标方公司中的民营股权所占比例较高时，民营股权发挥出积极的治理作用，目标方公司会通过各种方式与并购方公司沟通，从而降低双方间的信息不对称，双方共同对目标方公司发挥出积极的治理作用，并购方公司对目标方公司承担的经营风险不因股东的变更而增加，而是发挥了分担风险的作用。因此，并购方公司采取股权支付方式时，会向市场传递出公司未来经营情况良好的积极信号，投资者会因并购方采取的支付方式而获得超额收益。而现金支付方式不能确保风险报酬不发生转移，因而并购方采取现金支付方式时，投资者并不能获取显著为正的超额收益。这也能够解释为什么现在采取换股合并即股权支付方式的公司并购越来越多（Chartterjee et al，2001）。我国学者李井林等（2014）也证实这一观点，他采用事件研究法，对2009—2011 年我国上市公司的 642 个并购事件进行研究，衡量并购的异常收益，结果得出，与现金支付方式相比，股权支付方式与异常收益率呈显著正相关，且股权支付方式能够带来更高的异常收益率。

#### 2.3.1.3 并购商誉的市场反应

为检验并购商誉对企业市场价值的影响，Ross 等（1996）利用模型分析了美国 1982—1988 年企业并购情况，分析结果显示并购商誉与企业的市场价值具有显著的相关性。Ross 等以 1990—1994 年美国市场上产生并购交易的 1 576 家公司为研究样本，探究了美国股票市场对于两种不同的商誉是否会给予不同的反应。Kim 等（2001）在控制影响会计稳健性的其他因素后，发现拥有并购商誉的上市公司的会计盈余反映经济价值的及时性会下降，表现出会计稳健性的降低。为厘清并购商誉与企业的无形资产对公司价值的影响，Shahwan（2002）实证研究了二者与企业价值之间的关系，结果显示，与企业的无形资产相比，商誉与企业价值之间的正相关关系更加显著，同时商誉对企业的经营绩效也有明显的改善。Martin 等（2006）发现商誉的价值相关性仅表现在短期内，从长期看不具有价值相关性。也有学者提出与前文一致的观点，认为商誉具有价值相关性，另外，商誉确认后，与无形资产类似，在每年年底进行摊销。商誉摊销值对上市公司的权益价值影响较大，然而，即使将商誉摊销值从企业净资产中剥离出去，也不会影响企业净资产收益率的高低。这一结果充分说明了虽然商誉与企业价值呈显著正相关，但其对企业价值变动所反映的信息却很有限（Dahmash et al，2009）。为比较商誉资产与固定资产对企业权益价值的影响，杜兴强（2010）利用新会计准则①实施后的上市公司并

① 2006 年 2 月 15 日，财政部发布了《企业会计准则——基本准则》和 38 项具体准则（《企业会计准则》第 1—38 号），之后又发布了《企业会计准则——应用指南》，这标志着我国与国际财务报告准则趋同的企业会计准则体系已基本建成。新的会计准则体系自 2007 年 1 月 1 日起首先在上市公司施行，并鼓励其他企业执行。这套 2007 年 1 月 1 日开始实施的《企业会计准则》及其修改版通常被称为新会计准则；与之相对应，我国在 1997—2001 年颁布并在 2006 年以前执行的 16 项具体会计准则被称为旧会计准则。

购数据，实证检验商誉资产、固定资产及其他资产与企业权益价值之间的关系，结果发现，与固定资产及其他资产相比，商誉的价值相关性更高。也就是说商誉对权益价值的贡献更大。商誉与公司股票价格的关系仅在新会计准则下具有价值相关性，而在旧会计准则下没有影响（涂琳，2010）。杜兴强等（2011）提出，我国上市公司确认的商誉包含合理部分和高估部分，只有合理部分未来可以给企业带来收益，而高估部分并不能带来收益，甚至可能会损害并购方利益。此外，商誉是对企业未来现金流的一种判断，其实质类似看涨期权，也是对企业未来价值的一种衡量。因此，商誉价值的高低意味着并购方对目标方企业未来价值高低的预期。同时，商誉也对企业未来会计业绩和市场业绩均提出更高的要求（Chen et al.，2011）。Arnaud 和 Albany（2013）认为并购溢价水平会影响并购绩效，二者呈显著负相关。我国学者赵西卜等（2016）也得出商誉具有价值相关性的结论。吕超（2018）利用事件研究法研究上市公司发布的并购公告，发现在［－3，＋3］的窗口期内，并购商誉与并购方企业的累计超额收益率呈显著正相关。相较于相关性并购，多元化并购会削弱并购商誉对窗口期内并购方累计超额收益的正向影响。张际萍（2019）研究了我国上市公司会计准则弹性对商誉价值相关性的影响，发现在会计准则弹性强的年份，商誉与股票价格的关系更显著。王媛（2020）的研究也指出，商誉对企业价值具有正向影响，与民营企业相比，国有企业会抑制这一正向影响。为研究企业计提商誉价值的市场反应，杨晟毅（2021）采用事件研究法分析了我国上市公司2018年计提商誉减值后的企业短期和长期市场绩效，结果发现，短期绩效与商誉减值比例呈显著负相关，商誉净额与企业长期绩效呈显著负相关。

#### 2.3.1.4 企业并购与超额收益

为验证相关性并购与多元化并购中并购方股东的收益情况，Singh 和 Montgomery（1984）利用事件研究法分析了并购方股东获取收益情况，发现与多元化并购相比，相关性并购中的目标方股东获得的超额收益更显著。Lubat kin（1987）利用事件研究法验证并购能否给并购方和目标方股东带来超额收益。与多元化并购对股东收益的影响不同，Berger 和 Ofek（1999）考察了归核化并购对股东财富的影响，结果发现归核化并购能够给并购方股东带来显著为正的超额收益率，而多元化并购则不能，这在某种程度上说明多元化并购没有效率。Kiymaz 和 Mukherjee（2000）利用事件研究法对 1980—1990 年外国企业并购美国企业后美国企业的超额收益率情况，结果发现，在并购公告的前后几日，美国企业均能获得不同程度的积极表现，即均能获得显著为正的超额收益率。Aloke（2001）认为相对于行业中值公司，并购方公司实施并购后的经营业绩有所提高。这可能是由于并购活动发生前，并购方需要有比较优异的业绩方可进行并购，因此并购方公司的业绩看起来通常比行业中值公司水平更高。并购溢价还会受到目标方公司所在国家或地区对股东保护强度的影响。Rossi 和 Volpin（2004）研究了国家层面股东保护对跨境并购溢价的影响，发现目标方企业所在的国家或地区对股东的保护能显著提高并购溢价，并且对股东的保护力度越强，并购溢价越高。李善民和朱滔（2006）以我国沪深A股上市公司中多元化并购事件为样本，发现在并购后的第一年至第三年，并购方和目标方股东资产下降 6.5%～9.6%。Ramakrishnan（2010）实证研究发现，与相关性并购相比，多元化并购的长期绩效表现更好。国家层面的制度会影响超额收益的持续时间，正式制度的差异会延长并购交易从开始到完成所持续的时间（Dikova et al.，2010)。李善民等（2002）通过比较并购方与目标方股东是否能从并购活动中获得超额收益，发现并购方股东能从并购事件中获得显著的超额收益，而目标方股东则不能获得超额收益。关于并购股票价格反应的研究发现，并购事件不能给并购方带来正的超额收益率，反而会给并购方带来显著为负的超额收益率。余光和杨荣（2003）通过对 1993—1995 年发生在沪深 A 股上市公司的 38 起并购事件的相关研究，得出与上述一致的结论，也证实了并购事件给并购方带来负的超额收益率，并且量化了该超额收益率。彭磊（2012）的研究发现并购方和目标方窗口期的累计超额收益率均显著为正。也有学者提出，并购方和目标方均获得显著的超额收益，但超额收益与并购规模呈负相关，即规模越大，超额收益越低。可能的原因是并购规模越大，则交易风险越大，因此收益越低（麦其芃，2011)。郑洁（2017）发现上市公司的股票价格在公告日前后 5 天内大幅上升，但是自公告日第 10 天后开始下降，他认为这种情况是由于消息泄露造成。还有研究发现，并购后目标方的超额收益率显著为正（张新，2003)。余力等（2004）得出相同结果，目标方的超额收益率显著为正，并购方则不显著。张春红（2015）通过对 A 股市场 2009—2013 年并购重组事件进行实证分析，得出结论：并购重组正向影响了上市公司的股票价格。吴鹏（2014）对我国 A 股上市公司 2009—2013 年发生并购重组且获得成功的企业进行分析后发现，并购公告发布后，并购方和目标方均可获得明显的超额收益。因此，他提出有些国内上市公司可能存在内幕交易。

### 2.3.2 企业并购与股票价格

#### 2.3.2.1 并购战略与股票价格

现有较多研究是关于跨境并购对企业价值影响的，但得出的结论却存在较大差异。早期国外学者 Aybar 和 Ficici（2009）以 58 家新兴市场跨境企业的 433 起跨境并购事件为研究对象，实证检验了跨境并购对并购方企业市场价值的作用，发现二者的正向影响仅存在于单变量分析中，而在多变量分析中则不存在。另外，Chari 等（2010）研究发现，跨境并购促进并购方企业价值的结论仅得到部分支持，即当目标方企业为发展中国家而非发达国家的企业时，跨境并购才有助于提高企业价值。那么并购战略提升企业价值有什么样的机制？经过对现有文献的梳理得出以下 3 种机制：①资源整合能够发挥出规模经济效应。企业达到一定规模的时候，会降低单位产品的成本，增加企业的盈利能力，最终企业价值得到提升（Conn et al.，2005）。②并购可以发挥资源互补优势，促进技术、管理、财务等方面的协同，发挥协同效应，从而增强企业竞争力，增加企业价值（Moeller and Schlingemann，2005）。③通过并购能使企业迅速进入新市场、新领域、新行业，获取新的资源（Bradely et al.，1983）。并购方公司通过并购获得目标方公司的客户资源、营销网络等，能够以较低的成本进入新领域。Yang（2015）以 9 个新兴市场 1 358 起跨境并购事件为研究对象，实证分析跨境并购对企业价值的影响，发现跨境并购能够提高企业价值。高厚宾和吴先明（2018）考察了我国企业的跨境并购对创新绩效的影响，发现存在显著的正向影响。这一结论印证了我国企业利用跨境并购的目的是获取战略性资产。并购重组对股票价格的影响也受到学者们的广泛关注，有学者提出，兼并类并购重组公司的股票价格并不会大幅波动（陈信元等，1999）。并购公告发布前，多数投资者会将该事件视为“利好”消息，但在公告后，好消息被充分消化、吸收并融入股票价格中，股票价格逐步得到恢复（高见等，2000；张宗新等，2005）。并购活动能给并购方公司带来价值增值，但对目标方公司价值影响并不显著，主要的原因是资产重组事件多数是在政府参与指导下进行的，也是政府意愿的体现，因此并购方公司能获得可观的非市场性收益（李善民等，2001）。连续并购并不能给并购方带来收益（洪锡熙等，2001）。并购在短期内对并购方的股票价格波动有正向影响，长期影响则为负向（宋希亮等，2008；顾晟，2016）。上市公司的并购活动推动了股票价格上涨（唐兵等，2012）。

#### 2.3.2.2 并购支付方式与股票价格

根据信号传递理论的观点，当并购方采取现金支付方式时，向市场传递出并购方股票价格被低估的信号，因此刺激投资者购买被低估的股票，从而提高并购方的股票价格；当并购方采取股权支付方式时，通常向市场传递出并购方股票价格被高估的信号，这时投资者会选择抛售股票，导致公司股票价格下跌，并购方借机发行股票以降低融资成本。现代企业经营过程中最明显的特征就是公司所有权与经营权分离，投资者并未实际参与到企业生产经营管理活动中，无法获得与管理层相同的企业资产价值信息，因此所有者权益很可能会被市场错误定价，公司的股票市场价格也可能不是股票内在价值的真实体现(Myers et al.，1984)。对公司进行监督的专业性和高成本可能导致公司信息的透明度低，普遍存在着信息不对称现象，因而现有关于资本市场错误定价问题的研究主要基于信息不对称视角展开。我国的证券市场发展起步相对较晚，市场运行机制与相关制度还有待于进一步完善，投资者主要依赖证券分析师等信息中介了解上市公司的信息。证券分析师对上市公司进行跟踪并收集相关信息，分析处理后发布盈余预测，将公司的私有信息进一步融入股票价格，有助于投资者做出正确的决策和判断，从而降低了投资者和上市公司管理层之间的信息不对称程度。基于委托-代理问题的公司治理也是影响股票错误定价的重要因素。已有研究发现，股票错误定价与公司内部的代理成本显著正相关，偏离最优水平的股权激励不仅无法起到缓解代理问题的效果，反而可能加重代理问题，强化其对股票错误定价的影响（Jensen，1986）。股权激励既可能通过改善公司治理、降低代理成本而减轻股票错误定价，也可能恶化管理层代理问题而加剧股票错误定价（徐寿福和徐龙炳，2015）。激烈的产品市场竞争能够对企业管理层形成有效的外部监督，有助于降低管理层的代理成本，提高公司信息透明度。企业持有大量自由现金流时，将会增加管理层过度投资及在职消费行为（张琛和刘银国，2015），另外，企业存在的大量自由现金流为企业管理层提供了滥用的机会，从而增加企业代理成本。例如，企业持有的自由现金流水平会对高管的薪酬水平产生影响，高管的薪酬会随着自由现金流的增多而增多。此外，研究发现企业的现金流加剧管理层过度自信与并购溢价的正相关关系，而企业负债水平对二者的关系起到负向调节作用（耿溪谣，2022）。支付方式的选择对并购方和目标方股东收益有很大影响，而支付方式选择有许多影响因素，包括公司外部环境和内部特征（陈涛等，2013）。在企业并购重组活动中，并购方选择股权支付方式时公司未来的短期及长期绩效均显著优于并购方选择现金支付方式时的公司绩效。但当企业面临的融资约束水平较高时，则更偏向于选择股权支付方式（张丽君和王保干，2018）。从纳税的角度比较现金支付和股权支付二者的成本，结果发现现金支付会给企业带来更大的交易成本。并购方为缓解融资压力及减少并购后目标方企业的经营风险，也可能采用股权和现金的混合支付方式。由于多数上市公司存在市值管理行为，因此公司并购支付方式的选择对提升股东价值具有重要作用。并购方采用现金支付方式时，并购方公司的投资者在公告期内仅能获得正常的收益，而不能获取超额收益。利用事件研究法对不同并购支付方式的股票二级市场反应进行研究，结果表明，不同支付方式的并购均能带来我国股票二级市场收益率的明显提升，但是与现金支付方式相比，投资者对股权支付、资产支付以及混合支付方式的反应更为强烈（Eckbo，2018）。同时，现金支付方式能够提升并购成功的概率，向市场传递出被并购方公司价值较高、盈余质量高及发展潜力好的信号（Farinha，2003）。

国内外学者对并购溢价进行了大量的研究。Travlos（1987）研究了不同支付方式对并购后股票价格的影响，为后续的并购支付方式相关研究提供了经验证据。而对支付方式如何影响并购溢价这一问题，各方目前还存在较大的争议。有学者提出，股权支付方式下的并购溢价高于现金支付方式。Betton 等（2008）提出，并购方采用股权支付方式时，并购溢价比现金支付方式低，主要原因是被并购方在接受现金支付时需要缴纳资本利得税，但如果采用股权支付方式，则不需要立即缴纳，而是在目标方转让该股权时缴纳。Savor 和 Lu（2009）提出，现金支付方式下的并购溢价会高于股权支付方式，但对于造成这种结果的原因他们的看法与以上学者不同。他们认为原因主要是市场对股票价格的反应：如果并购方采用股权支付方式，那么向市场传递出并购方企业当前的股票价值被高估，导致股票价格下跌。并购方会支付更多的溢价来弥补股票价格下跌的损失。也有学者主张股权支付方式形成的溢价会显著高于现金支付方式。谢纪刚和张秋生（2013）的研究指出采用股权支付方式时产生的并购溢价更高，因为采用股权支付方式时，其流动性远不及现金支付，为促成并购，并购方会做出相应让步，目标方企业的评估值可能超过其账面净资产，导致股权支付方式下的并购溢价会比现金支付方式高。葛伟杰等（2014）的研究发现，采取股权支付方式时，并购方会参考目标方的评估价值，并购溢价较高；而并购方如果采用现金支付方式，在交易价格上具有谈判优势，但如果企业面临融资约束时，将面临资金链断裂的风险，因此采用现金支付时的并购溢价会相应降低。卢晓哲和朱南军（2022）发现并购时管理层如果过度自信，会高估并购溢价，且对后续的商誉减值风险认识不足。

#### 2.3.2.3 并购商誉与股票价格

学者们对高商誉的并购是否能发挥协同效应展开了研究。董权宇（2006）通过事件研究法对国内外并购是否支付过高溢价进行了验证，发现高商誉的并购并不必然伴随着协同效应的发生，并购方公司为不能实现的协同效应而支付过高的溢价会得不偿失，甚至导致并购失败。谢纪刚和张秋生（2013）以我国沪深A股上市公司中小板企业为研究对象，实证研究了支付方式与评估增值率的关系，发现股权支付方式下的评估增值率会显著高于现金支付方式，采取收益法预测的目标方企业未来收益也显著高于企业的实际收益，因此得出结论：股权支付带来高溢价、形成高商誉的主要原因是与现金相比，股票的流动性较低。崔永梅和张英（2014）实证研究了并购商誉与公司股票价格的关系，发现并购商誉与上市公司的股票价格存在显著正相关。和其他影响股票价格的因素相比，并购商誉对公司股票价格的作用更强。李玉菊和傅超（2015）等基于行为金融学视角，研究发现创业板上市公司存在巨额商誉，其中一些公司存在非理性并购交易行为，且这种行为具有明显的"同伴效应"，这种效应产生的原因是个体效仿行业标杆。曲晓辉等（2017）发现，当商誉减值时，向市场传达出的负面信息容易被放大关注，引起股票价格短暂大幅波动。王文姣等（2017）提出，当公司确认了巨额商誉时，不仅对公司的持续盈利能力贡献有限，而且可能引发公司股票价格泡沫，甚至加大股票价格崩盘风险。杨威等（2018）研究提出，并购事件在我国资本市场是"博眼球"的"利好"事件，在短期内促进股票价格上涨，但高额的商誉能初步反映企业的股票价格具有一定的泡沫，并购商誉高的企业发生股票价格崩盘的风险较高，一旦企业业绩下滑，会加速高商誉企业股票价格的崩盘。然而商誉的高低对公司价值的影响是双向的：一方面，与高商誉企业相比，低商誉有助于企业的会计业绩和市场业绩的提高；另一方面，商誉高到一定程度，不仅不能提高企业的业绩，反而导致企业业绩的减损。研究还发现，短期内商誉对市场业绩的促进作用强于对会计业绩的促进，而长期内这种差异逐渐减小，这表明投资者在短期内会高估商誉给企业带来的价值（冯科和杨威，2018）。杨威和宋敏等（2018）研究发现，由于投资者对并购的过度反应，导致并购商誉促进公司短期股票价格上涨，致使股票价格积累大量泡沫。并购商誉与并购溢价不能等同，二者有着本质的区别，虽然并购商誉与并购溢价均可能加剧股票价格崩盘风险，但仍需要对两者进行严格区分（刘超等，2019）。商誉积累到一定程度时，大多数公司往往会进行计提减值准备，巨额的减值准备通常会强化公司的股票价格崩盘风险。邓鸣茂和梅春（2019）的研究结果表明，企业高溢价并购产生巨额商誉后，会发生股票价格崩盘的风险。林爱梅和杨丹（2021）考察商誉减值的价值相关性及其作用机制后发现，商誉减值使得投资者对股票产生悲观情绪，降低企业股票的流通性，造成公司股票价格和股票收益率下跌，导致企业价值毁损。

### 2.3.3 企业并购与股票价格崩盘风险

企业的并购活动有时可能会增加企业股票价格崩盘的风险。部分上市公司会利用并购重组事件操纵股票价格，也就是借助并购的热度推高股票价格。上市公司的外部治理中介如分析师、财务顾问等表现出迎合大股东、管理层及投资者的意向，起到推波助澜的作用，加剧并购溢价，最终导致股票价格泡沫的破灭（傅超等，2015）。交叉持股会对并购方公司股票价格稳定产生显著为正的作用（陶启智等，2016），我国沪港通等证券市场开放后，大量资金流入，促进了我国上市公司的并购交易，也提高了并购方公司股票价格收益（顾海峰和张芮，2017）。王文姣等（2017）研究发现，并购形成的商誉不仅降低了并购方公司的会计信息质量，同时也相应增加了管理层的机会主义行为，强化了企业发生股票价格崩盘的风险。除了商誉外，商誉减值也会正向影响股票价格。韩宏稳等（2019）实证考察了我国沪深 A 股上市公司 2008—2016 年并购商誉减值对股票价格崩盘风险的影响，发现并购商誉减值对股票价格崩盘风险有正向影响，这一点在信息不对称程度较高的公司更显著。并购内幕交易对股票价格产生较大的影响。赵立彬等（2021）以 2006—2019 年 A 股市场发生并购事件的上市公司为研究对象，发现并购内部交易行为加剧了股票价格崩盘风险。

## 2.4 文献评述

依据本研究的主题，通过文献回顾和梳理发现，股票错误定价的主要原因涉及以下几个方面：首先，传统财务关注的是会计信息效率，往往从盈余管理角度分析股票错误定价的成因；其次，从非有效市场假说出发，产生股票错误定价的主要原因是上市公司管理层与投资者之间存在着信息不对称；最后，从投资者非理性视角出发，投资者认知的差异、情绪的好坏等都可能影响投资决策，引起股票价格变化。已有的研究更多关注并购事件的股票价格效应、公司绩效及超额收益，其研究主要集中在分析并购事件对股票价格的短期、中期效应。也有少数文献分析并购对股票价格崩盘的影响等，侧重于对股票价格的长期影响。现有研究较少聚焦于企业并购对股票错误定价的影响这一层面。中国资本市场还不完善，投资者非理性情绪表现突出，股票价格容易受到投资者情绪的变化而产生波动。学者还应当进一步探究影响股票错误定价的因素，并不断地检验，以期深化、创新相关理论，促进经济的高质量发展。通过梳理现有文献，还可以从以下几个方面完善理论与实证：

（1）企业并购影响股票错误定价的作用机制研究有待深入。现有文献在并购对资本市场以及微观经济的影响方面研究较为薄弱，特别是研究并购影响股票错误定价的相关文献较为少见。深入挖掘企业并购行为影响股票错误定价的作用机制，有助于进一步厘清企业并购这一微观企业行为影响资本市场定价的内在机理，为提高未来资本市场定价效率、防范和化解金融危机、稳定股票价格市场等相关研究提供理论借鉴与政策启示。

（2）企业并购方式的异质性对企业并购影响股票错误定价的调节作用有待拓展。现有文献较少研究企业并购方式的异质性对企业并购影响资本市场定价的调节作用，大多仅单独考察并购模式或并购商誉对股票错误定价的影响。实际上，不同的并购方式、并购支付方式、并购商誉及并购溢价对股票错误定价有不同的影响。因此，并购方式的异质性对企业并购与股票错误定价关系的调节作用有待拓展。

（3）外部治理作用的异质性对企业并购影响股票错误定价的调节作用有待拓展。现有文献多从机构投资者持股和分析师跟踪两个视角考察企业并购对股票错误定价关系的调节作用。实际上，外部审计、媒体关注和分析师关注也能降低信息不对称程度，对企业并购行为起到监督作用。因此，外部治理作用的异质性对企业并购影响股票错误定价的调节作用有待拓展。

（4）对企业并购指标的衡量方法有待改进。现有文献涉及对企业并购指标的衡量，大多以企业是否发生并购这一单变量指标进行衡量。实际上，企业是否发生并购这一单变量指标并不能反映出企业并购的所有信息，还可以使用并购规模、并购商誉等指标对企业并购这一变量进行更为全面的衡量。因此，对企业并购指标的衡量方法有待改进。

## 2.5 本研究的切入点

（1）目前关于股票错误定价的研究多集中于企业自身或外部的微观经济活动对资本市场定价的影响，影响因素主要体现在公司内外部治理方面。研究内容非常丰富、全面，研究视角开阔。基于企业并购角度对资本市场定价问题的研究多集中在对股票价格的短期影响，多采用事件研究法，对并购公告前后若干天的超额收益、累计超额收益等进行分析，但从企业并购角度研究并购对股票价格长期影响的文献较为少见。另有少数文献是基于企业并购对股票价格崩盘及公司价值的影响。企业整个并购过程较为复杂，并购模式的选择、并购支付方式的选择、并购商誉和并购溢价等都会对股票价格产生较大的影响。因此，关于企业并购对股票错误定价的影响研究还有待进一步深化。

（2）随着我国经济体制改革的不断深化，并购交易日渐频繁，呈现出较为迅猛的发展态势，市场竞争也越来越激烈。我国相继出台《国务院关于进一步优化企业兼并重组市场环境的意见》和证监会《关于修改〈上市公司收购管理办法〉的决定》《关于修改〈上市公司重大资产重组管理办法〉的决定》等文件。现有文献对企业并购的治理作用已进行了丰富的研究，但在并购变量的衡量方面，多数研究基于企业是否发生并购而展开，其中包含将企业并购的所有环节视为整体的假设，从而缺乏对企业并购进行细分的进一步研究。

（3）我国资本市场处于新兴加转轨时期，资本市场有待完善，并购对投资者情绪波动的影响及对企业的治理效应不容忽视。企业并购交易加剧信息不对称，导致盈余管理较为严重，这会增加投资者的情绪波动，进而加剧股票错误定价。部分学者通过研究探讨投资者对并购的过度反应与股票价格泡沫、股票价格崩盘的关系，但研究主要是从投资者的视角展开的，主要考察对资本市场定价的研究，较少延伸至企业层面，未从企业会计信息质量视角来研究企业并购对股票错误定价的影响。对于并购经济后果的研究，现有文献多集中在并购活动对企业价值、企业创新、企业绩效及企业超额收益等的影响方面，少有文献直接研究企业并购与股票错误定价的关系。虽然有关企业并购的市场反应等对股票价格短期影响的研究较多，但企业并购对股票价格的长期影响也不可忽视，而现有文献尚未对此进行深入剖析。

基于以上分析，本研究紧紧围绕我国企业并购事件，系统地探究企业并购与股票错误定价二者之间的关系，试图将企业微观层面的并购行为与资本市场层面的股票定价研究联系在一起，探讨企业并购各关键环节对股票错误定价的影响，以期发现新的作用机制与影响路径。

# 第3章 概念界定与理论基础

本章包含4部分内容：①概念的界定，对股票错误定价、企业并购等相关概念进行了界定；②梳理本研究的理论基础，包括有效市场假说、信息不对称理论、投资者有限理性理论、委托-代理理论、协同效应理论、交易成本理论等；③企业并购对股票错误定价影响的相关理论分析；④本章小结。本章的内容为第4章、第5章、第6章、第7章的实证检验部分提供了理论支撑与铺垫。

## 3.1 概念界定

### 3.1.1 股票错误定价

股票错误定价这一概念是由Farhi和Panageas在2004年时提出的。在资本市场有效的前提下，股票的市场价格应与其内在价值一致。但在实际环境下，由于市场上充斥着各种“噪声”，这些“噪声”对股票价格产生了不同程度的干扰，因此上市公司的股票价格普遍出现偏离其内在价值的现象，我们把这种现象称为股票错误定价。股票的市场价格偏离其内在价值，这种偏离是双向的，既可以表现出向上偏离，即高估；也可以表现出向下偏离，即低估。股票价格中既包含股票的内在价值，又包含差额部分。其中，差额部分就是我们通常所说的错误定价部分，它可以用来衡量股票错误定价的程度。该差额越大，说明股票价格与其内在价值的偏离程度越大；反之，则股票价格越接近其内在价值。股票实际上是一种特殊的商品，只是存在的形态与其他有形的商品有所不同，股票也是具有内在价值的。有效市场假说认为资本市场是有效的，股票价格中包含了资本市场及企业所有的信息，它的价格走势不仅能够准确反映出股票所含有的企业信息，而且是对资本市场信息的真实反映。当市场出现新的信息时，股票价格会及时做出相应的反应，表现在围绕其内在价值上下合理波动。而现实的资本市场并非完全有效，由于市场“噪声”的影响及非理性因素的影响，股票价格不能对所有信息做出及时、准确、有效的反应。因此，股票价格会偏离其内在价值，出现股票的错误定价现象。

### 3.1.2 企业并购

我们通常提到的企业并购（M&A）是企业兼并和企业收购的统称。其中，企业兼并是指吸收合并，也就是一个企业对另外一个企业进行合并，完成合并后仅保留合并方一个企业，而被合并的企业不再以独立主体的形式存续；企业收购是指收购方公司通过现金支付、股权支付等方式取得目标方公司的部分或全部资产或股权，从而获取目标方公司控制权的行为，完成收购活动后，两个公司均被保留。此外，我国的企业并购还包括新设合并，它是指在完成并购活动后交易双方成立新公司，新公司成为经营主体，而并购之前的两个主体均被注销的一种并购形式。虽然兼并和收购均以获取目标方公司的控制权为目的，但两者也存在区别。相比收购而言，兼并可以看作一种特殊的收购，它是一种完全收购，也是最彻底的收购。本研究所指的并购仅指一方以现金收购、股权收购或二者混合的支付方式获取另一方控制权的经济活动。

本研究中与企业并购相关的概念如下：

（1）并购战略。根据并购方与目标方是否属于同一国籍和地区，可将并购分为跨境并购和境内并购。跨境并购是指一国或地区的企业为了达到扩大规模、获取资源和技术等目标，对另外一个国家或地区的企业进行收购，并对该企业具有控制权的一种行为。境内并购是指并购方和目标方均在同一国家或地区的并购活动，并购方购买目标方的资产或股权，从而对其生产经营活动进行控制。

（2）并购模式。根据并购方与目标方是否属于同一行业，可将并购划分为横向并购模式、纵向并购模式、混合并购模式 3 种。横向并购是较为常见的并购模式，它是指并购方与目标方的生产经营活动相同，属于同一行业内企业之间的并购。其优点是可以使企业迅速扩大规模，减少市场竞争。纵向并购是指处于产业链上下游或者具有纵向协作关系的企业之间的并购。其优点是可以掌控生产过程的各个环节，加速生产流程，缩短生产周期，节约资源和能源，节约交易成本。混合并购是指既包含横向并购又包含纵向并购的企业并购活动。

（3）并购支付方式。在所有支付方式中，现金支付是最早出现的一种支付方式，由于该方式操作简单、快捷，因此在并购支付活动中最受欢迎，也最为常见。股权支付是指采用并购方所持有的股权作为并购交易对价，取得目标方企业控制权的一种方法。常见的股权支付方式有 3 种具体形式，分别是增资扩股、交叉持股及库存股换股。在企业并购的支付环节中，并购方可以不用纯现金支付，而是采取多种支付组合，通过支付股权、认股权证、可转换债券、划转资产或承担债务等方式支付交易对价，获取目标方企业的生产经营控制权。本研究所指的支付方式仅包含现金支付、股权支付及现金与股权的混合支付 3 种方式。

（4）并购商誉。商誉源于企业并购过程中并购方支付的溢价部分，仅存在于非同一控制主体下的企业并购中，而同一控制主体下的企业并购不能产生商誉。并购方支付的对价与其享有目标方公司可辨认净资产公允价值的差额被确认为商誉。也就是说，商誉代表企业具有获得超额收益的能力，也是企业发生并购时并购方购买的一种资产，这种资产不能直接观察到，但在未来能给企业带来经济价值，实际上也可以把商誉看成是一种看涨期权。2006 年我国制定了新会计准则（自 2007 年 1 月 1 日起实施），其中对商誉资产的要求是，企业每年都应对其做减值测试，当其价值小于未来可带来现金流入的净值时，就需要计提减值准备。而在旧会计准则中，商誉是被当作无形资产来处理的，每年需要进行摊销。未来能给企业带来现金流入的净值在确认上存在较大的主观性，因此商誉减值金额的确认存在较大的不确定性。商誉的这种不确定性赋予并购方较多盈余管理的操纵空间。

（5）并购溢价。并购溢价（premium）是指在并购交易过程中，并购方支付的交易对价超出目标方实际价值的部分，也就是交易价格与实际价值之间的差价。并购溢价的来源主要体现在以下两个方面：①对协同效应的预期。这里的协同效应包括管理协同、技术协同及财务协同。当两个企业完成并购后，新企业在净现金流量、绩效等方面超过并购前两个企业的总和。②控制权的溢价，即为了取得目标方公司的控制权而需要支付的额外费用。溢价的高低受到所终因素的影响，包括目标方公司的竞争激烈程度、并购方和目标方的谈判能力、目标方公司原股东的出售意愿和并购方公司的购买意愿等因素。无论协同溢价还是控制权溢价均加重了并购方实施并购交易的成本，也会影响到并购项目的投资效率，甚至影响到公司并购的成败。随着并购溢价相关研究的不断完善，可以对并购溢价进行重新分类：①按照溢价的组成部分，可以将并购溢价分为资产评估溢价和控制权转移溢价两类；②根据并购溢价形成的时间，可以将并购溢价分为初始并购溢价和成交溢价两类；③采用拟合的方法，将并购溢价分为协同效益溢价和超额溢价两类。有文献指出，并购溢价本质上是并购方在并购过程中所承担的额外成本。并购溢价中包含合理部分，也包含不合理部分，即溢价泡沫部分。并购溢价中的合理部分和溢价泡沫部分在实际操作中难以进行区分，因此现有研究通常将并购溢价作为整体进行研究。并购溢价是按照并购方支付的交易价格与所对应目标方市场价值之间的差额来确认的。西方发达国家的资本市场较为成熟，西方学者根据并购前后的超额收益衡量并购溢价。但目前这种方法在我国还不能采用，原因主要是我国目前的资本市场尚处于弱式有效的阶段，根据市场反应计算出来的超额收益可能存在较大的偏差，无法准确衡量并购溢价，导致结论不可靠。

## 3.2 理论基础

形成股票错误定价的原因较多，学者们认可度较高的原因有两类：①基于行为金融学，由于投资者非理性行为造成的股票错误定价；②基于信息不对称理论，非对称信息的存在导致管理层盈余操纵及会计稳健性降低等影响会计信息质量的现象出现，也会造成股票错误定价。

### 3.2.1 有效市场假说

有效市场假说最早出现于20世纪10—20年代，该假说是由经济学家尤金·法玛（Eugene Fama）提出来的。该假说提出：在资本市场有效的情况下，同时在各项法律、制度健全，企业信息透明度高，市场竞争充分的情况下，公司所有价值信息都能及时、准确地反映到股票价格信息中；股票价格中的信息含量非常高，既能反映出公司当前的价值，也能反映出公司未来的价值；证券市场上不存在被操纵的现象，能够达到强式有效市场的水平；无论使用何种手段，投资者均不能获得超额收益。总之，有效市场的成立需满足以下3个条件：①市场竞争充分，没有交易成本，也没有摩擦，市场上的所有参与者都能接受证券的价格，且存在套利行为。②证券市场上的投资者都能获取到所有的信息，包括公司当前和未来的信息，且能对这些信息迅速做出反应。证券市场的所有信息均融入股票价格之中，且对新的信息反应迅速而准确。③投资者均为理性的。非理性投资者仅有少数，且他们的行为能够相互抵消，使证券价格处于新的均衡状态。

按照Fama的观点，有效市场假说包括3种形式：①弱式有效市场假说。市场弱式有效时，股票的市场价格中包含股票价格所有的过去信息，投资者使用技术手段，在分析历史数据的基础上预测股票的未来价格不能获得超额收益。②半强式有效市场假说。市场半强式有效时，股票的市场价格包含了公司所有已公开的信息，当投资者获取到有关公司公开的信息，能够迅速做出反应，并将这种反应融入股票价格中，从而股票价格也随着做出反应。投资者不能利用技术分析获取超额收益，而且对公司基本面的分析也不能获取到超额收益，但在获取到内幕消息的情况下能够获得超额收益。③强式有效市场假说。市场强式有效时，股票价格中包含公司已公开和未公开的信息。投资者即使获取到内幕信息也无法获取到超额收益。

有效市场假说试图解释现代资本市场的核心问题，认为提高资本市场有效性的关键是要改善市场披露的信息质量，而改善信息质量就需要解决信息传递、信息解读与反馈等问题。高质量的会计信息有助于股票价格准确、及时地反映公司相关信息，并将这些信息充分地融入股票价格中。因此，发挥资本市场有效性的关键在于尽快完善上市公司信息披露质量，即提高会计信息质量。我国目前还处于弱式有效市场发展阶段，由于管理层盈余操纵、会计稳健性有待提高等会计信息质量问题导致的信息不对称现象比较严重。因此，可以借助有效市场假说分析企业并购对资本市场定价行为产生的影响。

### 3.2.2 信息不对称理论

对信息不对称现象的研究最早可以追溯到古典经济学，信息的充分性和信息的对称性是古典经济学成立的基石。如今伴随着信息经济学的快速发展，信息不对称成为学术界研究的热点，越来越受到学者们的关注。有学者提出，如果市场上的信息既是充分的又是对称的，那么市场上的生产者和消费者均拥有完全相同的信息，两者均能做出正确的决策。古典经济学的代表人物之一亚当·斯密（Adam Smith）指出，在“看不见的手”的作用下，市场能够达到供给和需求平衡，同时还能实现资源的有效配置。但是在现实的资本市场中，信息既不具有充分性也不具有对称性。随着资本市场的逐渐成熟，古典经济学中这种以信息对称性和充分性为基础的假设备受学者们质疑。Hayek 认为信息具有分散性和不对称性；Baumol 在他的基础上进一步将信息区分为完全信息和不完全信息，同时分析了两类信息对于社会福利的影响；Simon 指出，市场上投资者的有限理性造成了信息的不完全。Stigler 是信息经济学的创始人，他提出信息具有成本性，并认为这属于正常的市场现象。这一观点得到广泛认可。Akerlof（1970）研究了不对称信息，提出“柠檬市场”模型，用来说明在同一个市场中，买卖双方掌握的信息不一致的情况下，如果卖方掌握的信息更多，就可能以次充好。资本市场存在信息的不对称现象，造成市场效率的低下。此后学术界开始对信息不对称的问题展开了大量的研究，逐渐出现了信息不对称理论、“逆向选择”理论、委托-代理理论等，这些理论已经成为现代西方经济学理论的重要组成部分。2001 年，3 位美国经济学家 Spence、Akerlof 和 Stigliz 由于他们在信息不对称研究方面的卓越贡献而获得诺贝尔经济学奖。

Dechow 等（2010）提出，会计信息质量的特征包括会计稳健性、及时性、可比性、价值相关性等。高质量的会计信息能够为公司决策者提供更充分、更准确的决策依据，并能保证会计盈余的质量、持续性和稳定性。会计盈余质量的高低决定着公司未来现金流能否实现，因此公司的会计盈余与股票价格、企业价值均有相关性。当公司的会计盈余能反映出股票的内在价值时，会计盈余的持续性与稳定性才更具有意义；如果会计盈余不能反映股票的内在价值，那么会计盈余的预测结果可能会存在较大的差异。会计信息质量要求涵盖了会计盈余的质量、持续性、可预测性、平稳性及价值相关性等。有研究指出盈余平滑度、会计稳健性和应计质量是衡量会计信息质量的 3 个重要指标（李青原，2009）。会计盈余可以细分为应计项目和经营活动现金流两部分。企业在生产经营活动中已经计提而尚未实现的项目为应计项目。因此会计盈余与经营活动现金流之间存在着差额。企业所采用的不同会计政策、不同会计估计会对应计项目产生较大的影响。由于会计估计的不确定性和不可验证性，应计项目的确认本身就会存在一定的误差，这会为管理层的盈余管理行为提供机会。这些行为在进行会计处理时无法避免，也造成了应计项目与经营活动现金流的差异，学者们对应计质量的研究主要也是研究这种差异。Healy 和 Wahlen（1999）采用操控性应计模型来验证公司经营者在实施盈余管理时是否进行了盈余操纵的活动，也就是基于盈余管理视角对应计质量进行审核。会计稳健性可以用来衡量会计信息质量的好坏，它也是会计信息质量的重要特征之一。会计稳健性的要求就是会计对坏消息的确认要比好消息的确认更加及时。国际会计准则认为会计稳健性的要求是：当情况不确定时要谨慎地做出会计判断，例如常见的对资产或收益、负债或费用的确认要求是不高估资产或收益、不低估负债或费用。美国会计准则委员会认为会计稳健性的要求是：对不确定的事情采取谨慎态度，对市场中的不确定性充分考虑到可能发生的各种风险。例如，如果在未来有两笔金额相等的收入或支出的话，会计稳健性要求我们先对支出进行确认，也就是对不乐观的事情优先进行确认。1997 年，Basu 认为会计稳健性的要求是：与确认收益相比，会计对损失的确认应当更加及时。也就是说，会计稳健性应当遵循谨慎性原则，无论是在会计确认方面还是在计量中都应保持应有的谨慎性。会计稳健性能抑制上市公司与投资者之间的信息不对称，在一定程度上也降低了上市公司与外部信息中介（包括分析师、审计师等)、利益相关者（包括债权人和债务人）等的信息不对称（Lara et al.，2011），因此会计稳健性在一定程度上缓解了公司内外部的信息不对称（Watts，2003）。

### 3.2.3 投资者有限理性理论

“理性的经济人”是传统经济学的假设，这一假设不仅要求市场上的信息具备及时性和完整性，还要求投资者具备相应的能力以正确处理这些信息。传统金融理论主要是建立在“理性的经济人”假设基础上的。但是在现实的资本市场上，大多数投资者并不能满足上述条件，人们的行为往往会受到情绪心理的影响，即投资者不是“理性的经济人”，存在着有限理性。每个投资者在认知、情感、文化背景等方面各有不同，在认知过程中会存在明显的认知偏差，面对复杂多变的市场时所做出的投资决策会受到自身心理偏好的影响。投资者的注意力有限、精力有限，无法有效应对市场上所有的信息。投资者因情感心理偏差表现出不同的情绪，既可能有悲观情绪也可能有乐观情绪。意志偏差也会使得投资者表现出异质信念。因此，对于投资者的异常行为及金融市场的异象，传统金融理论已经不能做出合理解释。学者们逐渐意识到证券市场不是完全有效的市场，同时不能把投资者当作“理性的经济人”。证券市场上仍然存在套利行为，但是这种套利行为还不能抵消投资者非理性行为给股票价格带来的影响。在这种情况下，行为金融学得到快速发展。行为金融学理论最早由Burrel和Banman两位学者提出，其主要研究内容是围绕投资者行为，从投资者的行为出发研究其对投资者决策影响的过程。早期行为金融学理论未引起学者们的重视，后来两位学者De和Thaler发表了一篇文章，题目为《股票市场过度反应了吗?》。此后行为金融学理论逐步受到学者们的关注，对其的研究有了突破性进展。行为金融学作为金融经济学的一个分支，结合心理学的部分观点，研究投资者心理对金融投资决策的影响。也就是说，行为金融学是在金融学和心理学的基础上发展起来的一门学科。但发展至今，学术界仍然未形成关于“人”（投资者）的统一的定义。心理学主张“人”是信息加工的主体，同时也是信息传输的媒介，投资者偏好会影响其决策，而决策的过程也是信念形成的过程，决策主要依据投资者自身的偏好，实质上是对所接收信息进行加工的过程。投资者的决策过程一般是：信息输入—加工—输出—实施。这一过程的分析可以用来解释投资者交易行为，还可以用来解释其影响资产定价的过程。我们可以将资本市场上的股票价格看作是投资者交易行为函数。投资者决策包括认知、情绪和意志3个心理过程。除了自身主观能力的影响外，投资决策还受到周围环境的影响。投资者决策过程每个环节的处理均可能包含有限理性的成分，因此均可能导致投资者的情绪偏差。系统性的情绪偏差也会对投资者的情绪造成一定的干扰。而投资者的认知偏差与情绪偏差相结合的双重作用对投资者决策的影响更为显著，主要体现为投资者的异质信念。投资决策偏差就是由以上 3 个心理过程造成，进而形成了投资者的行为偏差（Kumar，2009），最终的结果是对股票价格产生影响。有限理性的投资者在进行资本活动时常常表现出非理性行为。例如，“羊群效应”就是指由于信息不对称，投资者往往盲目跟风，出现群体性投资偏好现象，一窝蜂地对股票价格追涨杀跌；“锚定效应”也是投资者非理性的表现之一，投资者往往按照过去的收益情况预测未来股市的走势，往往会产生与实际情况不符的预测。投资者由于自身认知偏差而做出的投资决策行为超过了信息所反映的内容的影响，这种现象被称为投资者的过度反应。资本市场的投资者往往会更关心新信息，且通常表现出过分关注，而忽视历史信息及公司基本面信息，这种非理性行为导致新突发事件引起股票价格异常上涨或下跌。此外，“处置效应”也是投资者的一种非理性表现。投资者对于可能出现的损失往往更具有警惕性和敏感性，因此在做出投资决策时往往表现为持有收益为负的股票，而卖空收益为正的，仅凭收益情况做出投资决策，这种方式完全忽略了股票的内在价值。

传统金融学把投资者均看作“理性的经济人”。所谓“理性”是指，一方面，投资者能够获取到市场上全部的信息，并根据信息对股票价格做出准确的判断，意味着投资者能够对市场做出无偏估计；另一方面，投资者的非理性行为虽然存在，但是数量非常少，且是随机的，可以通过套利行为互相抵消。因此，市场有效的前提是投资者是理性的。也可以认为，投资者的理性行为决定了股票的价格，股票价格与其内在价值的偏差是暂时的，套利者随时可以发现这种偏差并且通过套利予以纠正。在行为金融学不断的发展过程中，“理性的经济人”观点饱受质疑。Simon（1955）对传统金融学“理性的经济人”假说进行了完善，并将心理学应用到资本市场，他提出了“有限理性”的概念。一方面，投资者并不能够及时、准确地获取到所有的信息，也不一定能够对股票价格做出准确的判断，因此其认知并非完全理性，而是表现为有限理性；另一方面，资本市场上投资者的非理性行为不是随机的、任意方向的，而是表现为有倾向的偏差。此外，资本市场的套利活动不仅需要考虑系统性风险，而且还要考虑非系统性风险。综上，投资者的有限理性引起非系统性风险，并且可能会进一步强化股票错误定价。主要原因是投资者的“羊群效应”导致投资者的盲目跟风，而套利者会因投资者的这种行为而受到损失。由此可见，套利也存在风险和成本，这会抑制套利行为的发生，这种抑制作用将对股票价格回归股票内在价值不利，导致股票错误定价现象持续，市场有效性降低。

经过上述对投资者有限理性的产生原因和机理的分析得出，投资决策往往包括认知、情绪和意志3个心理过程，每个过程都会添加非理性因素，而这些非理性因素也会使投资者心理产生偏差（刘博，2011），在对信息的认知过程中，投资者会因为有限注意力产生认知偏差，还会产生系统性或非系统性的情绪偏差，受此影响，在形成意志时会对股票价格预期产生异质信念。由此可以看出，投资决策发生偏差是由投资者的3个心理过程造成的，进而造成投资者的行为发生偏差（Kumar，2009），并最终对股票定价产生影响。基于此，认知限制和情绪觉悟的极限是投资者有限理性的重要内涵。在参考Lazarus（1991）、Barberis（1998）的研究结论的基础上，对投资者情绪提出如下定义：投资者情绪是指在对资本市场上企业信息全面了解、掌握的前提下，投资者对证券市场及上市公司做出的主观判断，其中包括对公司未来绩效进行预测，根据预测的结果对股票未来表现出乐观或悲观的情绪。

### 3.2.4 委托-代理理论

现代企业发展到一定阶段便出现了所有权和经营权分离（以下简称两权分离）的现象。两权分离给公司的发展带来了一定的影响，由此出现了公司治理。通常将两权分离理论作为公司治理的前提。早期企业规模较小，主要采取传统的经营模式，所有权与经营权未分离，企业所有者完全有能力控制企业的发展节奏，因此不存在代理问题。后来，随着企业的逐渐发展壮大，传统的企业管理模式已经无法满足现代企业的需要，因此现代企业制度逐渐建立，公司的股权也逐渐变得分散，企业所有者已经无法控制企业的各项经营活动，从而促进了两权分离。西方发达国家的现代企业在20世纪初基本实现了两权分离，企业的所有者授权委托其聘请的经营者管理企业的日常生产经营活动，而所有者不直接参与经营管理，除非对企业有重大影响的事项需要由所有者做出决定。具体来说，公司成立了股东大会，股东大会是公司最高决策机关。公司成立了董事会，董事会是企业的治理机关，是受股东大会委托行使经营权的机构。董事会负责选出经营管理者，因此产生了公司的管理层，也就产生了代理问题。公司实行两权分离之后，公司的具体经营活动由董事会选出的管理层全面负责，但企业最终的经营风险是由股东承担。因此，这种委托管理经营的模式导致委托人与代理人之间出现信息不对称，这也是委托-代理问题产生的根源。此外，最为重要的是委托人与代理人追求的目标不同：委托人的终极目标是提高企业业绩、创造经营利润、实现公司价值和股东价值最大化，但这并不是代理人的终极目标，实现自身利益最大化才是代理人的最终目标，二者明显不同，存在差异。代理人不断努力提升公司业绩，使得公司的价值和股东价值最大化，但这种经营方式不一定能够实现代理人自身利益最大化的目标。因此，如果未达到自身利益最大化，代理人可能会偏离该种途径，甚至可能会损害委托人的利益。综上分析，委托-代理理论要解决的关键问题就是如何通过一系列的监督和激励措施，使得委托人和代理人追求的目标一致。

自由现金流代理成本假说提出，当企业发展到一定规模时，发生了经营权和所有权不一致的两权分离现象，这种情况导致公司的股东与经营者所追求的目标不一致，因此产生代理问题。经理人的目标是私人利益最大化，而其追求私利最大化是通过建立“企业帝国”的方式，并购也是管理层快速实现“企业帝国”的一种手段。而股东的目标是实现股东权益最大化，并购可以提高企业绩效，增加股东权益，但是低效率的并购并不能给股东创造价值，反而会减损公司价值。可以看出管理层的目标偏离了企业价值的最大化，因此产生了代理成本。公司持有大量的自由现金流会提高代理成本，表现在以下几个方面：①公司持有大量现金流的情况为管理层追求个人私利提供了机会，管理层的在职消费与公司持有的现金流呈显著正相关。②公司持有充足的现金流时，管理层容易出现过度自信，可能会从事非效率的投资活动，表现为投资过度（Jensen，1986）。会计信息质量在这种委托-代理关系下显得尤为重要，高质量的会计信息是对管理层的一种监督和制约，同时也有助于降低契约摩擦、减少代理成本。周晓苏等（2015）提出，会计稳健性能显著抑制非效率投资的作用，即在某种程度上降低了自由现金流代理成本。刘银国和张琛（2015）提出，为了降低代理成本，部分企业实施了股权激励政策，给予经理人一定比例的股权，这样可以使经理人与股东的目标保持一致，但给予经理人的股权比例太低，将无法实现激励目标。研究发现管理层持股比例与公司代理问题呈显著负相关，即管理层持股比例越低，公司代理问题就越严重，公司对外投资的现金流相关性越高（唐雪松和郭建强，2007）。③企业持有大量自由现金流的情况下，管理层的过度消费也会非常严重。超额消费严重影响了公司运营效率，同时也加大了代理成本。自由现金流的存在增加了经理人可自由支配的现金，加剧委托-代理问题（刘银国和张琛，2012）。一些国有企业存在产权不清、企业提升绩效的激励不足、自由现金流充足等问题，相较于民营企业具有更高的自由现金流代理成本，其行业效应表现得也更显著（梅波，2012）。

Jensen（1986）提出，当公司现金充足但又没有好的投资机会时，委托-代理问题会变得非常突出，与发放股利回报股东相比，管理层更愿意将公司的自由现金流用于投资，以扩大企业规模。这虽然在一定程度上能够分散经营风险，但更多的是有利于管理层建造“企业帝国”，表现为过度投资。当企业拥有较多自由现金流且投资机会却相对匮乏时，多元化并购便非常受这些企业的欢迎。这类并购通常收益较低甚至收益为负，并且由于管理层过度自信，加之投资机会较少，往往并购的成本相对较高。公司保持一定量的负债，一方面能够有效缓解自由现金流带来的代理问题，另一方面能够起到类似发放股利的作用（Jensen，1986）。研究表明，很多市值较高且同时持有大量自由现金流的并购方公司，其并购公告的市场反应却非常差（Lang et al.，1991）。这种结论实际上也是对Jensen（1986）观点的验证。从上述分析中可以看出，基于自由现金流代理成本理论的并购活动通常是减损公司价值的并购，而不能为公司创造价值。另外，这种并购活动更多是由管理层发起的，并非股东驱动。基于公司并购相关理论，有学者提出托宾Q值高的公司倾向于并购托宾Q值低的公司（Jovanovic and Rousseau，2002）。根据投资机会理论，公司价值提高会促进投资水平的上升。学者们较为支持用这一观点来解释公司的并购活动。与公司直接投资相比，公司并购的固定成本高，因此并购对价值的敏感性也比较高，即并购活动比公司直接投资耗费更多的资金。20世纪90年代的并购浪潮有一个明显的特征，就是由市值高的公司发起对市值低的公司的并购，其目的是把握投资机会。Shleifer和Vishny（2003）最早提出公司并购错误定价假说，基于行为公司财务理论，主张并购是受到资本市场驱动而进行的，并购方公司大股东（控股股东）、管理层均有促进股票价格高估的动机，因为公司股票价格被高估后，并购方能够以股权支付方式发起并购，这样还能降低并购成本。研究发现，并购方公司通常是股票价格被高估的公司，而目标方公司多为股票价格被低估的公司。因此，为了抬高公司股票价格，大股东、管理层是有动机进行盈余操纵的。另有研究发现，股权支付下的企业并购活动与股票价格高估呈显著正相关，因此股票价格高估能够促进并购浪潮的发生，而参与到并购浪潮中的并购方更可能高估并购的协同效应，同时低估并购存在的风险（Rhodes-Kropf and Viswanathan，2004）。

### 3.2.5 协同效应理论

协同效应理论既是传统并购动机理论的重要组成部分，也是并购价值创造理论的重要组成部分。该理论认为企业并购是为了产生协同效应（synergy effects)，协同效应是由 Ansoff 在 20 世纪 60 年代首次提出的。协同效应的意思是两家公司合并后的整体绩效高于合并前两家公司的绩效之和，即“1+1>2”。随着学者们对协同效应的深入研究，协同效应被细分为经营协同效应、财务协同效应及管理协同效应。经营协同效应的获取是以规模经济为前提，企业并购的动机就是获得规模经济。如果企业并购活动发生在同一行业内，通常倾向于获取经营协同效应，而跨行业并购的目标则有所不同。在企业发生纵向并购时，协同效应主要表现在资源共享及交易成本的降低。Weston 等提出，如果两家企业共享生产制造资源或研发资源，那么两家企业均实现规模经济。通过纵向并购不仅能够有效降低企业内部融资成本，而且可以实现财务协同效应。另外，合适的企业组织架构及管理模式有助于企业做大做强，能够提高企业的市场竞争力，而并购可以将优秀的管理模式传递给其他企业，因此可以实现管理协同效应。而且并购方与目标方的差异越大，协同效应的作用发挥得越显著。综上，企业从事的并购活动不仅可以改变企业边界，而且能够调整产业结构，因此有大量的文献对企业做出的并购决策进行分析探讨，在丰富并购研究的基础上也形成了一系列理论和假说。

### 3.2.6 交易成本理论

新古典经济学认为企业存在的目的就是追求利润最大化。早期学者提出市场价格机制存在运行成本，而企业的成立能够将一部分的成本消除，意味着企业可以被视为替代市场价格机制的组织（Coase，1937），随着市场竞争的不断加剧，企业的规模日益扩大，企业内部的交易成本也会相应增加。因此，当企业扩张到一定规模时，企业内部的交易成本可能会等同于通过市场进行交易的成本，也可能等同于另一家企业完成交易的成本，这时便出现了规模不经济的现象。Coase 分析了公司并购问题，他认为当公司规模扩张到一定程度时，内部交易成本已经高于市场交易成本，在这种情况下通常不会发生并购；相反，只有当内部交易成本低于市场交易成本时，理论上才可能出现并购。研究表明，企业对上游供应商、下游客户进行的纵向并购行为可以看作是一次性永久契约，这样既可以避免因交易数量不同、交易定价不同而产生的议价成本，也可以实现交易内部化，达到降低交易成本的目的（Williamson，1971）。

## 3.3 企业并购影响股票错误定价的理论分析

股票错误定价是多种客观及主观因素相互作用的结果。对这一过程的分析通常是以投资者有限理性理论和信息不对称理论为基础。已有研究发现证券市场上的投资者并非完全理性，而是存在有限理性特征，同时证券市场上还存在着信息不对称现象，二者紧密联系、共同作用，导致证券市场股票错误定价。

行为金融学认为，投资者并非完全理性，而是有限理性，受到诸多先验因素的制约。投资者对信息的解读和分析能力存在明显的心理偏差，这是导致股票错误定价的主观基础。现有股票错误定价的研究大多基于行为金融学理论。有学者提出，资本市场上存在投资者有限理性行为，并从投资者有限理性特征探讨股票错误定价产生的主观原因。我国证券市场符合行为金融学理论中投资者情绪导致股票错误定价的两个条件，即：①证券市场处于发展阶段，各项制度尚不完善；②投资者行为受情绪影响的特征明显，投资者情绪对投资者决策具有非常重要的影响，同时市场上的有限套利问题较为突出。我国证券市场上的投资者多数为散户，受到专业知识和精力有限等原因，个体投资者所做的投资决策依赖自身的主观判断，往往表现出“追涨杀跌”的情绪。我国证券市场还受到卖空限制的影响，表现为有限套利现象。具体而言，当企业发生并购事件，往往向投资者传递出并购后协同效应的积极信号，使得投资者乐观情绪高涨、买入意愿强烈，此时投资者的风险意识薄弱，较为注重投资效率。投资者通常会高估企业预期超额收益、低估并购给企业带来的风险，从而进行频繁激进的交易，表现出对并购行为的过度反应。投资者会积极参与股票市场交易，不断追加交易量，推动股票价格上涨。同时，投资者的乐观情绪会交互感染，使股票交易出现趋同，导致个体对股票价格的高估演变为群体性高估，刺激股票价格偏离内在价值的程度加深。此外，市场上的悲观投资者不能充分参与其中，其悲观情绪未能得到反映，股票价格反映的仅是乐观投资者的预期，这进一步促进股票价格被高估。

信息不对称的现象在证券市场中较为普遍，导致投资者在信息处理上出现反应偏差，并决定着上市公司的股票错误定价水平。证券市场上的信息不对称在很大程度上是指会计信息的不对称，主要包括两个方面的内容：一方面，信息在不同投资者之间分布不均匀，使得掌握较多信息的投资者利用信息优势从只拥有较少会计信息的投资者那里赚取差价，市场参与者之间对信息掌握的程度存在明显差异；另一方面，所有者和经营者之间的信息不对称、上市公司内部和外部之间的信息不对称，是影响资本市场价格机制正常运行的重要因素。在现实的资本市场中，各方获取的信息是不充分和不对称的，上市公司的管理者在信息获取上处于优势地位，而市场上的投资者则无法获取与其等量的信息，处于劣势地位。由于存在信息不对称分布，在信息获取处于优势地位的主体能够获得更多的利益。信息不对称是股票错误定价的必要条件，也是投资者有限理性产生的客观因素，因为投资者做出投资决策的过程实际上就是一个信息被处理的过程，也是投资者使用信息做出判断的过程。在信息不对称的情况下，投资者不容易获取与其决策相关的信息，或者难以根据所掌握的信息做出价值判断，即信息不对称条件下投资者的有限理性特征表现突出。在企业信息不对称程度较高的情况下，管理层有可能出于提高薪酬、职位等目的，即出于自利性目的，提前确定收益或向外部传递出公司盈余的“利好”消息，从而引发投资者的乐观情绪，吸引投资者买入股票，进一步推高股票价格上涨。

企业并购过程中选择的并购模式、支付方式不同，并购溢价程度和商誉规模不同，会对信息不对称产生不同的影响，从而影响投资者的有限理性行为。例如，在多元化并购的过程中，一方面，企业可能面临对目标方企业业务不熟悉的风险，遇到较为严重的信息不对称问题；另一方面，企业实施多元化并购的目的是谋求新的利润增长点，这会令投资者对其有较高的期望，市场反应较好。在此情况下，并购方企业采取现金支付方式，能够降低代理成本，并发挥出自由现金流治理效应，同时增加分析师跟踪，提高公司信息透明度，以缓解信息不对称。高商誉和高溢价并购使投资者的乐观情绪高涨，同时也加剧了公司的盈余管理行为。我国证券市场上的投机行为较为严重，股市频繁出现暴涨暴跌现象，投资者对证券分析师、媒体、审计师等信息中介的依赖性较强。作为信息中介，分析师、媒体及审计师可以发挥信息产生、传递、解读的作用，有助于降低投资者和上市公司之间的信息不对称，同时也有助于减少投资者的有限理性行为。因此，证券分析师、媒体、审计师能发挥出外部治理作用，从而缓解企业并购对股票错误定价的影响。

由此可以看出，企业并购行为强化了信息不对称，刺激了投资者的乐观情绪，很可能引发投资者对公司股票价格的错误预期，导致公司股票价格偏离其内在价值，即产生股票错误定价的现象。企业并购通过两条路径对股票错误定价产生影响：①通过刺激投资者的乐观情绪，使投资者对并购事件过度反应，推动股票价格上涨，从而影响股票错误定价；②通过影响信息不对称加剧股票错误定价。

本部分为后续第 4 章、第 5 章、第 6 章、第 7 章的研究提供了理论支撑，并依次对并购如何影响股票错误定价、并购方式异质性和公司外部治理如何影响企业并购与股票错误定价展开详细的理论分析和实证检验。

## 3.4 本章小结

本章首先对已有研究的相关概念进行了梳理与总结，并对本书研究对象的具体概念进行了准确界定，为后续的理论假设和机制分析提供了理论支撑。关于股票错误定价的衡量，本书选取剩余收益模型计算出股票的内在价值，然后与股票的市场价值相比，计算得出错误定价的值。关于企业并购，本书选取我国上市公司发生并购的非金融样本，以企业在研究期间是否发生并购作为解释变量，构建出指标。现有研究主要围绕着有效市场假说、信息不对称理论、投资者有限理性理论、委托-代理理论、协同效应理论和交易成本理论进行阐述。其中，有效市场假说认为，市场上的投资者都是理性的，且能同时、等量地获得市场上所有的信息，也能够对公司的股票价格做出准确的判断，但现实中的资本市场并非完全有效，投资者并非完全理性。信息不对称理论认为，由于现代企业存在两权分离的现象，外部投资者难以获得与上市公司管理层相同的信息含量，导致投资者不能对公司股票价格做出正确的判断，而是出现了偏离。投资者有限理性理论指出，由于投资者的认知不同、精力有限、注意力有限，会表现出乐观或悲观情绪，投资者情绪会影响到投资者的决策。委托-代理理论基于代理冲突假说和自由现金流代理成本假说分析了并购方公司管理层发动并购的动机。其中，代理冲突假说认为，股东作为企业的所有者，与代理人所追求的目标不一致。股东追求的是企业利润最大化、权益最大化，而代理人所追求的目标是自身利益最大化。由于二者的最终目标不一致，导致代理人可能偏离公司利润最大化的目标，甚至会减损公司价值。自由现金流代理成本假说提出，企业持有较多的现金流，会增加管理层的在职消费、过度投资等代理成本。因此，企业保持适当的负债，同时提高内部治理水平、提高外部监督，有助于缓解代理问题。协同效应理论认为，企业并购后，会产生协同效应，这种协同效应包括管理协同效应、技术协同效应及财务协同效应。协同效应的存在在一定程度上解释了投资者对并购事件过度解读的原因。交易成本理论提出，企业并购后，原本属于外部交易的经济事项得以内部化，从而节省了交易费用，这有助于实现优势资源在企业内部的合理配置，提高资源的使用效率。

理论基础是本研究理论框架的重要组成部分。本章通过以上理论阐释并结合本研究关注的焦点，初步分析了企业并购对股票错误定价的作用机理，为后续研究提供了丰富的理论支撑。

# 第4章 企业并购对股票错误定价的影响

## 4.1 引言

根据有效市场假说的观点，当市场有效时，股票价格能准确地反映企业的基础资产价值，投资者不能通过任何技术手段等获取超额收益。我国股票市场起步较晚，交易机制及相关法律法规还不够完善，投资者与上市公司之间存在着较为严重的信息不对称现象。而且资本市场上的投资者以非理性程度较高的散户为主，股票价格通常会偏离其内在价值，出现不同程度的高估或者低估，资本市场上的这种异象被称为股票错误定价。股票错误定价给资本市场带来的影响不容忽视，不仅会降低资本配置效率、造成资本浪费，还会给资本市场的平稳发展及实体经济的发展带来极大的困扰，甚至可能引发经济危机。因此，探究股票错误定价产生的内在根源，进而采取有效应对措施，有助于防范和化解金融风险，促进资本市场的健康发展，并提高资源配置效率。已有的文献分别从投资者注意力、投资者异质信念、投资者情绪行为（权小锋和吴世农，2012；张静和王生年，2017）、信息披露质量、内部控制（徐寿福和徐龙炳，2015；王生年和王松鹤，2018）、市场机制不完善（李科等，2014）、媒体情绪（游家兴和吴静，2012）、分析师预测及机构投资者持股（李倩等，2018；方毅和牛慧，2021）等方面分析了股票错误定价产生的原因，但从企业并购行为深入探讨股票错误定价产生机制及根源的文献较为少见。

并购是企业在快速发展状态下经常采用的投资方式之一。通过实施并购活动，上市公司一方面可以迅速扩大公司经营范围，拓展市场份额，从而提升公司的盈利水平；另一方面，可以实现向战略性新兴产业领域的成功转型，从而提升上市公司的利润增长水平。随着我国经济的快速发展，为了迅速壮大企业规模、占领市场，2000年3月，第九届全国人民代表大会第三次会议正式提出“走出去”战略。随后政府发布了一系列文件，例如《中小企业国际市场开拓资金管理（试行）办法》《关于对国家鼓励的境外投资重点项目给予信贷支持有关问题的通知》等，鼓励企业“走出去”。在此背景下，越来越多的企业直接参与到国际投资活动中，跨境并购活动频发，给企业带来了较大的经济影响（鞠晓生等，2013）。另外，社会分工细化导致企业间的联系日益加强，跨境并购活动作为企业重组的一种方式也越来越重要（Davies，2018）。

企业并购与股票市场错误定价二者之间关系的探究应当引起高度的关注与重视。企业选择不同的并购方式，会对股票价格产生不同的影响。现有文献多从投资者行为、企业内部控制和资本市场融资制度等方面分析这些因素对股票错误定价的影响。实际上导致股票价格偏离其内在价值的因素除了这些以外，还可能是由于企业并购所致。但现有从企业并购视角研究股票错误定价的文献较为少见，其内在影响机制尚不清楚。因此，企业并购行为对股票市场错误定价的影响值得深入研究。企业并购将如何影响股票错误定价？境内并购和跨境并购两种并购战略对股票错误定价的影响是否存在差异？并购方与目标方聘用共同审计师及机构投资者持股是否影响二者之间的关系？2014 版《上市公司收购管理办法》的实施是否会对股票错误定价产生影响？本章将对以上问题展开研究。

## 4.2 理论分析与研究假设

### 4.2.1 企业并购与股票错误定价

股票错误定价是资产定价研究的异象之一，其产生的原因受到广泛关注，主要表现在以下两个方面的研究：一方面，基于信息不对称视角，企业并购增加了企业的盈余管理、强化了信息不对称，因此对股票错误定价造成影响；另一方面，基于行为金融学视角的观点，投资者情绪波动造成了股票错误定价（Baker and Wurgler，2006）。详细分析如下：

首先，企业并购行为不仅引发了信息不对称，还增加了管理层的盈余管理行为，且容易滋生代理问题，从而加剧股票错误定价。原因在于：①中国企业并购活动中的目标方公司大多为非上市公司，存在信息披露较少、信息透明度较低的现象，并购方能够获取的有效信息有限（王艳和阚铄，2014）。与企业管理层相比，外部投资者仅能通过企业披露的信息来判断股票未来价格。为了向投资者传递符合企业发展需要的信息，企业管理层通常会进行选择性信息披露，或者信息披露得不充分、不及时，这种情况很可能引发投资者对公司股票价格的错误预期，导致公司股票价格上涨或下跌，最终偏离其内在价值。②管理层为了使并购活动更顺利或者以更低的成本进行，可能会进行盈余管理行为；或者为了自身私利如薪酬、声誉等，可能会从事一些非效率性的并购活动。研究表明，管理层从事并购重组的目的在于短期内获得超额收益，以此来操纵股票价格（Jensen and Meckling，1976）。③并购活动存在较强的专业性，仅能由专业机构及具有专长的管理层负责，在并购过程中较容易滋生代理问题（陈诣之和潘敏，2022）。经理人也可能出于自身利益的考量盲目发起并购，以扩大企业规模、提升其经济和政治地位（李善民等，2009），这种由委托-代理问题导致的并购可能会进一步加剧并购方的股票错误定价。

其次，企业并购行为增加了投资者情绪波动，造成了股票错误定价。现行的资本市场并非完全有效，市场上存在非理性因素。基于信号传递理论的观点，企业并购能给并购方公司的股东带来显著的超额收益（李善民和陈玉罡，2002）。由于投资者存在非理性认知，当面对并购重组事件时，会因心理认知偏差表现出反应不足或反应过度，从而引起股票价格被低估或者高估（杨威等，2018）。并购信息向投资者传递并购后的协同效应，投资者乐观情绪高涨，从而高估企业的预期超额收益、低估并购给企业带来的风险，投资者的乐观情绪进一步推动了股票价格的高涨；但是若并购信息使投资者感到悲观，则会导致股票价格下跌。上市公司发布的并购公告会引发业绩预期增加，增加投资者的乐观情绪。一方面，这会促进上市公司的股票价格短期内出现大幅上涨，致使股票价格高估；另一方面，原本被低估的股票也会受到投资者情绪的影响，呈现出上涨趋势，在一定程度上缓解股票价格低估。

基于以上分析，提出本章的第一个假设：

*H*（4－1）：企业并购可能加剧股票错误定价，且对股票价格高估的影响更显著。

### 4.2.2 并购战略、企业并购与股票错误定价

企业并购战略引发信息不对称和投资者有限理性，可能会影响股票错误定价，而且这种股票错误定价更倾向于股票价格高估。由于现行的资本市场并非完全有效，市场上存在着非理性因素，基于信号传递理论的观点，并购事件向投资者传递的是并购后的协同效应，投资者对此乐观情绪高涨，往往高估企业预期超额收益、低估并购给企业带来的风险。因此，一旦上市公司发布并购公告，将引发公司的盈利预期增大，促进公司股票价格短期内出现大幅上涨，干扰投资者对股票价值做出正确判断，导致股票价格偏离其基本价值。基于信息不对称视角，投资者掌握的关于企业资产价值的信息往往会少于企业内部人员

掌握的信息，投资者仅能通过企业披露的信息来判断企业价值。在企业并购过程中，企业经理人可能有选择地披露信息，或者不充分、不及时地披露信息，在这种情况下很可能引发投资者对公司股票价格的错误预期，导致公司股票价格偏离其内在价值。

企业并购能提高上市公司治理效率、降低代理成本，同时也可能给管理层带来盈余管理的机会。在企业并购过程中，由于信息不对称的增加，加之市场上非理性因素普遍存在，投资者对并购这一“利好”事件易发生过度反应，进一步加剧了股票错误定价。同时，企业管理者进行盈余管理，造成股票错误定价（Xie，2001）。在企业发生并购时，为促成并购活动或降低并购成本，管理层可能通过盈余管理行为美化财务报表。也可能为了自身私利而从事一些非效率性的并购活动。这些并购引起的盈余管理行为均可能对上市公司股票定价产生一定的影响。首先，为向投资者传递有利于企业及其股票价格的信息，企业经理人可能有选择地披露信息，或者不充分、不及时地披露信息，在这种情况下很可能引发投资者对公司股票价格的错误预期，导致公司股票价格上涨偏离其内在价值；其次，并购事件向投资者传递并购后的协同效应信息，投资者对此乐观情绪高涨，从而高估企业预期超额收益、低估并购给企业带来的风险。因此，一旦上市公司发布并购公告，将引发公司的盈利预期增大，促进公司股票价格出现大幅上涨，干扰投资者对股票价值做出正确判断，导致股票价格偏离其基本价值。

基于转型时期的企业特征，与境内并购相比，跨境并购的不确定性和信息不对称更大，这就为跨境并购的企业管理层提供了更多的盈余管理机会，因此，相较于境内并购，跨境并购战略所引发的管理层盈余操纵行为会更加严重，公司股票价格偏离其实际价值的现象也更为严重。在跨境并购过程中可能存在不同国家间的信息不对称，并且信息与数据获取成本较高，而信息不对称还可能引发法律风险。另外，跨境并购能给并购方企业带来一定的超额收益（邵新建等，2012），且在并购当年与并购后多年均显著为正（王都鹏和洪敏，2022），因此，与境内并购相比，跨境并购可能会给投资者带来更强烈的市场反应。

综上，无论是境内并购还是跨境并购，均会对上市公司股票错误定价产生一定的影响，且跨境并购的影响更大。基于此，提出本章的第二个假设：

*H*（4－2）：境内并购和跨境并购均可能加剧股票错误定价，且跨境并购对股票错误定价的影响更显著。

### 4.2.3　共享审计师、企业并购与股票错误定价

共享审计师指的是并购方和目标方同时选择同一家会计师事务所进行审计

工作的现象。共享审计师的优势在于：可以获取独立审计不能得到的内部信息，促进信息间的流动，有助于审计师提高审计工作的准确性，对提高审计质量具有现实意义（鄢翔等，2018；Francis，2011）。在企业并购过程中，并购方与目标方之间共享的审计师能够作为信息媒介，使信息在并购方和目标方之间传递和共享，缓解双方的信息不对称（Dhaliwal，2007）。共享审计师会跟踪并购交易的全过程，将其获得的信息在并购方和目标方之间进行传递，提高公司信息的透明度（李兆华和张楚，2021）。共享审计师成为现代审计行业的一种新方式，高质量的审计能够减少企业违规行为。共享审计师通过知识溢出效应提升被审计单位的审计质量，降低审计风险（王芸等，2020），显著抑制财务重述（杨清香等，2015），提高审计效率与质量（Simunic et al.，1980），提高并购质量，并且在并购前企业的经营等风险越高，共享审计师对并购质量的正向作用越显著。共享审计师还能抑制企业并购过程中形成的高额商誉泡沫及并购后计提的巨额商誉减值现象（李璐和姚海鑫，2018）。共享审计师对于并购方来说能够降低并购价格、减轻并购溢价程度（姚海鑫和李璐，2018）。具体而言，并购方与潜在目标方共享审计师能够改变双方的信息沟通机制，降低信息搜寻成本和咨询成本，因此并购方能够以较低的成本获得目标方较为准确的信息，而并购方也会更倾向于选择与自身存在共享审计师关系的目标方公司。另外，交叉持股的上市公司共享审计师能够提高双方的审计质量。由此可以看出，并购方与目标方的共享审计师可以作为信息媒介，在双方之间传递信息，提高上市公司披露的信息质量，有效缓解信息不对称。基于此，提出本章的第三个假设：

*H*（4-3）：共享审计师能抑制企业并购对股票错误定价的影响。

### 4.2.4 机构投资者持股、企业并购与股票错误定价

机构投资者是资本市场上的重要参与者，其自身专业化程度高、投资经验丰富，并且比散户投资者更加理性。现有研究发现，机构投资者能提高公司的会计信息透明度、改善公司的信息环境及缓解信息不对称，从而可以缓解企业并购对股票错误定价的影响。具体理论分析如下：机构投资者持股不仅会影响到公司股票价格，而且会影响到公司的信息环境。机构投资者持股规模越大，就越有动机去收集公司的信息并对公司进行监管，起到外部监督的作用，从而影响公司的信息环境（Shleifer and Vishny，1997）。机构投资者持股对信息披露透明度的影响与对财务报告可靠性的影响机理不同，他们是通过其本身的信息收集和信息处理优势，以信号传递的方式影响公司信息披露透明度。委托-

代理理论认为，委托人（投资者）无法掌握关于代理人（管理层或控股股东）行动的所有信息，代理人有机会从事最大化自身利益的行动，损害委托人的利益。因此，委托人要求代理人及时披露真实可靠的信息，以降低代理成本。另外，代理人所披露的信息往往数量众多。相对于一般投资者，机构投资者是专业投资人，他们具有强大的资金实力以及信息收集和信息分析的优势，对管理层发布的会计信息的甄别和解读能力高于一般投资者，并且可以利用报纸、网络或电视等传播渠道向社会公众传递关于被投资公司经营状况的各种信息，使得公司信息披露透明度更高、更易于被外部投资者接受，在一定程度上对上市公司披露的会计信息起到了监督的作用。此外，上市公司为了吸引更多的机构投资者，向市场传递其经营状况良好的信息，以便在再融资中得到更大的收益，也会提高自身信息披露的透明度。Shleifer 和 Visliny（1997）发现，机构投资者会通过在股东大会上行使投票权的方式要求管理层披露公司信息；Ajinkya 等（2005）研究发现，机构投资者持股比例越高，管理层越倾向于更频繁地发布预测信息，信息的内容更具体、准确，并且乐观高估的偏差减小；丁方飞和范丽（2009）发现，机构投资者的持股规模和参与持股个数与信息披露质量呈正相关。基于此，提出本章的第四个假设：

*H*（4－4）：机构投资者持股能抑制企业并购对股票错误定价的影响。

## 4.3 研究设计和数据来源

### 4.3.1 数据来源

以 2007—2019 年我国沪深两市 A 股上市公司为研究对象，并对选取的样本进行了如下处理：①剔除 ST 以及* ST 类型的上市公司；②剔除金融业、保险业、证券业、银行业的上市公司；③剔除相关数据缺失样本；④剔除上市时间不足两年的公司；⑤3 年内同一公司发生多次并购的，仅保留金额最大的并购样本；⑥保留交易地位是并购方的样本。经上述样本处理，共获得 17 352 个样本。最后，为消除极端值对结果的影响，对所有连续变量进行了 1%水平下的缩尾处理（winsorize）。企业并购数据来自万得（Wind）数据库，财务数据来自中国经济金融研究（CSMAR）数据库，数据处理分析使用 Stata16.0 操作完成。

### 4.3.2 变量定义

#### 4.3.2.1 被解释变量

本研究的被解释变量是股票错误定价（*Deviation*）。借鉴 Frankel 和 Lee

(1998) 建立的剩余收益估值模型度量上市公司的内在价值，其计算公式为

$$V_t = p_t + \frac{f_{t+1} - r \times p_t}{1+r} + \frac{f_{t+2} - r \times p_{t+1}}{(1+r)^2} + \frac{f_{t+3} - r \times p_{t+2}}{(1+r)^2 \times r} \tag{4-1}$$

式中：$V_t$ 是每股内在价值，$p_t$ 是每股权益账面价值，$t$ 表示本年度，$p_t$、$p_{t+1}$、$p_{t+2}$分别为未来第一年、第二年和第三年的每股权益账面价值，$f_{t+1}$、$f_{t+2}$、$f_{t+3}$分别是分析师预测公司未来第一年、第二年和第三年的盈余，$r$ 为资本成本率。

参照徐寿福和徐龙炳（2015）的计算方法，将根据公司层面信息估计的公司盈余用分析师预测盈余来代替。具体预测公式如下：

$$Earnings_{i,t+j} = \beta_0 + \beta_1 Asset_{i,t} + \beta_2 Divdend_{i,t} + \beta_3 DD_{i,t} + \beta_4 Earning_{i,t} + \beta_5 NegE_{i,t} + \beta_6 Accural_{i,t} + \xi_{i,t+j} \tag{4-2}$$

式中：$Earnings_{i,t+j}$表示第 $i$ 家公司未来第一年至第三年的每股盈余预测值；$t$ 表示本年度；$j$=1，2，3；$t+j$ 表示未来第一年、第二年、第三年；$\beta_0$ 为常数项；$\beta_1$ 至 $\beta_6$ 分别代表控制变量 $Asset_{i,t}$、$Divdend_{i,t}$、$DD_{i,t}$、$Earning_{i,t}$、$NegE_{i,t}$、$Accural_{i,t}$的回归系数；$Asset_{i,t}$是公司的每股总资产；$Divdend_{i,t}$为公司的每股股利；$DD_{i,t}$为是否发放股利的虚拟变量；$Earning_{i,t}$是本年度每股盈余；$NegE_{i,t}$是公司是否亏损的虚拟变量；$Accural_{i,t}$为上市公司每股应计项目；$\xi_{i,t+j}$为残差项。

根据得到的系数估值计算出公司未来第一年至第三年的盈余预测值，将其代入式（4-1）中，计算出公司的内在价值（$V$）。采用公司股票当年所有交易日收盘价的平均值来衡量市场价值（$P$）。内在价值与市场价值之比（$V/P$）为股票错误定价。当 $V/P=1$，表明该公司不存在股票错误定价现象；当 $V/P<1$，表明存在股票价格高估，且 $V/P$ 越小，说明股票价格高估越严重。取 $Deviation = |1-V/P|$，度量市场价值（$P$）对内在价值（$V$）的绝对偏离程度。

#### 4.3.2.2 解释变量

本章的解释变量是企业是否发生并购（$MA$）。在 CSMAR 数据库并购观测原始样本的基础上，仅保留上市公司为购买方的样本；剔除了债务重组、股权划转、资产并购等不符合一般并购定义的样本；剔除同一控制下的企业合并样本，仅保留了非同一控制下的并购样本；借鉴潘红波和余明桂（2011）的做法，剔除了控制权未发生转移的并购样本、并购交易金额小于 100 万元人民币的样本。$MA$ 以虚拟变量的形式赋值：$MA=1$ 时，代表发生并购；$MA=0$ 时，代表未发生并购。

#### 4.3.2.3 调节变量

（1）并购战略（*Strategy*）。数据来源于 Wind 数据库，从数据库中挑选

出并购样本，且并购状态显示已完成。*Strategy* 以虚拟变量的形式赋值：*Strategy*=1 时，代表发生跨境并购；*Strategy*=0 时，代表发生境内并购。

（2）共享审计师（*Comaud*）。借鉴李兆华和张楚（2021）的做法，采用在发生并购交易当年，并购方与目标方是否同时聘用同一家会计师事务所来衡量 *Comaud*：若同时聘用同一家会计师事务所，*Comaud* 取值为 1；否则为 0。

（3）机构投资者持股（*Ins*）。*Ins* 用年末机构投资者持股数量占年末流通股的比例来衡量。

#### 4.3.2.4　控制变量

在充分考虑了影响股票错误定价各种因素的基础上，参考已有文献（王生年等，2018；徐寿福和徐龙斌，2015；游家兴和吴静，2012）的研究，引入了控制变量，同时控制了行业和年度可能产生的影响。选择企业规模（*Size*）、资产负债率（*Lev*）、上市时间（*Age*）、账面市值比（*BM*）、成长性（*Growth*）、盈利能力（*Roa*）、董事会规模（*Board*）、独立董事占比（*Indratio*）作为控制变量，以所处行业（*Industry*）和所在年度（*Year*）作为虚拟控制变量。

各主要变量的定义见表 4-1。

**表 4-1　主要变量的定义**

| 变量类型 | 变量符号 | 变量名称 | 计量方法 |
|---|---|---|---|
| 被解释变量 | *Deviation* | 股票错误定价 | 基于剩余收益模型计算，$Deviation=\|1-V/P\|$ |
| 解释变量 | *MA* | 企业是否发生并购 | 发生并购，取值为 1；否则为 0 |
| 调节变量 | *Strategy* | 并购战略 | 发生跨境并购，取值为 1；否则为 0 |
| | *Comaud* | 共享审计师 | 虚拟变量。并购方与目标方同时聘用同一家会计师事务所时，取值为 1；否则为 0 |
| | *Ins* | 机构投资者持股 | 年末机构投资者持股数量/年末流通股的数量 |
| 控制变量 | *Size* | 企业规模 | ln（总资产） |
| | *Lev* | 资产负债率 | 负债总额/年末资产总额 |
| | *Age* | 上市时间 | ln（上市时间） |
| | *BM* | 账面市值比 | 总资产/市值 |
| | *Growth* | 成长性 | 销售收入增长率 |
| | *Roa* | 盈利能力 | 净利润/平均总资产 |
| | *Board* | 董事会规模 | ln（董事会总人数） |
| | *Indratio* | 独立董事占比 | 独立董事占董事会人数的比例 |
| | *Industry* | 所处行业 | 行业虚拟变量 |
| | *Year* | 所在年度 | 年度虚拟变量 |

### 4.3.3 模型构建

借鉴王生年等（2018）的研究设计，以股票错误定价（$Deviation_{i,t}$）为被解释变量，企业是否发生并购（$MA$）为解释变量，同时加入可能影响研究结论的控制变量，构建如下回归模型来检验企业并购对股票错误定价的影响：

$$
\begin{aligned}
Deviation_{i,t} = {} & \alpha_0 + \alpha_1 MA_{i,t} + \alpha_2 Size_{i,t} + \alpha_3 Lev_{i,t} + \alpha_4 Age_{i,t} + \alpha_5 BM_{i,t} + \\
& \alpha_6 Growth_{i,t} + \alpha_7 Roa_{i,t} + \alpha_8 Board_{i,t} + \alpha_9 Indratio_{i,t} + \\
& \sum Industry_i + \sum Year_t + \xi_{i,t} \qquad (4-3)
\end{aligned}
$$

式中：$\alpha_0$ 是截距项，$\alpha_1$ 是解释变量 $MA$ 的系数，$\alpha_2$ 至 $\alpha_9$ 分别为控制变量 $Size_{i,t}$、$Lev_{i,t}$、$Age_{i,t}$、$Growth_{i,t}$、$BM_{i,t}$、$Roa_{i,t}$、$Board_{i,t}$、$Indratio_{i,t}$的回归系数，$Industry_i$ 是行业虚拟控制变量，$Year_i$是年度虚拟控制变量，$\xi_{i,t}$是随机误差项。

$\alpha_1$ 为正，表示企业并购加剧了股票错误定价；反之，表示缓解。

## 4.4 实证结果与分析

### 4.4.1 描述性统计

表 4-2 列示了变量的描述性统计情况。结果显示，被解释变量（Deviation）的均值为 0.566，中位数为 0.549，最大值为 1.752，表明我国企业普遍存在股票价格高估现象，且企业之间存在较大的差异；Deviation 的标准差为 0.306。所有样本中，发生并购（MA）的样本占 19.3%，表明我国企业并购行为较为频繁；MA 的中位数为 0，标准差为 0.377，说明并购在各企业间存在较大差异。资产负债率（Lev）的均值为 0.427，表示上市公司平均资产负债率为 42.7%；中位数为 0.421，最大值为 0.842，最小值为 0.056，说明上市公司的资产负债率较为适中。

按是否发生并购对股票错误定价（Deviation）进行均值和中位数的差异检验，表 4-3 列示了检验结果。其中未发生并购的企业组、发生并购的企业组的股票错误定价均值分别为 0.556、0.589，说明发生并购的企业与未发生并购的企业对股票错误定价的影响程度不同。进一步对发生并购的企业组和未发生并购的企业组的股票错误定价（Deviation）的均值和中位数进行差异检验，发现两组间的均值、中位数差异显著，并且发生并购的企业组的股票错误定价的均值和中位数显著高于未发生并购的企业组，即并购重组的股票错误定价效应更强，初步验证了本章的第一个假设 H（4－1）。

表 4－2 变量的描述性统计

| 变量 | 样本量 | 均值 | 标准差 | 中位数 | 最小值 | 最大值 |
| --- | --- | --- | --- | --- | --- | --- |
| *Deviation* | 17 352 | 0.566 | 0.306 | 0.549 | 0.015 | 1.752 |
| *MA* | 17 352 | 0.193 | 0.377 | 0.000 | 0.000 | 1.000 |
| *Strategy* | 3 348 | 0.110 2 | 0.156 9 | 0.000 0 | 0.000 | 1.000 |
| *Comaud* | 3 348 | 0.046 2 | 0.291 6 | 0.000 0 | 0.000 | 1.000 |
| *Ins* | 3 348 | 0.169 4 | 0.352 4 | 0.046 1 | 0.000 | 1.000 |
| *Size* | 17 352 | 22.38 | 1.291 | 22.20 | 20.12 | 26.43 |
| *Lev* | 17 352 | 0.427 | 0.196 | 0.421 | 0.056 | 0.842 |
| *Age* | 17 352 | 2.343 | 0.607 | 2.485 | 1.099 | 3.258 |
| *BM* | 17 352 | 1.082 | 1.113 | 0.709 | 0.111 | 6.649 |
| *Growth* | 17 352 | 0.162 | 0.309 | 0.111 | −0.398 | 1.837 |
| *Roa* | 17 352 | 0.057 | 0.045 | 0.045 | 0.002 | 0.228 |
| *Board* | 17 352 | 2.269 | 0.176 | 2.303 | 1.792 | 2.773 |
| *Indratio* | 17 352 | 0.373 | 0.054 | 0.333 | 0.333 | 0.571 |

表 4－3 均值、中位数的差异检验结果

| 变量 | 未发生并购的企业组 | | | 发生并购的企业组 | | | 均值差异检验 | 中位数差异检验 |
| --- | --- | --- | --- | --- | --- | --- | --- | --- |
| | 样本量 | 均值 | 中位数 | 样本量 | 均值 | 中位数 | | |
| *Deviation* | 14 004 | 0.556 | 0.558 | 3 348 | 0.589 | 0.592 | 0.014** | 21.214*** |

注：*** 和 ** 分别表示在 1%和 5%的水平下显著。

### 4.4.2 相关性检验

表 4－4 列示了各变量的相关性分析结果，从中可以发现，企业并购与股票错误定价的相关系数显著为正，初步证明企业并购与股票错误定价存在正相关关系。另外，解释变量与控制变量间的相关系数较小且显著，说明各变量间不存在严重的多重共线性。

表 4-4　相关性检验

| 变量 | *Deviation* | *MA* | *Size* | *Lev* | *Age* | *BM* | *Growth* | *Roa* | *Board* | *Indratio* |
|---|---|---|---|---|---|---|---|---|---|---|
| *Deviation* | 1 | | | | | | | | | |
| | 0.000 0 | | | | | | | | | |
| *MA* | 0.020 3* | 1 | | | | | | | | |
| | 0.009 0 | 0.000 0 | | | | | | | | |
| *Size* | 0.018 4* | 0.052 7* | 1 | | | | | | | |
| | 0.019 3 | 0.000 0 | 0.000 0 | | | | | | | |
| *Lev* | 0.012 4 | 0.032 7* | 0.399 6* | 1 | | | | | | |
| | 0.115 0 | 0.000 0 | 0.000 0 | 0.000 0 | | | | | | |
| *Age* | −0.023 4* | 0.005 0 | 0.215 7* | 0.059 0* | 1 | | | | | |
| | 0.002 9 | 0.525 0 | 0.000 0 | 0.000 0 | 0.000 0 | | | | | |
| *BM* | −0.086 7* | 0.021 7* | −0.060 0* | −0.268 0* | 0.040 9* | 1 | | | | |
| | 0.000 0 | 0.005 9 | 0.000 0 | 0.000 0 | 0.000 0 | 0.000 0 | | | | |
| *Growth* | −0.086 1* | 0.019 4* | 0.162 7* | −0.108 0* | 0.072 7* | 0.175 9* | 1 | | | |
| | 0.000 0 | 0.013 7 | 0.000 0 | 0.000 0 | 0.000 0 | 0.000 0 | 0.000 0 | | | |
| *Roa* | 0.003 5 | 0.019 6* | 0.020 4* | 0.029 7* | 0.0 053 | 0.041 9* | 0.003 4* | 1 | | |
| | 0.660 0 | 0.012 7 | 0.009 4 | 0.000 2 | 0.504 0 | 0.000 0 | 0.000 0 | 0.000 0 | | |
| *Board* | 0.010 0 | −0.050* | 0.337 5* | 0.252 2* | −0.046 0* | −0.130 0* | −0.117 0* | 0.005 1 | 1 | |
| | 0.204 0 | 0.000 0 | 0.000 0 | 0.000 0 | 0.000 0 | 0.000 0 | 0.000 0 | 0.520 0 | 0.000 0 | |
| *Indratio* | 0.035 7* | 0.025 3* | −0.434 0* | −0.080 0* | −0.212 0* | −0.048 8* | −0.095 4* | 0.014 5 | −0.224 0* | 1 |
| | 0.001 3 | 0.000 0 | 0.000 0 | 0.000 0 | 0.000 0 | 0.000 0 | 0.000 0 | 0.066 1 | 0.000 0 | 0.000 0 |

注：* 表示在 10%的水平下显著。

### 4.4.3 实证结果

#### 4.4.3.1 企业并购与股票错误定价

表4-5列示了按照式（4-3）的回归模型对企业并购（*MA*）与股票错误定价（*Deviation*）进行回归的结果。其中，列（1）全样本组中 *MA* 与 *Deviation*

**表4-5 企业并购与股票错误定价的回归结果**

| 变　量 | *Deviation* | | |
|---|---|---|---|
| | (1) | (2) | (3) |
| | 全样本组 | 股票价格高估组 | 股票价格低估组 |
| *MA* | 0.085*** | 0.096*** | −0.024 |
| | (2.79) | (3.38) | (−0.67) |
| *Size* | 0.004 | −0.024*** | 0.117*** |
| | (0.75) | (−7.07) | (8.32) |
| *Lev* | −0.096** | 0.005 | 0.356*** |
| | (−2.52) | (0.13) | (3.75) |
| *Age* | 0.010* | 0.030*** | 0.035 |
| | (1.65) | (8.14) | (1.55) |
| *BM* | 0.038*** | −0.091*** | 0.081*** |
| | (5.43) | (−15.20) | (7.15) |
| *Growth* | 0.000 | 0.001** | −0.009 |
| | (0.36) | (2.36) | (−1.55) |
| *Roa* | −0.411*** | −1.396*** | 3.898*** |
| | (−3.71) | (−14.40) | (10.03) |
| *Board* | 0.011 | −0.025* | 0.070 |
| | (0.54) | (−1.75) | (1.04) |
| *Indratio* | 0.427*** | 0.286*** | 0.369 |
| | (5.86) | (6.35) | (1.42) |
| 常数项 | −0.105 | 0.809*** | −3.489*** |
| | (−0.76) | (10.48) | (−7.71) |
| *Industry/Year* | Yes | Yes | Yes |
| *N* | 17 352 | 14 056 | 3 296 |
| $Adj\text{-}R^2$ | 0.125 | 0.195 | 0.242 |

注：①括号内数值为 *T* 统计量。

②***、**和*分别表示在1%、5%和10%的水平下显著。

的回归系数为0.085，在1%的水平下显著为正，表明企业并购加剧了股票错误定价；列（2）股票价格高估组中二者的回归系数为0.096，在1%的水平下显著为正，表明企业并购加剧了股票价格高估；列（3）股票价格低估组中二者的回归系数为−0.024，但不显著，表明企业并购对股票价格低估有负向影响，可能的原因是并购“利好”事件增加了投资者对股票价格的信心，投资者对并购事件有过度反应，推动股票价格高估，从而缓解了股票价格低估。以上结果说明了企业并购加剧股票错误定价主要体现为对股票价格高估的作用，而对股票价格低估则没有影响，本章的第一个假设 *H*（4-1）成立。

#### 4.4.3.2 并购战略与股票错误定价

企业选择不同的并购战略对股票价格的影响是不同的。按照被并购方与并购方是否在同一个国家或地区对并购战略进行划分，二者在同一个国家或地区的为境内并购，不在同一个国家或地区的为跨境并购。发生跨境并购时，虚拟变量的形式赋值为1；未发生跨境并购的赋值为0。按照式（4-3）的回归模型，将并购战略（*Strategy*）与股票错误定价（*Deviation*）重新进行回归，以检验并购战略（*Strategy*）对股票错误定价（*Deviation*）的影响，回归结果见表4-6。其中，从列（1）全样本组中可以看出，并购战略（*Strategy*）与股票错误定价（*Deviation*）的回归系数为0.025，在1%的水平下显著为正，表明跨境并购加剧了股票错误定价（*Deviation*）；列（2）股票价格高估组中二者的回归系数为0.038，较全样本组的回归系数高，在1%的水平下显著为正，表明跨境并购对股票错误定价（*Deviation*）的加剧作用主要表现在加剧股票价格高估；列（3）股票价格低估组中二者的回归系数为负但不显著，表明跨境并购对股票价格低估没有显著性影响。结果验证了文章的第二个假设 *H*（4-2）。

**表4-6 并购战略与股票错误定价的回归结果**

| 变　量 | *Deviation* | | |
|---|---|---|---|
| | (1) | (2) | (3) |
| | 全样本组 | 股票价格高估组 | 股票价格低估组 |
| *Strategy* | 0.025*** | 0.038*** | −0.025 |
| | (3.277) | (3.761) | (−0.137) |
| *Size* | −0.038*** | −0.033*** | 0.095* |
| | (−5.663) | (−5.121) | (1.743) |
| *Lev* | 0.017 | −0.013 | 0.709 |
| | (0.449) | (−0.388) | (1.536) |

（续）

| 变 量 | Deviation | | |
|---|---|---|---|
| | (1) | (2) | (3) |
| | 全样本组 | 股票价格高估组 | 股票价格低估组 |
| *Age* | −0.031*** | −0.022*** | −0.065 |
| | (−3.474) | (−2.666) | (−0.486) |
| *BM* | −0.073*** | −0.085*** | −0.004 |
| | (−5.721) | (−6.919) | (−0.048) |
| *Growth* | 0.001*** | 0.001*** | 0.526*** |
| | (3.965) | (4.197) | (3.201) |
| *Roa* | −1.807*** | −1.852*** | 1.717 |
| | (−11.091) | (−11.350) | (1.257) |
| *Board* | −0.007 | −0.018 | −0.153 |
| | (−0.193) | (−0.533) | (−0.689) |
| *Indratio* | 0.021 | 0.023 | −2.268* |
| | (0.208) | (0.243) | (−2.018) |
| 常数项 | 2.083*** | 1.375*** | −0.699 |
| | (5.134) | (7.887) | (−0.431) |
| *Industry/Year* | Yes | Yes | Yes |
| *N* | 3 348 | 2 812 | 536 |
| *Adj*-$R^2$ | 0.321 | 0.377 | 0.402 |

注：①括号内数值为 *T* 统计量。

② *** 和 * 分别表示在 1%和 10%的水平下显著。

#### 4.4.3.3 共享审计师与股票错误定价

借鉴李兆华和张楚（2021）的研究，共享审计师（*Comaud*）按照并购方与目标方是否同时聘用同一家会计师事务所来衡量。若同时聘用同一家会计师事务所，取值为 1；否则为 0。按照式（4－3）的模型对共享审计师（*Comaud*）与股票错误定价（*Deviation*）进行回归，回归结果见表 4－7。回归结果显示，列（1）全样本组中共享审计师（*Comaud*）与股票错误定价（*Deviation*）的回归系数为－0.014，在 10%的水平下显著为负，说明共享审计师（*Comaud*）能抑制股票错误定价（*Deviation*）；列（2）股票价格高估组中二者的回归系数为－0.017，在 5%的水平下显著为负，且系数的绝对值大于全样本组系数的绝对值，表明共享审计师（*Comaud*）抑制股票错误定价（*Deviation*）的作用主要体现在缓解股票价格高估；列（3）股票价格低估组中二者的回归系数不显著，说明共享审计师（*Comaud*）对股票价格低估没有抑制作用。

本章的第三个假设 H（4-3）得到验证。

表 4-7　共享审计师与股票错误定价的回归结果

| 变量 | Deviation | | |
|---|---|---|---|
| | (1) | (2) | (3) |
| | 全样本组 | 股票价格高估组 | 股票价格低估组 |
| *Comaud* | -0.014* | -0.017** | 0.032 |
| | (-1.75) | (-1.98) | (1.33) |
| *Size* | -0.022 | -0.041*** | 0.096** |
| | (-1.252) | (-5.680) | (2.264) |
| *Lev* | 0.026 | -0.033 | 1.586*** |
| | (0.352) | (-0.688) | (4.422) |
| *Age* | 0.000 | -0.011 | 0.112 |
| | (-0.004) | (-1.018) | (1.466) |
| *BM* | 0.045*** | -0.051*** | 0.028 0 |
| | (3.254) | (-3.775) | (1.042) |
| *Growth* | -0.009** | -0.006 | 0.146 |
| | (-2.347) | (-1.351) | (1.046) |
| *Roa* | -0.063 | -1.440*** | 7.483*** |
| | (-0.214) | (-6.980) | (6.820) |
| *Board* | 0.229*** | 0.067 | 0.522** |
| | (3.152) | (1.585) | (2.380) |
| *Indratio* | 0.679* | 0.270** | 0.972 |
| | (1.895) | (2.161) | (0.956) |
| 常数项 | 0.792*** | 0.267 | 0.298* |
| | (6.25) | (1.01) | (1.88) |
| *Industry/Year* | Yes | Yes | Yes |
| *N* | 3 348 | 2 812 | 536 |
| $Adj-R^2$ | 0.122 | 0.119 | 0.228 |

注：①括号内数值为 T 统计量。
②***、**和*分别表示在1%、5%和10%的水平下显著。

#### 4.4.3.4　机构投资者持股与股票错误定价

机构投资者是一种较为有效的外部监督结构，其能够通过外部监督效应提升公司的信息披露质量（庄明明等，2021）。按照式（4-3）的模型，对机构投资者持股（*Ins*）与股票错误定价（*Deviation*）进行重新回归，结果见表 4-8。其中，列（1）全样本组中机构投资者持股（*Ins*）与股票错误定价

（*Deviation*）的回归系数为－0.176，在1%的水平下显著为负，说明机构投资者持股（*Ins*）能够有效缓解上市公司的股票错误定价（*Deviation*）；列（2）股票价格高估组中二者的回归系数为－0.241，在1%的水平下显著为负，且系数的绝对值较全样本组回归系数－0.176的绝对值要高，表明机构投资者持股（*Ins*）主要缓解的是股票价格高估；列（3）股票价格低估组中二者的回归系数不显著，表明机构投资者持股（*Ins*）对股票错误定价（*Deviation*）的缓解作用主要表现在对股票价格高估的缓解，而对股票价格低估并没有缓解作用。结论验证了本章的第四个假设 *H*（4-4）。

**表4-8　机构投资者持股与股票错误定价的回归结果**

| 变　量 | *Deviation* | | |
|---|---|---|---|
| | (1) | (2) | (3) |
| | 全样本组 | 股票价格高估组 | 股票价格低估组 |
| *Ins* | −0.176*** | −0.241*** | 0.023 |
| | (−2.679) | (−3.568) | (0.137) |
| *Size* | −0.015** | −0.039*** | 0.068*** |
| | (−2.111) | (−10.817) | (3.382) |
| *Lev* | −0.167*** | −0.037* | 0.750*** |
| | (−5.565) | (−1.889) | (4.565) |
| *Age* | −0.026*** | −0.011** | 0.001 |
| | (−3.239) | (−2.277) | (0.033) |
| *BM* | 0.059*** | −0.054*** | 0.055*** |
| | (7.105) | (−7.330) | (4.226) |
| *Growth* | 0.000 | 0.001*** | −0.012 |
| | (0.345) | (3.321) | (−1.440) |
| *Roa* | −0.430*** | −1.585*** | 4.701*** |
| | (−3.189) | (−17.169) | (8.008) |
| *Board* | 0.073** | −0.002 | 0.229** |
| | (2.177) | (−0.105) | (2.054) |
| *Indratio* | 0.508*** | 0.272*** | 0.810** |
| | (4.511) | (5.108) | (2.073) |
| 常数项 | −0.065 | 1.352*** | −6.200*** |
| | (−0.117) | (6.131) | (−4.005) |
| *Industry/Year* | Yes | Yes | Yes |
| *N* | 3 348 | 2 812 | 536 |
| $Adj-R^2$ | 0.349 | 0.385 | 0.402 |

注：①括号内数值为 *T* 统计量。

②***、**和*分别表示在1%、5%和10%的水平下显著。

# 4.5 稳健性检验

## 4.5.1 双重差分分析

证监会于2002年颁布了《上市公司收购管理办法》，并于2002年12月1日开始施行，目的是规范上市公司并购活动，强化信息披露，提高上市公司控制权变化的透明度，同时也保护上市公司及投资者的合法权益，不断提高上市公司质量和优化证券市场的资源配置。《上市公司收购管理办法》进行了多次修订。2014年，证监会发布《关于修改〈上市公司收购管理办法〉的决定》（证监会令第108号）和《上市公司重大资产重组管理办法》（证监会令第109号）。2014年修订的《上市公司收购管理办法》（以下简称2014版《收购管理办法》）以“放松管制、加强监管”为理念，逐步减少和简化并购重组行政许可，在强化信息披露、加强事中事后监管、督促中介机构归位尽责、保护投资者权益等方面做出配套安排。这些信息对指导上市公司收购行为有重大意义，需要特别关注，其中有关权益披露、收购要求、财务顾问、持续监督、监管措施及法律责任等方面的内容处于动态修订和优化之中。2020年，《上市公司收购管理办法》进行了第五次修订。

股票错误定价不可避免受到内生性困扰，而2014版《收购管理办法》的实施是独立于股票错误定价的外生事件，此外生事件可以根据企业是否发生并购，天然地将我国沪深A股上市公司划分为实验组和控制组两个子样本。也就是说，2014版《收购管理办法》的实施可以视为一种外生冲击事件，可以利用双重差分（DID）模型比较分析2014版《收购管理办法》实施前后的效果。以2014版《收购管理办法》的实施为准自然实验，借鉴现有文献（何威风等，2019），将2014版《收购管理办法》实施前发生并购的公司为实验组；而同时期未发生并购的公司不受2014版《收购管理办法》的影响，所以未发生并购的公司天然地成为不受并购制度影响的样本控制组。采用双重差分（DID）模型，考察2014版《收购管理办法》实施后发生并购的公司股票错误定价程度是否显著变化，以更科学合理地评估新并购制度影响并购方企业股票错误定价的政策效果。参考杨兴全等（2020）的做法，构建以下模型：

$$Deviation_{i,t} = \gamma_{0+}\gamma_1 Treat_{i,t} + \gamma_2 Post_{i,t} + \gamma_3 Treat_{i,t} \times Post_{i,t} + \sum Controls_{i,t} + \sum Industry/Year + \xi_{i,t} \quad (4-4)$$

式中：$Deviation_{i,t}$代表第$i$家公司在$t$年度的股票错误定价；$\gamma_0$为常数项；

$\gamma_1$、$\gamma_2$ 分别为 $Treat_{i,t}$、$Post_{i,t}$ 的系数；$Controls_{i,t}$ 是控制变量，包括 *Size*、*Lev*、*Age*、*BM*、*Growth*、*Roa*、*Board* 和 *Indratio*；*Industry/Year* 是行业/年度虚拟变量；$\xi_{i,t}$ 是随机项；$Treat_{i,t} \times Post_{i,t}$ 交互项为本模型的解释变量，该交互项用受 2014 版《收购管理办法》实施影响的并购实验组虚拟变量 *Treat*（是否在研究期间发生并购，是为 1，否为 0）与 2014 版《收购管理办法》实施时间变量 *Post*（2014 年及以后为 1，2014 年以前为 0）的乘积来衡量；$Treat \times Post$ 的系数 $\gamma_3$ 反映 2014 版《收购管理办法》的实施是否显著影响并购方企业的股票错误定价，是重点关注的政策评估系数。

若系数 $\gamma_3$ 显著为负，则表明缓解了股票错误定价；若 $\gamma_3$ 系数显著为正，说明 2014 版《收购管理办法》的实施加剧了并购方企业的股票错误定价。

在 2014 版《收购管理办法》实施前，由于未受到制度的影响，实验组与控制组应在时间和趋势上保持相似。因为满足"平行趋势假定"是采用双重差分模型的前提条件，为检验本研究是否满足"平行趋势假定"，采用两种方法进行检验：方法一是参照陈胜蓝和马慧（2017）的做法，选取 2014 版《收购管理办法》实施前（即 2014 年前）的样本，比较实验组和控制组在收购政策实施之前股票错误定价程度的差异。表 4-9 中的回归结果显示 *Treat* 的系数不显著，即未通过显著性检验，说明在 2014 版《收购管理办法》出台之前，发生并购和未发生并购的企业股票错误定价程度并无显著差异，因此初步判断 2014 版《收购管理办法》实施之前实验组和控制组具有平行趋势。方法二参考 Serfling（2016）的研究，按照距离 2014 年（即 2014 版《收购管理办法》实施年份）的时间（*i*）设定虚拟变量 $Treat^i$，*i* 的区间为 [−5，+5]，单位为年。例如，$Treat^{-5}$ 代表实施 2014 版《收购管理办法》前 5 年是否受到收购政策影响，如果受到影响，则 $Treat^{-5}$ 取 1，否则取 0；其余虚拟变量 $Treat^i$ 的设置依此类推。从表 4-10 的回归结果来看，2014 版《收购管理办法》实施前虚拟变量 *Treat* 的系数不显著，而实施后 *Treat* 系数的绝对值增大，且 $Treat^1$ 至 $Treat^3$ 在 1%的水平下显著，只是显著性逐渐下降，说明制度的效应随着时间的延长逐渐减弱。综上，从处理效应来看，满足平衡趋势假定。

**表 4-9 方法一的平衡趋势检验**

| 变 量 | 回归系数 | 标准误 | *t* 值 | P>\|*t*\| | 样本量（*N*） |
|---|---|---|---|---|---|
| *Deviation*（*Treat*） | 0.018 | 0.011 | 1.62 | 0.104 | 17 352 |
| *Controls* | | 控制 | | | |
| *Industry/Year* | | 控制 | | | |

**表 4－10　方法二的分时段平衡趋势检验**

| 变量 | 回归系数 | 标准误 | t 值 | P>\|t\| | 样本量（N） |
|---|---|---|---|---|---|
| *Deviation*（$Treat^{-5}$） | 0.008 | 0.013 | 0.96 | 0.839 | 17 352 |
| *Deviation*（$Treat^{-4}$） | 0.006 | 0.012 | 0.73 | 0.744 | 17 352 |
| *Deviation*（$Treat^{-3}$） | 0.029 | 0.014 | 0.34 | 0.731 | 17 352 |
| *Deviation*（$Treat^{-2}$） | 0.021 | 0.014 | 1.31 | 0.190 | 17 352 |
| *Deviation*（$Treat^{-1}$） | 0.023 | 0.016 | 0.13 | 0.895 | 17 352 |
| *Deviation*（$Treat^{0}$） | 0.034 | 0.015 | 1.61 | 0.102 | 17 352 |
| *Deviation*（$Treat^{1}$） | −0.043*** | 0.027 | −2.67 | 0.003 | 17 352 |
| *Deviation*（$Treat^{2}$） | −0.047*** | 0.028 | −3.13 | 0.007 | 17 352 |
| *Deviation*（$Treat^{3}$） | −0.039*** | 0.024 | −3.35 | 0.001 | 17 352 |
| *Deviation*（$Treat^{4}$） | −0.033** | 0.023 | −2.23 | 0.037 | 17 352 |
| *Deviation*（$Treat^{5}$） | −0.031* | 0.017 | −1.73 | 0.089 | 17 352 |
| *Controls* | | *Yes* | | | |
| *Industry/Year* | | *Yes* | | | |

注：***、**和*分别表示在1%、5%和10%的水平下显著。

本节采用双重差分（DID）模型分析2014版《收购管理办法》对我国企业股票错误定价的影响，结果如表4－11所示，列（1）至列（3）是加入控制变量 *Treat*×*post*，同时控制了行业和年度虚拟变量 Industry/Year 的回归。由结果分析得知，在全样本组和股票价格高估组中，交互项 *Treat*×*post* 的回归系数分别在10%和5%的水平下显著为负；在股票价格低估组中，该回归系数虽为负值却不显著。此结果说明2014版《收购管理办法》实施以后对并购方企业股票错误定价的影响主要是缓解股票价格高估。这与前文的预测分析结果一致。

**表 4－11　收购制度与股票错误定价的双重差分回归结果**

| 变　量 | *Deviation* | | |
|---|---|---|---|
| | (1) | (2) | (3) |
| | 全样本组 | 股票价格高估组 | 股票价格低估组 |
| *Treat*×*post* | −0.009* | −0.001** | −0.007 |
| | (−1.88) | (−2.16) | (−0.12) |
| 常量 | 0.339*** | 0.220*** | 0.346 |
| | (4.67) | (5.10) | (1.39) |

（续）

| 变量 | Deviation | | |
|---|---|---|---|
| | (1) | (2) | (3) |
| | 全样本组 | 股票价格高估组 | 股票价格低估组 |
| *Controls* | Yes | Yes | Yes |
| *Industry/Year* | Yes | Yes | Yes |
| $N$ | 17 352 | 14 056 | 3 296 |
| $Adj-R^2$ | 0.184 | 0.305 | 0.249 |

注：①括号内数值为 $T$ 统计量。

②***、** 和 * 分别表示在 1%、5%和 10%的水平下显著。

为探究新收购政策对并购方企业股票错误定价影响随时间变动的差异，本研究借鉴孟庆玺等（2016）的做法，考虑 2014 版《收购管理办法》对股票错误定价的时间动态效应，构建模型如下：

$$Deviation_{i,t}=\Phi_0+\Phi_1 Treat_{i,t}+\Phi_2\sum t_j\times Treat_{i,t}+\Phi_3 Size_{i,t}+\Phi_4 Lev_{i,t}+\Phi_5 Age_{i,t}+\Phi_6 BM_{i,t}+\Phi_7 Growth_{i,t}+\Phi_8 Roa_{i,t}+\Phi_9 Board_{i,t}+\Phi_{10} Indratio_{i,t}+\sum Industry_i+\sum Year_t+\xi_{i,t} \quad (4-5)$$

式中：$\Phi_0$ 为常数项；$\Phi_1$ 是解释变量 *Treat* 的系数；$\Phi_2$ 是 2014 版《收购管理办法》实施后 2015—2019 年每一年度给企业股票错误定价带来的净处理效应的系数；$\Phi_3$ 至 $\Phi_{10}$ 为各控制变量的系数；$t_j$ 为年度，取值为 2014—2019 年，$j=1$，2，3，4，5，6；$\xi_{i,t}$ 是随机误差项；其他变量的含义与式（4-3）和式（4-4）保持一致。

从表 4-12 的年度动态效应回归结果可以看出，2014 版《收购管理办法》对股票错误定价的负向影响显著水平先增后降，且在 2015—2019 年其负向影响呈现统计显著性，符合政策影响的时间动态规律。

**表 4-12　2014 版《收购管理办法》对股票错误定价的年度动态效应**

| 变量 | 动态效应 | | | | | | $N$ |
|---|---|---|---|---|---|---|---|
| | 2014 年 | 2015 年 | 2016 年 | 2017 年 | 2018 年 | 2019 年 | |
| *Deviation* | −0.116 | −0.069* | −0.015*** | −0.036** | −0.121* | −0.067 | 17 352 |
| | (−0.79) | (−1.98) | (−2.79) | (−1.99) | (−1.71) | (−0.59) | |

注：①括号内数值为 $T$ 统计量。

②***、** 和 * 分别表示在 1%、5%和 10%的水平下显著。

## 4.5.2 倾向得分匹配与双重差分分析

由于企业并购针对的对象仅为并购方企业，因而可能存在样本自选择问题，采用倾向得分匹配（PSM）法进行了内生性检验。对式（4-3）的模型而言，以企业规模（*Size*）、资产负债率（*Lev*）、上市时间（*Age*）、账面市值比（*BM*）、成长性（*Growth*）、盈利能力（*Roa*）、所在年度（*Year*）和所处行业（*Industry*）为协变量，以企业是否发生并购（*MA*）为因变量，采用1∶1比例的最邻近匹配法，最终经过选择，与完成并购事件的上市公司的 3 348 条数据匹配到 2 208 条数据。进一步对匹配后的样本重新进行双重差分估计，结果见表 4-13。如列（1）和列（2）所示，股票错误定价（*Deviation*）的系数在全样本组和股票价格高估组中分别在 10%和 5%的水平下显著为负，而在股票价格低估组中不显著。结果表明，企业并购加剧股票错误定价的影响主要体现在加剧股票价格高估，而对机票价格低估没有影响。以上结论与主检验结果一致，说明结论稳健可靠。

**表 4-13　企业并购与股票错误定价的 PSM-DID 检验结果**

| 变　量 | *Deviation* | | |
|---|---|---|---|
| | (1) | (2) | (3) |
| | 全样本组 | 股票价格高估组 | 股票价格低估组 |
| *Treat*×*post* | −0.011* | −0.026** | 0.031 |
| | (−1.71) | (−1.96) | (0.21) |
| 常数项 | 0.228* | 0.183* | 0.292 |
| | (1.77) | (1.82) | (0.78) |
| *Controls* | Yes | Yes | Yes |
| *Industry*/*Year* | Yes | Yes | Yes |
| *N* | 5 556 | 4 468 | 1 088 |
| $Adj-R^2$ | 0.121 | 0.369 | 0.278 |

注：①括号内数值为 *T* 统计量。

②** 和 * 分别表示在 5%和 10%的水平下显著。

### 4.5.3　Heckman 两阶段回归

借鉴现有文献，商誉代表企业曾经发生过并购，因此可以将商誉作为企业并购的衡量方式。鉴于有并购的企业和无并购的企业在内外部治理方面可能存在差异，股票错误定价的程度也有所不同，选择是否有商誉的样本作为研究对象可能存在选择偏差。参照杨威等（2018）、李丹蒙等（2018）、刘喜和与王洁远（2019）的做法，设置了 4 个关于并购商誉的解释变量，分别是存量商誉的虚拟变量（$Ifsy$）和经总资产调整的存量商誉（$Sy\_z$）即商誉净额/总资产，以及新增商誉的虚拟变量（$Ifsyadd$）和经总资产调整的新增商誉（$Syadd\_z$）。

为控制内生性对研究结论的影响，借鉴张新民和祝继高（2019）等的做法，采用 Heckman 两阶段来缓解自选择问题对本研究结论的影响。该模型的第一阶段采用影响并购的因素构建模型，计算逆米尔斯比率（$IMR$）。第一阶段因变量为存量商誉的虚拟变量（$Ifsy$）和新增商誉的虚拟变量（$Ifsyadd$），模型设定如下：

$$Probit(Ifsy/Ifsyadd) = \omega_0 + \omega_1 Size + \omega_2 Lev + \omega_3 Roa + \omega_4 Growth + \omega_5 Age + \omega_6 State + \omega_7 BM + \xi \quad (4-6)$$

式中：$\omega_0$ 为常数项，$\omega_1$ 至 $\omega_7$ 分别为各控制变量的系数，$Size$ 表示企业规模，$Lev$ 表示资产负债率，$Roa$ 表示盈利能力，$Growth$ 表示成长性，$Age$ 表示上市时间，$State$ 表示产权性质，$BM$ 表示账面市值比，$\xi$ 是随机误差项。

利用式（4－6）计算出逆米尔斯比率（$IMR$），然后将逆米尔斯比率（$IMR$）放入式（4－3）中，以修正样本自选择问题，结果见表 4－14。其中，列（2）、列（4）是第一阶段回归结果，分别控制了企业规模（$Size$）、成长性（$Growth$）、产权性质（$State$）等变量。$IMR$ 在列（2）、列（4）的回归系数均在 1%的水平下显著，说明模型在设定的过程当中存在样本选择偏差的内生性问题。但在控制内生性问题，即在控制了第一阶段的 $IMR$ 后，存量商誉（$Sy\_z$）、新增商誉（$Syadd\_z$）的回归系数依然在 1%水平下显著，说明企业并购加剧股票错误定价。这与前文结论一致，说明结论稳健。

**表 4－14　Heckman 两阶段回归检验**

| 变　量 | (1) | (2) | (3) | (4) |
|---|---|---|---|---|
| | $Sy\_z$ | $Deviation$ | $Syadd\_z$ | $Deviation$ |
| $Sy\_z$ | | 0.127*** | | |
| | | (3.403) | | |
| $Syadd\_z$ | | | | 0.366*** |
| | | | | (2.972) |
| $IMR$ | | −0.032*** | | −0.124*** |
| | | (−2.712) | | (−3.837) |
| 常数项 | 0.941*** | 1.240*** | 5.791*** | 0.858*** |
| | (2.719) | (12.625) | (12.133) | (3.457) |
| $Controls$ | Yes | Yes | Yes | Yes |
| $Industry/Year$ | No | Yes | No | Yes |

（续）

| 变　量 | (1) | (2) | (3) | (4) |
| --- | --- | --- | --- | --- |
| | *Sy_z* | *Deviation* | *Syadd_z* | *Deviation* |
| *N* | 11 607 | 11 607 | 11 607 | 11 607 |
| *Adj*-$R^2$ | 0.388 | 0.132 | 0.273 | 0.158 |

注：①括号内数值为 *T* 统计量。

②*** 表示在 1%的水平下显著。

### 4.5.4 替代被解释变量

借鉴 Myers（1999）、邓鸣茂和梅春（2019）的研究，本研究采用相对估值法，直接利用公司财务数据估算公司内在价值 *V*，再计算股票错误定价程度（*MB*）：

$$MB = \left| 1 - \frac{V}{P} \right|$$

式中：*P* 为公司股票当年交易日股票收盘价的平均值。

当 *MB* 越大，表明股票错误定价程度越高。用 *MB* 替代 *Deviation* 作为被解释变量。表 4-15 至表 4-18 中的检验显示，在替换了被解释变量后，结论结果与主回归一致，表明结果依然稳健。

**表 4-15　企业并购与替代变量股票错误定价程度的回归结果**

| 变　量 | *MB* | | |
| --- | --- | --- | --- |
| | (1) | (2) | (3) |
| | 全样本组 | 股票价格高估组 | 股票价格低估组 |
| *MA* | 0.013* | 0.021*** | 0.042 |
| | (1.69) | (3.96) | (1.51) |
| 常数项 | 0.410* | 0.966*** | −2.579*** |
| | (1.85) | (8.36) | (−4.24) |
| *Controls* | Yes | Yes | Yes |
| *Industry/Year* | Yes | Yes | Yes |
| *N* | 17 352 | 14 056 | 3 296 |
| *Adj*-$R^2$ | 0.178 | 0.324 | 0.223 |

注：①括号内数值为 *T* 统计量。

②*** 和 * 分别表示在 1%和 10%的水平下显著。

**表 4 - 16　并购战略与替代变量股票错误定价程度的回归结果**

| 变　量 | MB | | |
|---|---|---|---|
| | (1) | (2) | (3) |
| | 全样本组 | 股票价格高估组 | 股票价格低估组 |
| *Strategy* | 0.906*** | 0.805*** | −1.201 |
| | (7.063) | (7.161) | (−0.717) |
| 常数项 | 1.603*** | 1.764*** | −2.774*** |
| | (18.660) | (24.094) | (−9.655) |
| *Controls* | Yes | Yes | Yes |
| *Industry/Year* | Yes | Yes | Yes |
| *N* | 3 348 | 2 812 | 536 |
| $Adj-R^2$ | 0.267 | 0.327 | 0.383 |

注：①括号内数值为 *T* 统计量。

② *** 分别表示在 1%的水平下显著。

**表 4 - 17　共享审计师与替代变量股票错误定价程度的回归结果**

| 变　量 | MB | | |
|---|---|---|---|
| | (1) | (2) | (3) |
| | 全样本组 | 股票价格高估组 | 股票价格低估组 |
| *Comaud* | −0.044*** | −0.047*** | 0.012 |
| | (−11.216) | (−13.838) | (0.517) |
| 常数项 | 1.620*** | 1.779*** | −2.819*** |
| | (18.852) | (24.265) | (−9.730) |
| *Controls* | Yes | Yes | Yes |
| *Industry/Year* | Yes | Yes | Yes |
| *N* | 3 348 | 2 812 | 536 |
| $Adj-R^2$ | 0.111 | 0.286 | 0.308 |

注：①括号内数值为 *T* 统计量。

② *** 分别表示在 1%的水平下显著。

**表 4-18 机构投资者持股与替代变量股票错误定价程度的回归结果**

| 变　量 | *MB* | | |
|---|---|---|---|
| | (1) | (2) | (3) |
| | 全样本组 | 股票价格高估组 | 股票价格低估组 |
| *Ins* | $-0.013^{**}$ | $-0.019^{***}$ | 0.043 |
| | (−2.138) | (−3.931) | (1.484) |
| 常数项 | −0.065 | $1.352^{***}$ | $-6.200^{***}$ |
| | (−0.117) | (6.131) | (−4.005) |
| *Controls* | Yes | Yes | Yes |
| *Industry/Year* | Yes | Yes | Yes |
| *N* | 3 348 | 2 812 | 536 |
| $Adj-R^2$ | 0.212 | 0.211 | 0.287 |

注：①括号内数值为 *T* 统计量。
② *** 和 ** 分别表示在 1%和 5%的水平下显著。

### 4.5.5 解释变量滞后一期

为避免内生性问题，将解释变量企业是否发生并购（*MA*）滞后一期，能有效克服企业并购与股票错误定价的反向因果关系。用滞后一期的企业并购作为解释变量重新进行回归，回归结果见表 4-19 至表 4-22。从回归结果可以看出，将解释变量滞后一期重新进行回归，结果与主回归结果一致。

**表 4-19 企业并购（滞后一期）与股票错误定价的回归结果**

| 变　量 | *Devination* | | |
|---|---|---|---|
| | (1) | (2) | (3) |
| | 全样本组 | 股票价格高估组 | 股票价格低估组 |
| *MA* | $0.010^{***}$ | $0.012^{***}$ | $-0.013^{*}$ |
| | (5.30) | (12.44) | (−1.51) |
| 常数项 | $0.831^{***}$ | $1.453^{***}$ | $-2.356^{***}$ |
| | (4.10) | (13.03) | (−4.89) |
| *Controls* | Yes | Yes | Yes |
| *Industry/Year* | Yes | Yes | Yes |
| *N* | 16 154 | 13 041 | 3 113 |
| $Adj-R^2$ | 0.153 | 0.252 | 0.174 |

注：①括号内数值为 *T* 统计量。
② *** 和 * 分别表示在 1%和 10%的水平下显著。

**表 4-20 并购战略（滞后一期）与股票错误定价的回归结果**

| 变　量 | *Devination* | | |
|---|---|---|---|
| | (1) | (2) | (3) |
| | 全样本组 | 股票价格高估组 | 股票价格低估组 |
| *Strategy* | 1.273* | 1.437** | −1.603 |
| | (1.939) | (2.211) | (−0.294) |
| 常数项 | 1.450*** | 1.581*** | −2.817*** |
| | (16.926) | (22.208) | (−9.791) |
| *Controls* | Yes | Yes | Yes |
| *Industry/Year* | Yes | Yes | Yes |
| *N* | 3 046 | 2 711 | 335 |
| $Adj-R^2$ | 0.131 | 0.317 | 0.311 |

注：①括号内数值为 *T* 统计量。
②***、** 和 * 分别表示在 1%、5%和 10%的水平下显著。

**表 4-21 共享审计师（滞后一期）与股票错误定价的回归结果**

| 变　量 | *Deviation* | | |
|---|---|---|---|
| | (1) | (2) | (3) |
| | 全样本组 | 股票价格高估组 | 股票价格低估组 |
| *Comaud* | −0.032*** | −0.033*** | 0.066 |
| | (−8.009) | (−9.899) | (1.569) |
| 常数项 | −0.032*** | −0.033*** | 0.066*** |
| | (−8.009) | (−9.899) | (5.769) |
| *Controls* | Yes | Yes | Yes |
| *Industry/Year* | Yes | Yes | Yes |
| *N* | 3 046 | 2 711 | 335 |
| $Adj-R^2$ | 0.111 | 0.286 | 0.308 |

注：①括号内数值为 *T* 统计量。
②*** 分别表示在 1%的水平下显著。

表 4-22　机构投资者持股（滞后一期）与股票错误定价的回归结果

| 变　量 | Deviation | | |
|---|---|---|---|
| | (1) | (2) | (3) |
| | 全样本组 | 股票价格高估组 | 股票价格低估组 |
| *Ins* | −0.167*** | −0.083*** | (3.007) |
| | (−8.444) | (−4.861) | 0.018 |
| 常数项 | −0.065 | 1.352*** | −6.200*** |
| | (−0.117) | (6.131) | (−4.005) |
| *Controls* | Yes | Yes | Yes |
| *Industry/Year* | Yes | Yes | Yes |
| *N* | 3 046 | 2 711 | 335 |
| *Adj*-$R^2$ | 0.104 | 0.137 | 0.282 |

注：①括号内数值为 *T* 统计量。

②*** 分别表示在 1%的水平下显著。

## 4.5.6　改变样本区间

借鉴现有文献的做法，剔除强监管期的样本。本节为了排除强监管政策可能对本研究结果的干扰，将剔除 2015 年和 2016 年样本之后的数据重新进行回归，结果见表 4-23 至表 4-26。在剔除强监管期数据的影响后，与前文回归结果一致，说明在控制干扰因素后，结论依然成立。

表 4-23　企业并购（改变样本区间）与股票错误定价的回归结果

| 变　量 | Deviation | | |
|---|---|---|---|
| | (1) | (2) | (3) |
| | 全样本组 | 股票价格高估组 | 股票价格低估组 |
| *MA* | 0.011* | 0.026** | 0.031 |
| | (1.71) | (1.96) | (0.21) |
| 常数项 | 0.228* | 0.183* | 0.292 |
| | (1.77) | (1.82) | (0.78) |
| *Controls* | Yes | Yes | Yes |
| *Industry/Year* | Yes | Yes | Yes |
| *N* | 11 026 | 8 795 | 2 231 |
| *Adj*-$R^2$ | 0.121 | 0.369 | 0.278 |

注：①括号内数值为 *T* 统计量。

②** 和 * 分别表示在 5%和 10%的水平下显著。

**表 4-24 并购战略（改变样本区间）与股票错误定价的回归结果**

| 变量 | *Deviation* | | |
|---|---|---|---|
| | (1) | (2) | (3) |
| | 全样本组 | 股票价格高估组 | 股票价格低估组 |
| *Strategy* | 0.128*** | 0.198*** | −0.399* |
| | (3.751) | (6.701) | (−1.749) |
| 常数项 | 1.610*** | 1.772*** | −2.759*** |
| | (18.746) | (24.198) | (−9.587) |
| *Controls* | Yes | Yes | Yes |
| *Industry/Year* | Yes | Yes | Yes |
| *N* | 2 812 | 2 502 | 310 |
| $Adj-R^2$ | 0.267 | 0.327 | 0.383 |

注：①括号内数值为 *T* 统计量。
② *** 和 * 分别表示在 1%和 10%的水平下显著。

**表 4-25 共享审计师（改变样本区间）与股票错误定价的回归结果**

| 变量 | *Deviation* | | |
|---|---|---|---|
| | (1) | (2) | (3) |
| | 全样本组 | 股票价格高估组 | 股票价格低估组 |
| *Comaud* | −0.038*** | −0.048*** | 0.007 |
| | (−9.863) | (−13.973) | (1.370) |
| 常数项 | 1.402*** | 1.785*** | −2.851*** |
| | (16.422) | (24.212) | (−9.948) |
| *Controls* | Yes | Yes | Yes |
| *Industry/Year* | Yes | Yes | Yes |
| *N* | 2 812 | 2 502 | 310 |
| $Adj-R^2$ | 0.111 | 0.288 | 0.308 |

注：①括号内数值为 *T* 统计量。
② *** 分别表示在 1%的水平下显著。

**表 4-26 机构投资者持股（改变样本区间）与股票错误定价的回归结果**

| 变量 | *Deviation* | | |
|---|---|---|---|
| | (1) | (2) | (3) |
| | 全样本组 | 股票价格高估组 | 股票价格低估组 |
| *Ins* | $-0.045^{***}$ | $-0.048^{***}$ | 0.015 |
| | (−11.315) | (−14.050) | (0.625) |
| 常数项 | −0.065 | $1.352^{***}$ | $-6.200^{***}$ |
| | (−0.117) | (6.131) | (−4.005) |
| *Controls* | Yes | Yes | Yes |
| *Industry/Year* | Yes | Yes | Yes |
| *N* | 2 812 | 2 502 | 310 |
| $Adj-R^2$ | 0.322 | 0.368 | 0.402 |

注：①括号内数值为 *T* 统计量。

② *** 分别表示在 1%的水平下显著。

# 4.6 进一步分析

股票错误定价还会受到企业内部治理水平和外部环境的影响。本章将针对不同治理环境下企业并购对股票错误定价的影响是否存在差异进行横截面分析，从公司层面、行业层面和市场层面分别探讨其对企业并购与股票错误定价的调节作用。

## 4.6.1 业绩承诺、企业并购与股票错误定价

自 2011 年起，证监会已不强制要求企业签订业绩承诺协议，但大多数上市公司还是热衷于签订业绩承诺协议，甚至签订业绩承诺对赌协议成为并购交易的常态。业绩承诺对赌协议是指目标方股东向并购方承诺在未来某个期限内公司的盈利达到一定水平，如果在对赌规定的期限内无法兑现，将以现金补偿或者股权回购等形式向并购方进行补偿。双方签订这一协议的目的主要是减少信息不对称带来的资产高估值问题，降低并购方的风险。由于目标方未来发展前景不确定性较大，价值难以评估，而业绩承诺能够起到修正目标方公司估值的作用，缓解信息不对称给并购方带来的并购风险。除此之外，业绩承诺还有助于激发目标方公司的潜能，促进其提高业绩水平。因此，业绩承诺往往传递出目标方积极的信号，未来能够产生超额收益，从而要求并购方支付更高的溢

价。业绩承诺在一定程度上强化了高溢价并购，并购实践中出现“高承诺”推动“高估值”，而“高估值”造成“高溢价”的现象。但当签订的业绩承诺逐渐到期后，由于目标过高，多起业绩承诺不达标甚至不到承诺值一半的事件导致股票价格闪崩，最终造成业绩承诺无法发挥保障作用。可见，如果目标方股东承诺的目标过高导致无法实现，将对股票价格产生一定的影响，加剧股票错误定价风险。

借鉴张国珍（2020）的做法，以业绩承诺（*Commit*）为虚拟变量。如果并购方与目标方签订了业绩承诺协议，则该变量值为1；反之，则该变量值为0。为考察业绩承诺对企业并购与股票错误定价的影响，在式（4－3）的基础上加入交互项 $MA \times Commit$。交互项回归后的结果见表4－27。从表4－27的列（1）中可以看出，交互项 $MA \times Commit$ 的系数在1%的水平下显著为正，表明上市公司签订的业绩承诺强化了企业并购对股票错误定价的正相关关系。

### 4.6.2 行业竞争强度、企业并购与股票错误定价

行业竞争强度 *Ind* 作为一种外部治理机制，能够发挥较为有效的监督作用。随着行业竞争强度的提高，根据“淘汰效应”，任何偏离成本最小化和利润最大化的公司最终将被市场驱赶（Machlup et al.，1967）。为了降低被收购或接管的风险，管理层会采取积极措施，抑制代理成本，改善公司内部治理环境（Grossman et al.，1983），缓解信息不对称。基于管理层声誉的观点，行业竞争能够抑制其道德风险和逆向选择行为。基于信息假说的观点，产品市场竞争越发激烈，管理层出于缓解融资约束等目的，会提高公司信息披露质量，从而缓解信息不对称（Holmstrom，1982）。基于此，从行业竞争强度的角度考察企业并购对股票错误定价的调节作用，采用赫芬达尔-赫希曼指数（*HHI*）测算。行业竞争强度变量是一个反向指标，即 *HHI* 值越大，市场竞争程度越低。因此，定义行业竞争强度 $Ind=1-HHI$，其数值越大，表示行业竞争度越大。资产的正确定价是应对市场竞争的有效方式，资源正确配置鼓励竞争，而竞争反过来也是资产正确定价的助推器，因此行业竞争强度是影响股票错误定价的关键内在动力，不同的行业竞争强度将对企业股票错误定价产生较为深刻的影响。

借鉴李顺彬（2020）的研究，采用赫芬达尔-赫希曼指数（*HHI*）作为代理变量，计算方法如下：*HHI* 等于行业内各公司营业收入占行业总营业收入比重的平方和，即

$$HHI=\sum_{i=1}^{N}\left(\frac{x_i}{X}\right)^2$$

式中：$x_i$ 为公司 $i$ 当年的营业收入，$N$ 为同行业内上市公司数量，$X$ 为行业内 $N$ 家上市公司当年的营业收入总额。*HHI* 值越趋近 0，*Ind* 值越大，表明该行业内竞争强度越激烈。为考察行业竞争强度对企业并购与股票错误定价的影响，在式（4-3）的基础上加入交互项 $MA \times Ind$，交互项回归后的结果见表 4-27。其中，列（2）$MA \times Ind$ 交互项的系数在 5%的水平下显著为负，表明行业竞争强度的提高能够弱化企业并购对股票错误定价的正相关关系。或者说，行业竞争强度的提高将缓解企业并购对股票错误定价的正向影响。

### 4.6.3 市场行情、企业并购与股票错误定价

本节将从市场行情的角度研究企业并购对股票错误定价的调节作用。市场行情不同时，企业并购对股票错误定价的影响存在较大差异。当市场处于牛市时，股票价格普遍上涨，投资者乐观情绪高涨，对股票市场的未来期望值较高，而投资者购买股票的热情会进一步推动股票价格上涨，因此股票价格表现为正向偏离其内在价值；而在熊市市场行情下，股票价格普遍下跌，投资者购买股票的风险较大，因此会大量抛售股票以规避系统性风险，导致股票价格进一步下跌，甚至发生崩盘。

本研究对牛市和熊市的划分借鉴黄宏斌等（2020）、肖俊等（2013）的研究，利用上证指数增长率来衡量市场行情（*Market*）。该增长率大于 0 时为牛市，（*Market*）取 1；该增长率小于 0 时为熊市，（*Market*）取 0。最终 2007—2019 年的市场行情划分情况为：2007 年、2009 年、2012 年、2014 年、2015 年、2017 年和 2019 年为牛市，2008 年、2010 年、2011 年、2013 年、2016 年和 2018 年为熊市。为考察市场行情对企业并购与股票错误定价的影响，在式（4-3）的基础上加入交互项 $MA \times Market$，交互项回归后的结果见表 4-27。其中，列（3）中交互项 $MA \times Market$ 的系数在 5%的水平下显著为正，表明在市场行情高涨时，企业并购对股票错误定价的加剧作用更为显著。

**表 4-27 业绩承诺/行业竞争强度/市场行情、企业并购与股票错误定价**

| 变 量 | *Deviation* | | |
|---|---|---|---|
| | (1) | (2) | (3) |
| | 全样本组 | 股票价格高估组 | 股票价格低估组 |
| $MA \times Commit$ | 0.052*** | | |
| | (3.33) | | |

（续）

| 变　量 | Deviation | | |
|---|---|---|---|
| | (1) | (2) | (3) |
| | 全样本组 | 股票价格高估组 | 股票价格低估组 |
| *MA×Ind* | | −0.014** | |
| | | (−1.98) | |
| *MA×Market* | | | 0.032** |
| | | | (2.33) |
| 常数项 | 0.267 | 0.298* | 0.227*** |
| | (1.01) | (1.88) | (4.88) |
| *Controls* | Yes | Yes | Yes |
| *Industry/Year* | Yes | Yes | Yes |
| *N* | 17 352 | 17 352 | 17 352 |
| $Adj\text{-}R^2$ | 0.119 | 0.128 | 0.141 |

注：①括号内数值为 *T* 统计量。

②***、** 和 * 分别表示在1%、5%和10%的水平下显著。

## 4.7　本章小结

本章基于行为金融学中的投资者有限理性理论和信息不对称理论，在考察企业并购对股票错误定价产生影响的基础上，重点分析并购战略、共享审计师、机构投资者持股对企业并购与股票错误定价关系的调节作用，即回答了企业并购是否加剧了股票错误定价、境内并购和跨境并购对股票错误定价的影响有何差异、共享审计师及机构投资者持股是否能缓解企业并购对股票错误定价的影响等问题。

本章在检验企业并购与股票错误定价影响的基础上，按照并购战略的不同将企业并购细分为境内并购和跨境并购，比较了这两种并购战略对股票错误定价的不同影响；根据并购方公司与目标方公司是否聘请共同的审计师、是否有机构投资者持股，来检验共享审计师和机构投资者持股对企业并购与股票错误定价的调价作用。理论分析部分包括：①投资者情绪加剧了股票错误定价，根据信号传递理论企业并购向投资者传递出公司的“好消息”，投资者对并购事件所持乐观态度；②信息不对称加剧了股票错误定价，企业并购活动中增加了管理层的盈余管理行为，管理层为促成并购进行盈余操纵，隐藏了公司的“坏消息”，导致投资者往往会对企业并购行为产生过度反应，从而大量购买并持有并购方公司股票，造成股票价格上涨。

实证检验部分，以2007—2019年我国沪深A股上市公司为研究对象，检验企业并购对股票错误定价的影响。在此基础上，比较跨境并购与境内并购对股票错误定价影响的不同，并检验了共同审计师、机构投资者持股对股票错误定价的作用。进一步从公司层面、行业层面及市场层面检验业绩承诺、行业竞争度及市场行情对企业并购与股票错误定价的调节作用的影响。检验结果显示企业并购行为加剧了股票错误定价。与境内并购相比，跨境并购对股票价格的正向影响更显著。共享审计师、机构投资者持股能够显著抑制企业并购对股票错误定价的正向影响。2014版《收购管理办法》的实施能够有效缓解企业并购对股票错误定价的正向作用。业绩承诺、市场行情强化了企业并购与股票错误定价的正向关系，行业竞争弱化了二者间的正向关系。上市公司并购时签订业绩承诺，未能降低并购方风险，反而提高了并购溢价，在市场行情好的情况下，提高了投资者的信心，增加了投资者对公司未来盈利情况的预期，投资者乐观情绪高涨又进一步加剧了股票错误定价。行业竞争存在着良好的外部治理效应，能够有效抑制管理层的代理行为和机会主义行为。

本章的启示是：企业自身应加强内部治理。我国企业应建立健全内控制度、完善内部控制体系，根据自身所处的外部环境，不断优化调整内部治理结构，组合优化内部治理和外部环境要素，提高资产定价效率。同时，这也是企业面对市场风险与挑战的需要。监管部门应进一步加强境内及跨境并购行为的监管，继续完善并购监管制度，及时分析研判并购市场的新情况、新问题，遏制盲目并购，避免上市公司管理者自利行为造成的无效或投机性并购行为，严惩并购过程的信息披露违规、内幕交易等行为。投资者应提高风险防范意识，以便有效提升资源配置效率、稳定资本市场。

# 第5章 并购异质性、企业并购与股票错误定价

## 5.1 引言

在企业并购的相关研究方面，学者们多集中在企业的异质性或并购事件对资本市场的影响，而在现实的资本市场中，企业选择不同的并购模式、支付方式、并购商誉和溢价程度等对资本市场的影响区别较大。随着国内并购市场的不断发展和完善，企业并购显示出较多的异质性特征，例如不同的并购模式（相关性并购和多元化并购）、不同的并购支付方式（现金支付、股权支付、混合支付）、不同的并购商誉（有商誉并购、无商誉并购）、不同的并购溢价程度（高溢价、低溢价）等。企业并购的这些异质性特征通常会有不同的经济后果。首先，相关性并购和多元化并购这两种并购模式对股票错误定价的影响有所不同，即使会带来相同的经济后果，但其产生的效应还是会有较大的差异。例如，研究表明，横向并购模式下，企业的业绩从并购后的第二年开始有所改善；相比之下，纵向并购模式能够更快地为并购方带来价值，从而改善企业业绩。其次，并购方对支付方式的选择是决定并购活动成败的重要因素之一。随着我国国有经济体制改革的深化和证券市场的不断完善，并购交易的支付方式也由单一的现金支付方式向多元化方向发展，逐步出现了股权支付、混合支付、资产置换、无偿划拨、承担债务等多种方式。并购支付方式的选择呈现多样性，这对并购活动产生重要的影响。并购支付方式还会影响公司的绩效，例如与现金支付方式相比，股权支付方式对企业绩效的改善要更加明显（周绍妮和王惠瞳，2015）。除此之外，并购溢价、并购商誉及是否与目标方股东签订业绩承诺都会对并购后的效应产生影响。郑海英等（2014）年发现，上市公司在并购过程中支付高额并购溢价，产生高商誉的并购仅能提升企业当期的经营业绩，但降低了企业后期的经营业绩。并购溢价和并购商誉都会加剧股票价格波动风险（刘超和郑忱阳，2019）。

企业并购模式的异质性会影响投资者情绪、企业信息透明度及并购效应。如果粗略地将企业并购模式的异质性作为同一类别样本进行分析研究，很可能会出现效应相互抵消等偏误。本书在研究企业并购对股票错误定价的影响时，将企业并购模式细分为相关性并购和多元化并购；将并购的支付方式分为现金支付和股权支付两种方式；按照并购方是否产生商誉，将企业并购分为有商誉的并购和无商誉的并购；根据并购溢价的高低将企业并购分为高溢价并购和低溢价并购。本章的研究是对企业并购方式的异质性进一步区分，也是对企业并购现有研究的拓展。本章将根据企业并购模式的异质性、支付方式的异质性、并购商誉及并购溢价的异质性重新对企业并购活动展开研究，以进一步探究企业并购方式的异质性对股票错误定价的影响。

基于此，本章选取我国沪深 A 股上市公司 2007—2019 年的数据作为研究的初始样本，深入探讨了并购模式、支付方式、并购商誉及并购溢价对企业并购与股票错误定价关系的影响，从而试图研究并解答如下问题：①并购模式对企业并购与股票错误定价关系产生何种影响？②支付方式对企业并购与股票错误定价关系产生何种影响？③并购商誉及溢价对企业并购与股票错误定价关系产生何种影响？本章探究并购方式的异质性对企业并购与股票错误定价的影响，在并购方企业选择并购方式、降低信息不对称等方面发挥重要作用，并为企业提升内部治理水平、提高并购管理、稳定资本市场等方面提供相关建议。

## 5.2 理论分析与研究假设

### 5.2.1 并购模式、企业并购与股票错误定价

在我国经济发展过程中，由于产业升级及经济形势的快速变化，部分行业发展不景气的公司为了找到新的利润增长点，往往进行多元化并购，加之我国资本市场以散户为主，非理性行为较为突出，投资者多数抱着投机的目的，而对企业的长期发展并不关心，投资者对多元化并购持有较高的期望，因此资本市场给这种跨行业并购行为提供了高溢价和炒作机会，又因投资者非理性行为使得“羊群效应”现象较为突出，短期来看，企业发生多元化并购往往能带来股票价格上涨，高于其内在价值，投资者能获得较高的超额收益（韩忠雪，2013）。而当并购热度退去后，多元化经营的诸多短板逐渐显现，主要表现在以下几个方面：企业规模进一步扩大，管理模式、组织架构、企业文化等需要整合；由于被并购的目标方企业所在行业对于并购方企业来说是一个新的领域，并购企业发展面临业务不熟悉的风险，信息不对称现象较为严重；多元化

并购存在较高的溢价（杨威，2019）。此外，多元化并购过程中存在较为严重的代理问题，以至于多元化并购在后期经营过程中面临着价值逐步减损，投资者对其预期值也逐渐下降，甚至降低至多元化折价的轨道，市场回报率表现为负值，股票价格表现出不同程度的低估。很多实施多元化并购的企业往往经营业绩不佳，企图通过并购找到新的增长拐点，管理层为促成并购会主动进行盈余管理行为，导致盈余质量降低（盛香林，2021）。因此，我国企业的多元化并购对企业股票错误定价的影响要高于同时期相关性并购对股票错误定价的影响。关于相关性并购与多元化并购对股票错误定价的影响目前还未得出明确的结论。Lang 和 Stulz（1994）提出，混合并购会损害股东的价值，而横向并购比混合并购有更高的并购价值。在考虑行业发展周期的情况下，当企业处于衰退期的行业时，横向并购的价值要显著低于混合并购的价值；当企业处于成长期的行业时，横向并购的价值则显著高于行业间混合并购的价值；当企业处于成长期与衰退期之间的行业时，混合并购的价值则明显优于横向并购的价值。该结论对并购方企业和目标方企业均适用。B. Espen（2012）论述了横向并购所带来的规模经济，并认为其正效应主要体现在规模经济上。但其他学者对此有不同的观点。Prescott（1980）的研究表明，如果只盲目追求规模经济，超过一定限度，就会出现规模不经济现象。与多元化并购相比，相关性并购中的目标方股东获得的超额收益更显著，但并购方股东在两种并购模式中的获利情况没有差异（Singh and Montgomery，1984）。与相关性并购相比，多元化并购在并购公告发布后两年内获得的是显著为负的超额收益，且与相关性并购的超额收益差距较大（Gregory，1997）。Berger 和 Ofek（1999）考察了归核化并购对股东财富的影响，结果发现归核化并购能够给并购方公司股东带来显著为正的超额收益，而多元化并购则不能，在某种程度上说明了多元化并购的无效率。基于以上分析，提出本章的第一个假设：

*H*（5-1）：多元化并购会加剧股票错误定价。

### 5.2.2 并购支付方式、企业并购与股票错误定价

企业在不同并购支付方式下有不同的资金需求，并购风险也会有所差异。另外，企业的股权结构也可能会因支付方式的不同而发生变化，支付方式的决策选择也可以被看作是资本结构的选择。因此，在前文理论基础之上，本节将从以下几个方面分析支付方式决策：①杠杆偏离视角；②信息不对称视角；③信息不对称及股权结构视角。实际上，在企业并购过程中，并购方采取的支付方式也会对股票价格产生一定的影响。已有研究表明，公司股票被错误估值

的原因之一是对未来现金流的错误判断。在企业并购过程中，并购方采取现金支付的比例越高，其持有的现金流水平越低，导致财务杠杆水平增加，而适度的负债和现金股利发放能够有效控制企业自由现金流的代理成本（Jensen，1986），代理成本降低能够缓解股票错误定价（Pantzalis，2014）。并购方采取现金支付导致企业自由现金流减少，企业持有的自由现金流水平高低会对代理成本产生重要影响。

首先，企业资产负债率增加，而适度的负债和少量的现金有助于降低企业的代理成本。由于我国上市公司的代理问题仍然较为严重，企业拥有大量自由现金流的情况可能助长管理层的过度投资和在职消费行为，提高公司销售及管理费用黏性，加重公司非效率投资，增加企业的代理成本等。而当企业持有现金流较低时，将会降低管理层的道德风险和逆向选择风险。企业并购采取现金支付方式，有助于弱化经理人与股东之间的代理冲突和代理问题，而代理成本降低最终能缓解企业股票错误定价。自由现金流代理成本假说提出，上市公司在进行债权融资后会做出偿债压力响应。偿债压力能够抑制经营者支付现金的动机，削减其自由支配现金流的能力。Farinha（2003）研究发现，上市公司发放现金股利有助于缓解代理成本，这是由于现金股利的支付导致企业自由现金流减少，企业需要增加外部融资，因此，外部债权人的监督作用加强。

其次，并购方采用现金支付方式时，能够掌握更多谈判的主动权，有效抑制并购溢价。并购活动中采取现金支付方式使得企业自由现金流减少，降低了管理层的道德风险和逆向选择风险，有助于减少经理人与股东之间的代理冲突和降低代理问题，发挥现金流内部治理效应，降低公司信息不对称，因此现金支付方式有助于缓解并购方公司股票错误定价。现金支付能够有效抑制并购溢价（周菊和陈欣，2019），也有助于改善企业并购后的绩效（余玉苗和冉月，2020）。

最后，企业并购采用现金支付方式能发挥内部治理效应，降低公司信息不对称，从而缓解股票错误定价。企业并购采用现金支付方式向市场传递了并购后企业具有较好发展潜力的信号，从而吸引较多的分析师对企业进行跟踪，基于“有效监督假说”，分析师关注能够对代理问题起到明显治理作用。我国证券市场发展起步较晚，个人投资者对证券分析师等信息中介较为依赖。分析师跟踪能发挥对企业的外部监督作用，提高企业的信息透明度，抑制盈余管理行为，从而提升管理层效率。分析师发布的盈余预测能在一定程度上抑制管理层的盈余操纵行为，从而降低管理层为粉饰财务报表进行舞弊的可能性，使企业经营风险降低，使股票价格能及时准确地反映出企业基本面变化。分析师对企业的跟踪及其公布的盈余预测有助于盈余信息的传递，对被跟踪企业具有积极的外部治理作用。分析师通过对信息的解读，能改善上市企业的会计信息质量，增加资本市场的信息供给，也可有效降低企业和投资者之间的信息不对称，使得信息融入股票价格。

在并购活动中，并购方企业为了获得目标方企业的控制权而耗费了大量的现金，造成企业的自由现金流减少、企业现金持有量降低，还可能面临财务压力，这种情况有助于降低管理层的道德风险和逆向选择风险、减轻经理人与股东之间的代理冲突，因此，并购方采取现金支付并购对价的方式有助于缓解公司股票错误定价。此外，并购不仅是企业外部治理的一种手段，也是企业得到快速发展的一种途径，其外部治理效应也会对上市公司的内部治理效果产生作用从而影响公司股票错误定价。

综上，现金支付一方面通过缓解代理冲突降低代理成本，发挥自由现金流的内部治理效应，推动股票价格回归其内在价值，缓解股票错误定价；另一方面通过信号传递效应增加分析师跟踪，有助于缓解投资者由信息不对称导致的羊群效应，进而减轻市场交易行为导致的股票价格高估，缓解股票错误定价。基于以上分析，提出本章的第二个假设：

*H*（5－2）：现金支付能缓解股票错误定价。

### 5.2.3 并购商誉、企业并购与股票错误定价

我国的现有会计准则对并购商誉的确认和计量具有较大的主观性，其大小取决于并购方支付的交易金额与目标方可辨认净资产公允价值的差值。这两个指标的确定并没有严格统一的标准，主要依据买卖双方达成的协议来确定。因此，无论采取何种方法确定并购目标方的价值，都会具有较强的主观性和一定时段的不可证实性，导致商誉未来的风险和收益难以被准确估计，加之市场上存在的非理性因素，投资者难免会对目标方公司的股票产生错误定价。

一方面，商誉资产的确认及后期的减值都依赖管理层的主观判断，而管理层也可能通过有倾向的职业判断对企业进行会计信息操控，从而降低企业的会计稳健性。拥有商誉的上市公司会计稳健性程度较弱（邢立全和陈汉文，2013），而会计稳健性越弱，公司的股票错误定价就越严重。研究发现，会计准则赋予管理层的主观判断越多，公司的会计稳健性会越低（周玮和吴联生，2015）。企业会计稳健性的主要特征是企业对坏消息的确认比对好消息的确认更加及时，体现了面对未知风险的谨慎和小心。在会计稳健性高的企业里，管理层更加注重企业的长期稳定发展，但是商誉资产的确认及后期的减值会降低

企业对未知风险的谨慎，导致企业会计信息的稳健性降低。根据代理理论，在企业并购活动中，管理层为了自身薪酬及社会地位等，可能接受高溢价的并购标的，造成企业确认超额商誉（韩宏稳等，2019）。还有研究发现，管理层的过度自信及自大特征会高估自身能力、低估并购风险，造成并购商誉虚高（李丹蒙，2018）。如果企业会计信息的稳健性较差，那么企业对好消息的确认将不再谨慎，好消息的不断传出会误导投资者对公司股票价格的判断，最终加剧股票错误定价。

另一方面，并购属于“利好”事件，投资者会对并购这一“利好”事件产生过度反应，主要表现在大量购买股票，在短期内推高股票价格，尤其是在投资者情绪高涨时，股票价格高估更为严重。已有研究表明，商誉在短期内具有价值相关性，但长期则不具备价值相关性。随着时间推移，并购热度减退，投资者的非理性情绪也会逐渐减弱，商誉信息融入股票价格，对股票错误定价的影响也逐渐降低。在企业发生并购的当年，如果采取的是溢价并购，则企业当年会出现新增商誉，投资者受情绪的影响，在新增商誉的当期更容易对并购过度解读，导致股票错误定价。存量商誉是企业经过多轮并购不断积累的结果，其中包含了大量的泡沫，因此股票价格中也必然有泡沫成分。适度的商誉可以通过协同效应促进企业的经营，但超额商誉往往成为企业经营负担（魏志华和朱彩云，2019）。我国股票市场的投机性交易特征很容易使投资者对并购事件过度反应，从而导致股票价格泡沫，当泡沫无法持续时，股票价格就会崩盘（杨威，2018）。超额商誉对上市公司来说更多是为了增加企业市值，意味着股票价格泡沫较大，而股票价格泡沫源于商誉资产降低了公司信息的透明程度，增加了上市公司与投资者之间信息不对称。

企业完成并购后，按照新会计准则的要求，需要每年对商誉金额进行减值测试，而不是采取类似无形资产的逐年摊销政策。减值测试的目的是对公司拥有的商誉进行评估，以确定是否存在减值风险。在每年年末，如果被并购方未达到预期的增值收益，并购方就需要对已确认的商誉资产进行减值处理。商誉减值意味着无法给企业带来预期收益，公司股票价格和股票收益率下跌，导致企业价值毁损。商誉减值也是学者关注的研究热点。公司并购时形成大额商誉，并购完成后计提大额商誉进行盈余管理。并购带来的“高估值、高承诺”造成公司商誉虚高，商誉减值积聚风险，商誉减值成为公司进行业绩操纵的工具之一。商誉操纵及后续减值会导致会计信息严重失真，干扰投资者做出正确决策，增加公司股票价格崩盘风险。此外，还有学者研究了商誉对股票收益波动率的影响。刘喜和等发现，高溢价并购导致公司产生负面效应，且溢价率越高，股票收益波动率越大，对所处行业其他公司股票的影响越大。有研究发现，公司在IPO上市后通常会进行大量并购活动，并出现大股东减持现象，且并购活动产生的商誉越高，大股东就越可能减持股份。尽管有研究认为商誉减值的动机是盈余管理，但商誉减值通常会伴随着公司业绩下滑。当公司处于盈利状态时，一旦发生商誉减值，会引发市场负面反应，投资者会产生消极情绪，且减值规模越大，影响越强。减值的负面消息进入股票市场会导致公司股票价格下跌，股票价格中被高估的部分减少，使得股票价格更接近于其内在价值。如果企业处于亏损状态，商誉减值对股票价格的低估影响会增强，这是因为亏损企业会通过计提商誉减值进行盈余管理或"洗大澡"①。因此，本研究认为，当商誉发生减值时，公司的负面消息释放到市场后，为投资者提供了增量信息，有助于股票价格回归价值，缓解股票错误定价。

商誉不仅促进了非制造业企业的盈利能力，还提升了其市场价值（Chauvin and Hirschey，1994），这充分说明了商誉资产具有价值相关性。Ross J 等（1996）、Dahmash（2009）也得出相同结论，即商誉显著影响企业市场价值。相关研究进一步发现，商誉摊销对公司的权益价值有较为重要的意义，然而如果净收益中将商誉摊销值删除，结果并不影响净收益效果，由此可以得出商誉具有价值相关性，但传达的信息有限。当然，商誉本身是对未观察到的经济价值的衡量，因此商誉越多，代表并购方的预期越高，也就是对会计业绩和市场业绩都有更高的促进（Chen et al.，2011）。研究发现，价值相关性并不是保持不变的，反而会随时间的变化而发生变化。在前人研究的基础上，Martin 等（2006）的进一步研究发现，商誉仅具有短期的价值相关性，而不具有长期的价值相关性，表明投资者进行的投资行为更倾向于投机性。我国学者杜兴强（2010）也得到了与前文一致的结论，且发现与固定资产和企业资产相比，商誉对企业权益价值的更高。钟翰（2012）的研究发现，商誉虽有价值相关性，但商誉中还含有一部分杂质，这部分杂质不具备获得超额收益的能力。对商誉价值相关性是否具有持续性的问题，郑海英等人（2014）研究发现商誉虽然能改善企业当期的业绩，但对企业未来的业绩不仅不会改善，甚至会减损，且还发现商誉在行业集中度低的并购中会显著降低企业绩效。研究发现，与现金支付相比，企业采取股权支付方式产生的商誉会更高，这种状况在中小板企业中更为突出，主要原因是由于股票的流动性比现金低（谢纪刚和张秋生，2013）。

① "洗大澡"亦称巨额注销，是指企业在特定年份对损失或费用的过度确认，这是收益平滑的手段之一。

傅超等（2016）研究发现，商誉对企业价值的影响并非线性的。例如，商誉在合理的范围内才能显著改善公司绩效；当商誉金额超过合理范围，将会减损企业绩效。与长期影响相比，商誉对短期内的企业绩效影响更显著，随着时间的推移，这种差别逐渐降低，表明至少在短期内，投资者会高估商誉的价值（冯科和杨威，2018）。

影响企业计提商誉价值的因素较多，主要因素有经济因素、盈余管理等。商誉减值存在经济因素（Jarva，2009）。并购溢价过高时会导致商誉减值（Gu，2011），同时公司业绩表现越好，商誉减值越低（Li，2011）。Fu 等（2013）得出相同的结论，即溢价带来商誉减值，商誉减值显著抑制公司股票价格。商誉减值向市场传递出公司盈利能力下降的信号，但减值信息在短时间内可能无法融入股票价格中。商誉减值意味着盈利能力降低（Li et al.，2010）。刘运国和邓颖瑜（2009）提出新会计准则关于商誉减值的规定抑制了上市公司的盈余管理行为。徐玉德等（2011），季盈（2014）发现商誉减值的主要原因是公司盈利能力下降，而非盈余管理。通过对比产权性质对商誉减值影响的差异，张丽达和冯均科（2016）研究了不同产权性质下的商誉减值情况，发现与非国有企业相比，国有企业受到的影响更显著，尤其是中央企业。盈余管理对商誉影响度研究，Lapointe 等（2008）研究发现管理层有计提大额商誉减值进行盈余平滑的动机。此外，Alve（2013）也证实了商誉减值与盈余管理呈显著正相关，即商誉减值额越大，管理层的盈余管理越严格。公司并购后发生亏损，管理层更容易计提大额减值，存在“洗大澡”的倾向（Majid，2015）。亏损企业计提商誉减值的可能性更大，也更可能利用商誉减值进行盈余管理（陆正华等，2010）。董晓洁（2014）、曲晓辉等（2016）的研究也证实了商誉减值是管理盈余平滑的手段。公司因素方面，研究发现较高的审计质量能够显著抑制商誉减值的盈余管理动机（曲晓辉等，2016）。综上，并购商誉会导致投资者情绪高涨，超额商誉带来的投资者非理性的提升可能会加剧公司股票价格高估。基于上述分析，提出本章的第三个假设：

*H*（5-3）：并购商誉会加剧股票错误定价。

### 5.2.4 并购溢价、企业并购与股票错误定价

并购溢价的产生源于不在统一控制下的企业并购活动，由于并购方支付了高于目标方企业市场价值的部分，形成了溢价并购。现有文献表明，并购中支付溢价现象较为普遍，溢价幅度差别较大。那么，并购方为什么愿意支付高额溢价进行收购呢？有学者认为，由于并购后会产生协同效应，意味着溢价部分

是为获得协同效应而提前付出的代价。鉴于此，我们认为并购溢价存在其合理性，实际上，并非所有的并购都存在协同效应，溢价的合理性是有一定的前提条件的，即：只有当并购后公司的效益大于并购前两个公司效益之和的情况下，才能产生协同效应。并购溢价产生的原因主要是并购方对目标方企业的预期值过高，溢价的高低取决于协同价值的高低。然而，在实际并购交易过程中协同效应价值却不易体现。一方面，我国证券市场并非完全有效，信息不对称较为严重，并购方难以详细了解目标方企业的详细情况，导致估值存在偏误，支付过高的溢价；另一方面，并购过程中通常会出现多个并购方，通过竞价获得目标方公司的股权，而并购方为获得股权而支付的价款往往会高于评估值，也就是支付了溢价。从我国的并购实践来看，并购交易存在着较高的风险，尤其是并购交易价格与账面价值之间出现较为严重的溢价时，更容易引发股票错误定价。从交易成本角度来看，高溢价收购带来的直接后果是目标方公司股票价格大涨，这必然会导致股票价格高估，造成股票错误定价。

我国A股上市公司近几年出现了高估值、高业绩承诺及高溢价的“三高”并购现象。并购中的高溢价是在考虑公司收购战略价值的基础上包含了对公司未来盈利能力和公司价值提升的预估。根据相关报道，近几年部分上市公司为迎合市场偏好并购题材主要集中在轻资产行业，如文化传媒、影视、互联网等行业，且多数为高溢价并购。这些热点题材并购市场反应良好，短期内能够推动股票价格上涨，投资者能获得显著累计超额收益。但由于我国资本市场机制不完善，信息不对称较为严重，并购方无法获取目标方的准确信息，造成对目标方估值不准确，从而支付过高溢价，给公司带来损失。此外，委托-代理问题也可能导致并购方管理层出于对自身利益考虑，倾向给予目标方较高的估值和支付过高溢价，向市场传递出积极信号，吸引投资者关注，借此达到短期内股票价格提升获取收益。从长期来看，由于并购方支付了过高的溢价，导致企业净现金流量减少，如果目标方股东业绩承诺无法兑现，造成公司利润降低，导致股票价格下降。基于以上分析，提出本章的第四个假设：

*H*（5-4）：并购溢价会加剧股票错误定价。

## 5.3 研究设计和数据来源

### 5.3.1 数据来源

选取我国沪深A股上市公司2007—2019年的数据作为研究的初始样本，并对样本进行了如下筛选：①剔除ST以及*ST类上市公司；②剔除金融业、保险业、证券业、银行业的上市公司；③剔除相关数据缺失样本；④剔除上市时间不足两年的公司。⑤3 年内同一公司发生多次并购的，仅保留金额最大的并购样本；⑥保留交易地位是并购方的样本，经上述样本处理共获得 3 348 个样本。最后为消除极端值对结果的影响，对所有连续变量进行了 1%和 99%水平下的缩尾处理（winsorize）。企业并购模式、支付方式数据来自万得（Wind）数据库，并购商誉及溢价等财务数据来自 CSMAR 数据库，数据处理分析使用 Stata16.0 操作完成。

## 5.3.2 变量定义

### 5.3.2.1 被解释变量

被解释变量是股票错误定价（*Deviation*）。*V* 表示股票的内在价值，*P* 代表的股票的市场价格，采用 $Deviation=|1-V/P|$，以衡量公司股票市场价值对内在价值的绝对偏离程度。

### 5.3.2.2 解释变量

（1）并购模式（*Model*）。参考王生年和魏春燕（2014）的研究，若目标方公司所处行业与并购方公司所处行业不一致，为多元化并购，*Model* 取值为 1；否则为 0。

（2）支付方式（*Cpr*）。参照周菊和陈欣（2019）的研究，将现金支付比例来衡量 *Cpr*，数据从万得（Wind）数据库下载并通过手工整理而成。在并购支付过程中，有一定比例的企业采用的是现金和股票相结合的混合支付方式进行支付，因此采用现金支付比例可以更清楚地观测到企业倾向于采用何种支付手段。

（3）并购商誉。借鉴杨威等（2018）的做法，设置了两个关于并购商誉的衡量变量，分别是：①经总资产调整的存量商誉（$Sy\_z$），即商誉净额/总资产；②经总资产调整的新增商誉（$Syadd\_z$），即新增商誉/总资产。

（4）并购溢价（*Pre*）。借鉴唐宗明和蒋位（2002）的做法，鉴于我国资本市场的特殊情况，将净资产作为对并购溢价标准化的测量基准，计算公式为：并购溢价（*Pre*）=（交易总价－交易标的净资产）/交易标的的净资产。

### 5.3.2.3 控制变量

参考游家兴和吴静（2012）、王生年和王松鹤（2018）、王生年和宋媛媛（2018）等人的研究成果，选取了可能对股票错误定价产生显著影响的因素，主要是与公司特征相关的变量，由于公司特征对市场与股票内在价值的估值影响较大，进而影响了公司股票的错误定价水平。主要控制变量为企业规模（*Size*）、资产负债率（*Lev*）、上市时间（*Age*）、成长性（*Growth*）、账面市值比（*BM*）、盈利能力（*Roa*）、董事会规模（*Board*）、独立董事占比（*Indratio*）作为控制变量，除此之外，还设置了年度和行业虚拟变量，具体见表5-1。

**表5-1 主要变量定义**

| 变量类型 | 变量符号 | 变量名称 | 计量方法 |
|---|---|---|---|
| 被解释变量 | *Deviation* | 股票错误定价 | $Deviation = \mid 1 - V/P \mid$ |
| 解释变量 | *Model* | 并购模式 | 虚拟变量，多元化并购时取值为1，否则为0 |
| | *Cpr* | 支付方式 | 现金支付比例 |
| | *Sy_z* | 并购商誉（存量商誉） | 商誉净额/总资产 |
| | *Syadd_z* | 新增商誉 | 新增商誉/总资产 |
| | *Pre* | 并购溢价 | （交易总价－交易目标方的净资产）/交易目标方的净资产 |
| 控制变量 | *Size* | 企业规模 | ln（总资产） |
| | *Lev* | 资产负债率 | 负债总额/年末资产总额 |
| | *Age* | 上市时间 | ln（上市时间） |
| | *Growth* | 成长性 | 销售收入的增长率 |
| | *BM* | 账面市值比 | 总资产/市值 |
| | *Roa* | 盈利能力 | 净利润/总资产平均余额 |
| | *Board* | 董事会规模 | 董事会总人数的自然对数 |
| | *Indratio* | 独立董事占比 | 独立董事占董事会人数比例 |
| | *Industry* | 所处行业 | 行业虚拟变量 |
| | *Year* | 所在年度 | 年度虚拟变量 |

# 5.4 实证结果与分析

## 5.4.1 描述性统计

从表5-2的描述性统计可得，被解释变量（*Deviation*）的均值为0.589，标准差为0.306，中位数为0.592，最大值为3.283，表明中国企业普遍存在股票价格高估现象，且样本间存在较大的差异性。并购模式（*Model*）的均值为0.881，表明全样本组中有88.1%的样本发生了多元化并购；标准差为0.479，表明样本间存在较大差异。支付方式（*Cpr*）的均值为0.817，表明样本中采用现金支付的样本占 81.7%；中位数为 1，标准差为 0.356，意味着样本间的差异较大。并购商誉（*Sy _ z*）的均值为 0.023，大于其中位数 0.001，标准差为 0.066，表明商誉在上市公司中分布并不均衡。并购溢价（*Pre*）的均值为 0.679，表明中国企业溢价并购情况较为普遍；标准差为 2.556，说明企业间并购溢价情况差异较大。

**表 5-2 变量的描述性统计**

| 变量 | 样本量 | 均值 | 标准差 | 中位数 | 最小值 | 最大值 |
|---|---|---|---|---|---|---|
| *Deviation* | 3 348 | 0.589 | 0.306 | 0.592 | 0.019 | 3.283 |
| *Model* | 3 348 | 0.881 | 0.479 | 0.000 | 0.000 | 1.000 |
| *Cpr* | 3 348 | 0.817 | 0.356 | 1.000 | 0.000 | 1.000 |
| *Sy _ z* | 3 348 | 0.023 | 0.068 | 0.001 | 0.000 | 0.831 |
| *Pre* | 3 348 | 0.679 | 2.556 | 0.000 | 0.000 | 19.342 |
| *Size* | 3 348 | 22.38 | 1.291 | 22.20 | 20.12 | 26.43 |
| *Lev* | 3 348 | 0.427 | 0.196 | 0.421 | 0.056 | 0.842 |
| *Age* | 3 348 | 2.343 | 0.607 | 2.485 | 1.099 | 3.258 |
| *Growth* | 3 348 | 0.162 | 0.309 | 0.111 | −0.398 | 1.837 |
| *BM* | 3 348 | 1.082 | 1.113 | 0.709 | 0.111 | 6.649 |
| *Roa* | 3 348 | 0.057 | 0.045 | 0.045 | 0.002 | 0.228 |
| *Board* | 3 348 | 2.269 | 0.176 | 2.303 | 1.792 | 2.773 |
| *Indratio* | 3 348 | 0.373 | 0.054 | 0.333 | 0.333 | 0.571 |

### 5.4.2 并购模式、企业并购与股票错误定价

根据目标方公司与并购方公司所处行业是否一致进行衡量。当双方所处行业不一致的情况下定义为多元化并购，*Model* 取值为 1；否则为 0。再按照式（4-3）的回归模型进行回归，来检验并购模式对股票错误定价的影响，回归结果见表 5-3。从结果中可以看出，并购模式（*Model*）的回归系数在列（1）和列（2）（即全样本组和股票价格高估组）中均在 10%的水平下显著为正，而在列（3）股票价格低估组中，回归系数为负但不显著。以上结果说明了多元化并购加剧股票错误定价主要体现在对股票价格高估方面，而对股票价格低估则没有影响，验证了本章的第一个假设 *H*（5-1）。

表 5-3 并购模式与股票错误定价的回归结果

| 变 量 | Deviation | | |
|---|---|---|---|
| | (1) | (2) | (3) |
| | 全样本组 | 股票价格高估组 | 股票价格低估组 |
| *Model* | 0.017* | 0.022* | −0.035 |
| | (1.882) | (1.888) | (−0.520) |
| *Size* | −0.039*** | −0.044*** | 0.069*** |
| | (−5.529) | (−8.274) | (3.081) |
| *Lev* | −0.016 | 0.007 | 1.312*** |
| | (−0.407) | (0.235) | (6.254) |
| *Age* | −0.013 | −0.022*** | 0.029 |
| | (−1.596) | (−3.627) | (0.794) |
| *Growth* | 0.017 | 0.023** | 0.053 |
| | (1.417) | (2.422) | (0.866) |
| *BM* | 0.038*** | −0.061*** | 0.024 |
| | (4.031) | (−4.905) | (1.446) |
| *Roa* | −0.626*** | −1.597*** | 4.868*** |
| | (−3.976) | (−12.819) | (7.317) |
| *Board* | 0.061 | 0.036 | 0.027 |
| | (1.536) | (1.224) | (0.210) |
| *Indratio* | 0.207* | 0.207** | −0.633 |
| | (1.703) | (2.193) | (−1.460) |
| 常数项 | 1.217*** | 1.556*** | −2.875*** |
| | (6.810) | (11.596) | (−4.487) |
| *Industry/Year* | Yes | Yes | Yes |
| *N* | 3 348 | 2 812 | 536 |
| *Adj*-$R^2$ | 0.120 | 0.351 | 0.309 |

注：①括号内数值为 *T* 统计量。

②***、**和*分别表示在1%、5%和10%的水平下显著。

### 5.4.3 支付方式、企业并购与股票错误定价

参照周菊和陈欣（2019）的方法，支付方式（*Cpr*）用现金支付比例来衡量，数据从万得（Wind）数据库下载并通过手工整理而成。由于并购支付过

程中有一定比例的企业采用的是现金和股票结合的混合支付方式进行支付，因此，采用现金支付比例可以更清楚地观测到企业倾向于采用何种支付手段。按照式（4-3）的回归模型进行回归，用来检验支付方式对股票错误定价的影响。回归结果见表5-4，从列（1）、列（2）中可以看出，支付方式（*Cpr*）与股票错误定价的回归系数在全样本组和股票价格高估组分别在10%、5%的水平下显著为负，表明现金支付比例越高，对股票价格高估的缓解效果越显著；列（3）股票价格低估组中系数为正但不显著，说明现金支付对股票价格低估的影响不显著。以上结果说明了现金支付比例缓解股票错误定价主要体现在对股票价格高估方面，而对低估则没有影响，验证了本章的第二个假设*H*（5-2）。可能的原因是中国股票市场普遍存在股票价格高估现象，而现金支付能够降低并购方现金持有水平，减少自由现金流，有效缓解代理冲突，减少代理成本，提高公司内部治理，从而缓解股票价格高估。

**表5-4　支付方式与股票错误定价的回归结果**

| 变量 | *Deviation* | | |
|---|---|---|---|
| | (1) | (2) | (3) |
| | 全样本组 | 股票价格高估组 | 股票价格低估组 |
| *Cpr* | −0.028* | −0.030** | 0.026 |
| | (−1.871) | (−2.470) | (0.354) |
| *Size* | −0.043*** | −0.032*** | 0.070*** |
| | (−6.440) | (−6.014) | (3.101) |
| *Lev* | −0.040 | −0.002 | 1.313*** |
| | (−1.067) | (−0.055) | (6.262) |
| *Age* | −0.032*** | −0.028*** | 0.029 |
| | (−4.327) | (−5.025) | (0.790) |
| *Growth* | 0.029** | 0.042*** | 0.051 |
| | (2.445) | (4.354) | (0.829) |
| *BM* | 0.036*** | −0.088*** | 0.024 |
| | (4.064) | (−6.668) | (1.437) |
| *Roa* | −0.669*** | −1.656*** | 4.863*** |
| | (−4.201) | (−12.986) | (7.290) |
| *Board* | 0.060 | 0.018 | 0.028 |
| | (1.502) | (0.572) | (0.215) |

（续）

| 变 量 | *Deviation* | | |
|---|---|---|---|
| | (1) | (2) | (3) |
| | 全样本组 | 股票价格高估组 | 股票价格低估组 |
| *Indratio* | 0.220* | 0.245** | −0.633 |
| | (1.759) | (2.475) | (−1.459) |
| 常数项 | 1.365*** | 1.422*** | −2.903*** |
| | (7.860) | (11.007) | (−4.498) |
| *Industry/Year* | Yes | Yes | Yes |
| *N* | 3 348 | 2 812 | 536 |
| $Adj-R^2$ | 0.098 | 0.223 | 0.309 |

注：①括号内数值为 *T* 统计量。

②***、**和*分别表示在1%、5%和10%的水平下显著。

### 5.4.4 并购商誉、企业并购与股票错误定价

按照并购商誉净值与总资产的比值对并购商誉进行标准化处理，并购商誉用存量商誉 *Sy_z* 表示。按照式（4-3）的回归模型进行回归，用来检验存量商誉对股票错误定价的影响。结果见表5-5，从表中可以看出，存量商誉对股票错误定价的回归系数在列（1）和列（2）（即全样本组和股票价格高估组）中的回归系数均在1%水平下显著为正，说明商誉加剧了股票错误定价，且商誉规模越大，股票价格被高估的程度越严重。在列（3）股票价格低估组中回归系数为负但不显著，表明商誉对股票价格低估没有显著的影响。以上分析表明，并购商誉加剧股票错误定价主要体现在对股票价格高估方面，而对股票价格低估则没有影响，本章的第三个假设 *H*（5-3）得到验证。

**表5-5 并购商誉与股票错误定价的回归结果**

| 变 量 | *Deviation* | | |
|---|---|---|---|
| | (1) | (2) | (3) |
| | 全样本组 | 股票价格高估组 | 股票价格低估组 |
| *Sy_z* | 0.159*** | 0.193*** | −0.124 |
| | (4.900) | (6.973) | (−0.550) |
| *Size* | −0.033*** | −0.037*** | 0.078*** |
| | (−9.115) | (−13.091) | (7.085) |

（续）

| 变　量 | Deviation | | |
|---|---|---|---|
| | (1) | (2) | (3) |
| | 全样本组 | 股票价格高估组 | 股票价格低估组 |
| *Lev* | −0.109*** | −0.019 | 0.530*** |
| | (−5.936) | (−1.310) | (6.300) |
| *Age* | −0.010** | −0.009*** | 0.048*** |
| | (−2.218) | (−2.726) | (2.621) |
| *Growth* | 0.014* | 0.005 | 0.034 |
| | (1.761) | (0.868) | (1.039) |
| *BM* | 0.045*** | −0.068*** | 0.056*** |
| | (8.031) | (−11.118) | (5.671) |
| *Roa* | −0.900*** | −1.784*** | 4.334*** |
| | (−11.843) | (−29.096) | (13.014) |
| *Board* | −0.002 | −0.016 | 0.064 |
| | (−0.104) | (−1.158) | (1.104) |
| *Indratio* | 0.226*** | 0.192*** | 0.081 |
| | (4.084) | (4.480) | (0.402) |
| 常数项 | 1.402*** | 1.664*** | −3.153*** |
| | (17.430) | (26.266) | (−11.353) |
| *Industry/Year* | Yes | Yes | Yes |
| *N* | 3 348 | 2 812 | 536 |
| $Adj-R^2$ | 0.108 | 0.300 | 0.315 |

注：①括号内数值为 *T* 统计量。

②***、**和*分别表示在1%、5%和10%的水平下显著。

由于企业计提商誉后，在后期会进行计提商誉减值准备，因此存量商誉（*Sy_z*）未包含企业所有商誉的信息。为此我们再用新增商誉（*Syadd_z*）进一步衡量商誉对股票错误定价的影响。用新增商誉（*Syadd_z*）/总资产对新增商誉进行标准化处理，然后按照式（4-3）的回归模型进行回归，用来检验新增商誉对股票错误定价的影响。回归结果见表5-6，从列（1）、列（2）可以看出新增商誉加剧了股票错误定价，新增商誉规模越大，股票价格被高估的程度越严重。新增商誉在列（3）股票价格低估组中系数在1%的水平下显著为负，说明新增商誉规模的增加缓解了股票价格低估。主要原因是高溢价并购形成的商誉中包含了不合理的成分（也就是被高估的部分），导致股票价格偏高，因此股票价格低估组的股票价格也会上涨，使得低估的股票价格接近或高于其内在价值，即新增商誉能够缓解股票价格低估。综上所述，新增商誉加剧了股票错误定价，且高商誉的公司股票价格被严重高估，本章的第三个假设 $H$（5-3）得到验证。

**表 5-6 新增商誉与股票错误定价的回归结果**

| 变量 | *Deviation* | | |
|---|---|---|---|
| | (1) | (2) | (3) |
| | 全样本组 | 股票价格高估组 | 股票价格低估组 |
| *Syadd_z* | 0.018*** | 0.019*** | −0.083*** |
| | (3.035) | (4.002) | (−3.527) |
| *Size* | −0.036*** | −0.038*** | 0.084*** |
| | (−9.656) | (−13.274) | (7.468) |
| *Lev* | −0.133*** | −0.028* | 0.553*** |
| | (−7.319) | (−1.879) | (6.600) |
| *Age* | −0.012*** | −0.010*** | 0.048*** |
| | (−2.923) | (−2.877) | (2.687) |
| *Growth* | 0.029*** | 0.011* | 0.033 |
| | (3.760) | (1.894) | (0.994) |
| *BM* | 0.041*** | −0.068*** | 0.056*** |
| | (7.399) | (−11.251) | (5.640) |
| *Roa* | −0.948*** | −1.806*** | 4.378*** |
| | (−12.686) | (−29.434) | (13.224) |
| *Board* | −0.004 | −0.018 | 0.059 |
| | (−0.252) | (−1.316) | (1.027) |
| *Indratio* | 0.279*** | 0.193*** | 0.067 |
| | (5.021) | (4.514) | (0.332) |
| 常数项 | 1.356*** | 1.682*** | −3.225*** |
| | (16.981) | (26.467) | (−11.604) |
| *Industry/Year* | Yes | Yes | Yes |
| *N* | 3 348 | 2 812 | 536 |
| $Adj-R^2$ | 0.088 | 0.299 | 0.319 |

注：①括号内数值为 $T$ 统计量。

②*** 和 * 分别表示在 1%和 10%的水平下显著。

### 5.4.5 并购溢价、企业并购与股票错误定价

借鉴唐宗明和蒋位（2002）的做法，将净资产作为对并购溢价标准化的测量基准，计算公式为：并购溢价（*Pre*）＝（交易总价－交易目标方的净资产）/交易目标方的净资产。按照式（4－3）的回归模型进行回归，用来检验并购溢价对股票错误定价的影响，结果见表5－7。从列（1）、列（2）中可以看出，并购溢价组对股票错误定价的回归系数在全样本组和股票价格高估组中均在1%水平下显著为正，说明并购溢价加剧了股票错误定价，且溢价程度越高，股票价格被高估的程度越严重。并购溢价在列（3）股票价格低估组中的回归系数为负但不显著，表明并购溢价对股票错误定价的影响主要表现在对股票价格高估的影响，而对低估并没有加剧作用。本章的第四个假设 *H*（5－4）得到验证。

**表5－7 并购溢价与股票错误定价的回归结果**

| 变 量 | *Deviation* | | |
|---|---|---|---|
| | （1） | （2） | （3） |
| | 全样本组 | 股票价格高估组 | 股票价格低估组 |
| *Pre* | 0.230*** | 0.182*** | －0.120 |
| | （7.635） | （7.013） | （－0.548） |
| *Size* | －0.035*** | －0.037*** | 0.078*** |
| | （－9.491） | （－13.106） | （7.085） |
| *Lev* | －0.121*** | －0.019 | 0.530*** |
| | （－6.634） | （－1.273） | （6.296） |
| *Age* | －0.011** | －0.010*** | 0.048*** |
| | （－2.558） | （－2.752） | （2.622） |
| *Growth* | 0.021*** | 0.005 | 0.034 |
| | （2.701） | （0.872） | （1.038） |
| *BM* | 0.041*** | －0.068*** | 0.056*** |
| | （7.542） | （－11.125） | （5.672） |
| *Roa* | －0.921*** | －1.783*** | 4.333*** |
| | （－12.345） | （－29.071） | （13.015） |
| *Board* | －0.002 | －0.016 | 0.064 |
| | （－0.106） | （－1.168） | （1.105） |

（续）

| 变　量 | *Deviation* | | |
|---|---|---|---|
| | (1) | (2) | (3) |
| | 全样本组 | 股票价格高估组 | 股票价格低估组 |
| *Indratio* | 0.278*** | 0.192*** | 0.081 |
| | (5.007) | (4.488) | (0.402) |
| 常数项 | 1.328*** | 1.665*** | −3.153*** |
| | (16.675) | (26.284) | (−11.353) |
| *Industry/Year* | Yes | Yes | Yes |
| *N* | 3 348 | 2 812 | 536 |
| $Adj\text{-}R^2$ | 0.096 | 0.313 | 0.231 |

注：①括号内数值为 *T* 统计量。

② *** 和 ** 分别表示在 1%和 5%的水平下显著。

# 5.5　稳健性检验

## 5.5.1　替代被解释变量

借鉴 Myers（1999）的研究，本研究采用相对估值法，直接利用公司财务数据估算公司内在价值 $V$，再计算股票错误定价程度（$MB$），$MB=|1-V/P|$，$P$ 为公司股票当年度交易日股票收盘价的平均值。当 $MB$ 越大，表明股票错误定价程度越高。从表 5-8、表 5-9、表 5-10 和表 5-11 的列（1）、列（2）、列（3）可知，在替换了被解释变量后，结果与主回归一致，表明结果依然稳健。

**表 5-8　并购模式与股票错误定价程度（替代被解释变量）的回归结果**

| 变　量 | *MB* | | |
|---|---|---|---|
| | (1) | (2) | (3) |
| | 全样本组 | 股票价格高估组 | 股票价格低估组 |
| *Model* | 0.017* | 0.085*** | −0.043 |
| | (1.884) | (2.61) | (−1.103) |
| *Size* | 0.114*** | 0.044*** | 0.107*** |
| | (9.869) | (8.271) | (3.597) |

（续）

| 变　量 | MB | | |
|---|---|---|---|
| | (1) | (2) | (3) |
| | 全样本组 | 股票价格高估组 | 股票价格低估组 |
| *Lev* | 0.139*** | −0.007 | 1.641*** |
| | (2.654) | (−0.235) | (5.911) |
| *Age* | 0.050*** | 0.022*** | 0.017 |
| | (4.041) | (3.628) | (0.364) |
| *Growth* | −0.045** | −0.023** | 0.093 |
| | (−2.536) | (−2.423) | (1.075) |
| *BM* | 0.136*** | 0.061*** | 0.030 |
| | (9.521) | (4.906) | (1.418) |
| *Roa* | 3.481*** | 1.597*** | 6.261*** |
| | (15.343) | (12.819) | (6.795) |
| *Board* | 0.037 | −0.036 | 0.050 |
| | (0.655) | (−1.222) | (0.303) |
| *Indratio* | −0.028 | −0.207** | −0.048 |
| | (−0.141) | (−2.194) | (−0.072) |
| 常数项 | −2.638*** | −0.556*** | −3.454*** |
| | (−8.786) | (−4.144) | (−3.718) |
| *Industry/Year* | Yes | Yes | Yes |
| *N* | 3 348 | 2 812 | 536 |
| $Adj-R^2$ | 0.334 | 0.351 | 0.295 |

注：①括号内数值为 *T* 统计量。

②***和**分别表示在1%和5%的水平下显著。

**表 5-9　支付方式与股票错误定价程度（替代被解释变量）的回归结果**

| 变　量 | MB | | |
|---|---|---|---|
| | (1) | (2) | (3) |
| | 全样本组 | 股票价格高估组 | 股票价格低估组 |
| *Cpr* | −0.013* | −0.030** | 0.023 |
| | (0.177) | (2.472) | (0.223) |
| *Size* | 0.115*** | 0.032*** | 0.108*** |
| | (9.660) | (6.012) | (3.614) |

（续）

| 变量 | MB | | |
|---|---|---|---|
| | (1) | (2) | (3) |
| | 全样本组 | 股票价格高估组 | 股票价格低估组 |
| *Lev* | 0.172*** | 0.002 | 1.642*** |
| | (3.292) | (0.054) | (5.918) |
| *Age* | 0.044*** | 0.028*** | 0.017 |
| | (3.511) | (5.026) | (0.361) |
| *Growth* | −0.088*** | −0.042*** | 0.091 |
| | (−4.751) | (−4.356) | (1.048) |
| *BM* | 0.149*** | 0.088*** | 0.030 |
| | (10.508) | (6.669) | (1.412) |
| *Roa* | 3.357*** | 1.656*** | 6.257*** |
| | (13.998) | (12.986) | (6.776) |
| *Board* | 0.014 | −0.018 | 0.051 |
| | (0.240) | (−0.572) | (0.307) |
| *Indratio* | −0.145 | −0.246** | −0.049 |
| | (−0.676) | (−2.476) | (−0.072) |
| 常数项 | 0.003 | 0.030** | 0.023 |
| | (0.137) | (2.472) | (0.223) |
| *Industry/Year* | Yes | Yes | Yes |
| *N* | 3 348 | 2 812 | 536 |
| $Adj\text{-}R^2$ | 0.203 | 0.223 | 0.295 |

注：①括号内数值为 *T* 统计量。

② *** 和 ** 分别表示在 1%和 5%的水平下显著。

**表 5-10 并购商誉与股票错误定价程度（替代被解释变量）的回归结果**

| 变量 | MB | | |
|---|---|---|---|
| | (1) | (2) | (3) |
| | 全样本组 | 股票价格高估组 | 股票价格低估组 |
| *Sy_z* | 0.194*** | 0.382*** | −0.293 |
| | (6.984) | (8.464) | (−1.050) |

（续）

| 变　量 | MB | | |
|---|---|---|---|
| | (1) | (2) | (3) |
| | 全样本组 | 股票价格高估组 | 股票价格低估组 |
| *Size* | 0.098*** | 0.038*** | 0.092*** |
| | (15.910) | (13.007) | (5.985) |
| *Lev* | 0.040 | 0.019 | 0.696*** |
| | (1.577) | (1.309) | (6.008) |
| *Age* | 0.029*** | 0.009*** | 0.012 |
| | (4.393) | (2.720) | (0.480) |
| *Growth* | −0.009 | −0.005 | 0.034 |
| | (−0.785) | (−0.853) | (0.814) |
| *BM* | 0.152*** | 0.067*** | 0.060*** |
| | (16.905) | (10.668) | (4.385) |
| *Roa* | 3.478*** | 1.782*** | 4.854*** |
| | (30.004) | (28.856) | (10.048) |
| *Board* | 0.037 | 0.016 | 0.139 |
| | (1.444) | (1.168) | (1.612) |
| *Indratio* | −0.177** | −0.192*** | 0.541* |
| | (−2.143) | (−4.482) | (1.652) |
| 常数项 | −2.318*** | −0.667*** | −2.963*** |
| | (−16.446) | (−10.439) | (−6.980) |
| *Industry/Year* | Yes | Yes | Yes |
| *N* | 3 348 | 2 812 | 536 |
| $Adj-R^2$ | 0.235 | 0.299 | 0.225 |

注：①括号内数值为 *T* 统计量。

②***、**和*分别表示在1%、5%和10%的水平下显著。

**表 5-11　并购溢价与股票错误定价程度（替代被解释变量）的回归结果**

| 变　量 | MB | | |
|---|---|---|---|
| | (1) | (2) | (3) |
| | 全样本组 | 股票价格高估组 | 股票价格低估组 |
| *Pre* | 0.493*** | 0.183*** | −0.283 |
| | (11.523) | (7.024) | (−1.041) |

（续）

| 变 量 | MB | | |
|---|---|---|---|
| | (1) | (2) | (3) |
| | 全样本组 | 股票价格高估组 | 股票价格低估组 |
| *Size* | 0.112*** | 0.038*** | 0.092*** |
| | (16.199) | (13.021) | (5.985) |
| *Lev* | 0.067*** | 0.019 | 0.696*** |
| | (2.652) | (1.272) | (6.004) |
| *Age* | 0.022*** | 0.010*** | 0.012 |
| | (3.411) | (2.746) | (0.481) |
| *Growth* | −0.013 | −0.005 | 0.034 |
| | (−1.050) | (−0.857) | (0.813) |
| *BM* | 0.161*** | 0.067*** | 0.060*** |
| | (17.493) | (10.675) | (4.386) |
| *Roa* | 3.375*** | 1.781*** | 4.854*** |
| | (28.714) | (28.831) | (10.047) |
| *Board* | 0.040 | 0.016 | 0.139 |
| | (1.541) | (1.178) | (1.614) |
| *Indratio* | −0.276*** | −0.193*** | 0.541* |
| | (−3.304) | (−4.490) | (1.652) |
| 常数项 | −2.521*** | −0.668*** | −2.963*** |
| | (−15.907) | (−10.456) | (−6.980) |
| *Industry/Year* | Yes | Yes | Yes |
| *N* | 3 348 | 2 812 | 536 |
| $Adj-R^2$ | 0.214 | 0.273 | 0.261 |

注：①括号内数值为 *T* 统计量。

②*** 和 * 分别表示在 1%和 10%的水平下显著。

### 5.5.2 倾向得分匹配

为避免由于企业并购活动可能存在的非随机干预导致的内生性问题，采用倾向得分匹配（PSM）法进行了内生性检验。对式（4－3）的回归模型而言，以企业规模（*Size*）、资产负债率（*Lev*）、上市时间（*Age*）、成长性（*Growth*）、账面市值比（*BM*）、盈利能力（*Roa*）为协变量，以企业是否发生多元化并购（*Deviation*）为因变量，借鉴 Abdie 等（2004）的做法，采用 1∶1 比例的最邻近匹配法，最终经过选择，与完成并购事件的上市公司的 3 348 条数据匹配到 2 006 条数据。使用匹配后的样本按照式（4－3）进行回归，结果见表 5－12、表 5－13、表 5－14 和表 5－15。经过 PSM 匹配后，在控制了行业和年度虚拟变量，结论与主回归结果一致，证明实证检验部分的结论稳健有效。

**表 5－12　并购模式与股票错误定价的 PSM 检验结果**

| 变　量 | *Deviation* | | |
|---|---|---|---|
| | (1) | (2) | (3) |
| | 全样本组 | 股票价格高估组 | 股票价格低估组 |
| *Model* | 0.016* | 0.019* | −0.022 |
| | (1.73) | (1.98) | (−0.31) |
| *Size* | −0.036*** | −0.040*** | 0.104** |
| | (−3.90) | (−5.27) | (2.46) |
| *Lev* | −0.029 | 0.050 | 0.911*** |
| | (−0.71) | (1.35) | (2.75) |
| *Age* | −0.014 | −0.020*** | 0.128** |
| | (−1.48) | (−2.79) | (2.26) |
| *Growth* | 0.007 | 0.018* | −0.009 |
| | (0.55) | (1.69) | (−0.12) |
| *BM* | 0.026* | −0.093*** | 0.046 |
| | (1.82) | (−4.11) | (1.37) |
| *Roa* | −0.951*** | −1.743*** | 4.458*** |
| | (−5.70) | (−12.17) | (4.92) |
| *Board* | 0.020 | 0.027 | 0.046 |
| | (0.45) | (0.80) | (0.20) |
| *Indratio* | 0.193 | 0.223** | −0.534 |
| | (1.47) | (2.09) | (−0.81) |
| 常数项 | 1.253*** | 1.426*** | −3.296*** |
| | (6.07) | (8.41) | (−3.45) |
| *Industry/Year* | Yes | Yes | Yes |
| *N* | 5 354 | 4 766 | 588 |
| $Adj-R^2$ | 0.159 | 0.372 | 0.279 |

注：①括号内数值为 *T* 统计量。

② ***、** 和 * 分别表示在 1%、5%和 10%的水平下显著。

**表 5-13 支付方式与股票错误定价的 PSM 检验结果**

| 变 量 | *Deviation* | | |
|---|---|---|---|
| | (1) | (2) | (3) |
| | 全样本组 | 股票价格高估组 | 股票价格低估组 |
| *Cpr* | −0.020* | −0.022* | 0.059 |
| | (−1.74) | (−1.87) | (0.76) |
| *Size* | −0.039*** | −0.045*** | 0.069*** |
| | (−5.42) | (−8.13) | (3.06) |
| *Lev* | 0.002 | 0.014 | 1.349*** |
| | (0.06) | (0.43) | (6.24) |
| *Age* | −0.015* | −0.023*** | 0.025 |
| | (−1.67) | (−3.57) | (0.67) |
| *Growth* | 0.018 | 0.023** | 0.064 |
| | (1.35) | (2.19) | (0.98) |
| *BM* | 0.039*** | −0.059*** | 0.023 |
| | (4.09) | (−4.74) | (1.38) |
| *Roa* | −0.545*** | −1.556*** | 5.049*** |
| | (−3.25) | (−11.77) | (7.44) |
| *Board* | 0.069* | 0.043 | 0.054 |
| | (1.69) | (1.43) | (0.42) |
| *Indratio* | 0.233* | 0.233** | −0.552 |
| | (1.83) | (2.37) | (−1.27) |
| 常数项 | 1.241*** | 1.601*** | −3.108*** |
| | (6.74) | (11.64) | (−4.70) |
| *Industry/Year* | Yes | Yes | Yes |
| *N* | 5 354 | 4 766 | 588 |
| *Adj*-$R^2$ | 0.112 | 0.341 | 0.315 |

注：①括号内数值为 *T* 统计量。

②***、**和*分别表示在1%、5%和10%的水平下显著。

**表 5-14 并购商誉与股票错误定价的 PSM 检验结果**

| 变 量 | *Deviation* | | |
|---|---|---|---|
| | (1) | (2) | (3) |
| | 全样本组 | 股票价格高估组 | 股票价格低估组 |
| *Sy_z* | 0.160*** | 0.181*** | −0.056 |
| | (4.88) | (6.44) | (−0.25) |

（续）

| 变量 | Deviation | | |
|---|---|---|---|
| | (1) | (2) | (3) |
| | 全样本组 | 股票价格高估组 | 股票价格低估组 |
| *Size* | −0.031*** | −0.037*** | 0.079*** |
| | (−7.70) | (−12.06) | (6.76) |
| *Lev* | −0.122*** | −0.020 | 0.525*** |
| | (−6.00) | (−1.25) | (5.85) |
| *Age* | −0.013*** | −0.013*** | 0.068*** |
| | (−2.62) | (−3.42) | (3.68) |
| *Growth* | 0.016* | 0.008 | 0.023 |
| | (1.88) | (1.25) | (0.69) |
| *BM* | 0.047*** | −0.064*** | 0.056*** |
| | (8.20) | (−10.15) | (5.53) |
| *Roa* | −0.783*** | −1.742*** | 4.396*** |
| | (−9.39) | (−26.68) | (12.59) |
| *Board* | 0.004 | −0.018 | 0.079 |
| | (0.23) | (−1.21) | (1.32) |
| *Indratio* | 0.239*** | 0.203*** | 0.089 |
| | (3.96) | (4.32) | (0.43) |
| 常数项 | 1.327*** | 1.662*** | −3.213*** |
| | (14.98) | (23.97) | (−11.18) |
| *Industry/Year* | Yes | Yes | Yes |
| *N* | 5 354 | 4 766 | 588 |
| $Adj-R^2$ | 0.135 | 0.302 | 0.317 |

注：①括号内数值为 *T* 统计量。

② *** 和 * 分别表示在 1%和 10%的水平下显著。

**表 5-15 并购溢价与股票错误定价的 PSM 检验结果**

| 变量 | Deviation | | |
|---|---|---|---|
| | (1) | (2) | (3) |
| | 全样本组 | 股票价格高估组 | 股票价格低估组 |
| *Pre* | 0.149*** | 0.165*** | −0.048 |
| | (4.84) | (6.26) | (−0.22) |

（续）

| 变 量 | Deviation | | |
|---|---|---|---|
| | (1) | (2) | (3) |
| | 全样本组 | 股票价格高估组 | 股票价格低估组 |
| *Size* | −0.030*** | −0.037*** | 0.076*** |
| | (−7.41) | (−11.54) | (6.45) |
| *Lev* | −0.124*** | −0.026 | 0.513*** |
| | (−5.96) | (−1.52) | (5.71) |
| *Age* | −0.015*** | −0.013*** | 0.061*** |
| | (−3.00) | (−3.48) | (3.26) |
| *Growth* | 0.024*** | 0.011* | 0.052 |
| | (2.80) | (1.75) | (1.49) |
| *BM* | 0.048*** | −0.063*** | 0.054*** |
| | (8.11) | (−9.73) | (5.29) |
| *Roa* | −0.767*** | −1.701*** | 4.309*** |
| | (−9.11) | (−25.31) | (12.16) |
| *Board* | 0.003 | −0.007 | 0.037 |
| | (0.15) | (−0.49) | (0.61) |
| *Indratio* | 0.231*** | 0.226*** | 0.006 |
| | (3.77) | (4.74) | (0.03) |
| 常数项 | 1.333*** | 1.573*** | −3.100*** |
| | (14.77) | (21.63) | (−10.37) |
| *Industry/Year* | Yes | Yes | Yes |
| *N* | 5 354 | 4 766 | 588 |
| $Adj\text{-}R^2$ | 0.110 | 0.308 | 0.317 |

注：①括号内数值为 *T* 统计量。

② *** 和 * 分别表示在 1%和 10%的水平下显著。

### 5.5.3 改变样本区间

为了排除强监管政策可能对本研究结果的干扰，借鉴现有文献的做法，剔除强监管期的样本，将剔除 2015 年和 2016 年样本之后的数据重新进行回归，结果如表 5-16、表 5-17、表 5-18 和表 5-19 所示，在剔除强监管期数据的影响后，结论与前文基准回归一致，说明在控制干扰因素后，结论依然稳健。

**表 5-16　并购模式（改变样本区间）与股票错误定价的回归结果**

| 变量 | Deviation | | |
|---|---|---|---|
| | (1) | (2) | (3) |
| | 全样本组 | 股票价格高估组 | 股票价格低估组 |
| *Model* | 0.018* | 0.024* | −0.007 |
| | (1.666) | (1.670) | (−0.107) |
| *Size* | −0.037*** | −0.045*** | 0.070*** |
| | (−4.858) | (−7.897) | (3.064) |
| *Lev* | −0.011 | 0.017 | 1.334*** |
| | (−0.249) | (0.484) | (6.277) |
| *Age* | −0.002 | −0.016** | 0.032 |
| | (−0.271) | (−2.326) | (0.865) |
| *Growth* | 0.013 | 0.025** | 0.043 |
| | (0.970) | (2.315) | (0.722) |
| *BM* | 0.037*** | −0.063*** | 0.025 |
| | (3.785) | (−4.708) | (1.485) |
| *Roa* | −0.495*** | −1.571*** | 5.068*** |
| | (−2.823) | (−11.055) | (7.531) |
| *Board* | 0.089** | 0.061* | 0.020 |
| | (2.018) | (1.839) | (0.151) |
| *Indratio* | 0.314** | 0.312*** | −0.536 |
| | (2.329) | (2.961) | (−1.225) |
| 常数项 | 1.053*** | 1.464*** | −2.933*** |
| | (5.504) | (10.170) | (−4.558) |
| *Industry/Year* | Yes | Yes | Yes |
| *N* | 2 564 | 2 083 | 481 |
| *Adj*-$R^2$ | 0.086 | 0.306 | 0.315 |

注：①括号内数值为 *T* 统计量。

②***、**和*分别表示在1%、5%和10%的水平下显著。

**表 5-17　支付方式（改变样本区间）与股票错误定价的回归结果**

| 变量 | Deviation | | |
|---|---|---|---|
| | (1) | (2) | (3) |
| | 全样本组 | 股票价格高估组 | 股票价格低估组 |
| *Cpr* | −0.032* | −0.034* | −0.009 |
| | (−1.857) | (−1.926) | (−0.089) |

（续）

| 变　量 | *Deviation* | | |
|---|---|---|---|
| | (1) | (2) | (3) |
| | 全样本组 | 股票价格高估组 | 股票价格低估组 |
| *Size* | −0.040*** | −0.040*** | 0.070*** |
| | (−5.637) | (−7.115) | (3.082) |
| *Lev* | −0.022 | 0.009 | 1.336*** |
| | (−0.519) | (0.243) | (6.285) |
| *Age* | −0.026*** | −0.028*** | 0.032 |
| | (−3.167) | (−4.520) | (0.859) |
| *Growth* | 0.024* | 0.045*** | 0.041 |
| | (1.740) | (4.045) | (0.676) |
| *BM* | 0.036*** | −0.072*** | 0.025 |
| | (3.935) | (−5.468) | (1.476) |
| *Roa* | −0.512*** | −1.531*** | 5.063*** |
| | (−2.856) | (−10.704) | (7.507) |
| *Board* | 0.078* | 0.059* | 0.020 |
| | (1.751) | (1.707) | (0.151) |
| *Indratio* | 0.337** | 0.368*** | −0.538 |
| | (2.425) | (3.354) | (−1.228) |
| 常数项 | 1.227*** | 1.409*** | −2.924*** |
| | (6.543) | (10.205) | (−4.516) |
| *Industry/Year* | Yes | Yes | Yes |
| *N* | 2 564 | 2 083 | 481 |
| $Adj-R^2$ | 0.164 | 0.206 | 0.326 |

注：①括号内数值为 *T* 统计量。

②***和*分别表示在1%和10%的水平下显著。

**表5-18　并购商誉（改变样本区间）与股票错误定价的回归结果**

| 变　量 | *Deviation* | | |
|---|---|---|---|
| | (1) | (2) | (3) |
| | 全样本组 | 股票价格高估组 | 股票价格低估组 |
| *Sy_z* | 0.135*** | 0.200*** | −0.154 |
| | (3.511) | (6.174) | (−0.682) |

（续）

| 变 量 | *Deviation* | | |
|---|---|---|---|
| | (1) | (2) | (3) |
| | 全样本组 | 股票价格高估组 | 股票价格低估组 |
| *Size* | −0.029*** | −0.037*** | 0.079*** |
| | (−7.337) | (−12.030) | (7.041) |
| *Lev* | −0.118*** | −0.022 0 | 0.522*** |
| | (−5.875) | (−1.368) | (6.086) |
| *Age* | −0.005 | −0.007* | 0.049*** |
| | (−1.105) | (−1.700) | (2.683) |
| *Growth* | 0.008 | 0.002 | 0.026 |
| | (0.962) | (0.294) | (0.779) |
| *BM* | 0.047*** | −0.066*** | 0.057*** |
| | (8.262) | (−10.046) | (5.762) |
| *Roa* | −0.789*** | −1.744*** | 4.398*** |
| | (−9.583) | (−25.943) | (12.980) |
| *Board* | −0.003 | −0.018 | 0.063 |
| | (−0.149) | (−1.216) | (1.060) |
| *Indratio* | 0.261*** | 0.224*** | 0.122 |
| | (4.347) | (4.797) | (0.598) |
| 常数项 | 1.308*** | 1.646*** | −3.179*** |
| | (14.834) | (23.945) | (−11.345) |
| *Industry/Year* | Yes | Yes | Yes |
| *N* | 2 564 | 2 083 | 481 |
| $Adj\text{-}R^2$ | 0.178 | 0.251 | 0.314 |

注：①括号内数值为 *T* 统计量。

② *** 和 * 分别表示在 1%和 10%的水平下显著。

**表 5－19　并购溢价（改变样本区间）与股票错误定价的回归结果**

| 变 量 | *Deviation* | | |
|---|---|---|---|
| | (1) | (2) | (3) |
| | 全样本组 | 股票价格高估组 | 股票价格低估组 |
| *Pre* | 0.011* | 0.017*** | −0.094*** |
| | (1.697) | (3.243) | (−3.928) |

（续）

| 变 量 | *Deviation* | | |
|---|---|---|---|
| | (1) | (2) | (3) |
| | 全样本组 | 股票价格高估组 | 股票价格低估组 |
| *Size* | −0.031*** | −0.038*** | 0.085*** |
| | (−7.718) | (−12.173) | (7.484) |
| *Lev* | −0.136*** | −0.030* | 0.548*** |
| | (−6.870) | (−1.869) | (6.422) |
| *Age* | −0.009* | −0.007* | 0.049*** |
| | (−1.861) | (−1.822) | (2.761) |
| *Growth* | 0.021** | 0.007 | 0.023 |
| | (2.447) | (1.128) | (0.707) |
| *BM* | 0.044*** | −0.067*** | 0.057*** |
| | (7.798) | (−10.170) | (5.739) |
| *Roa* | −0.833*** | −1.764*** | 4.457*** |
| | (−10.272) | (−26.213) | (13.253) |
| *Board* | −0.005 | −0.020 | 0.057 |
| | (−0.290) | (−1.356) | (0.971) |
| *Indratio* | 0.316*** | 0.226*** | 0.106 |
| | (5.234) | (4.832) | (0.522) |
| 常数项 | 1.244*** | 1.662*** | −3.277*** |
| | (14.243) | (24.125) | (−11.700) |
| *Industry/Year* | Yes | Yes | Yes |
| *N* | 2 564 | 2 083 | 481 |
| $Adj\text{-}R^2$ | 0.129 | 0.249 | 0.321 |

注：①括号内数值为 *T* 统计量。

② ***、** 和 * 分别表示在 1%、5%和 10%的水平下显著。

## 5.6 本章小结

本章基于行为金融学中的投资者有限理性理论和信息不对称理论，在考察投资者情绪和信息透明度对股票错误定价产生影响的基础上，重点分析并购方式对企业并购与股票错误定价关系的调节作用，即回答了采用多元化并购、现金支付方式、并购商誉、并购溢价是否加剧了企业并购对股票错误定价的影响这一问题。企业并购方式的异质性也是影响企业并购与股票错误定价考虑的重要因素。

本章结合并购方式的特质，考察了不同并购模式、支付方式、并购商誉及并购溢价对股票错误定价的影响。按照并购模式的不同，分为多元化并购和相关性并购；按照并购方支付方式的不同，分为现金支付和股权支付；按照并购方是否产生商誉，分为有商誉和无商誉并购；按照溢价高低，分为高溢价和低溢价并购。在此基础上研究并购方式异质性对股票错误定价的影响。理论分析包括：①投资者情绪对股票错误定价的影响。行为金融学的投资者有限理性理论认为，在投资者情绪乐观时倾向买入股票，信号传递效应下往往产生“羊群效应”，短期内对股票造成向上的价格压力，从而引发股票价格不断上涨，股票价格被高估的可能性增大。②信息不对称对股票错误定价的影响。上市公司盈余信息质量并非完美，企业并购进一步强化了管理层的盈余管理行为，信息不对称加剧了投资者情绪对企业并购与股票错误定价的影响。

实证检验部分，以2007—2019年沪深两市A股上市公司为样本，利用剩余收益模型计算上市公司股票内在价值，并构建股票错误定价变量，以市场价格与内在价值的偏离程度来度量股票错误定价。分别用并购模式、支付方式、并购溢价及并购商誉与股票错误定价进行回归分析。回归结果表明，当企业选择多元化并购模式、高商誉、高溢价并购时，对股票错误定价的影响更显著；企业并购选择现金支付方式，能够抑制股票错误定价。可能的原因如下：多元化并购面临更大的信息不对称，对目标方的估值偏差更大。并购方采取现金支付方式时，一方面，通过现金支付缓解代理冲突，降低代理成本，发挥自由现金流的内部治理效应，推动股票价格回归其内在价值；另一方面，通过信号传递效应，增加分析师跟踪，有助于缓解投资者由信息不对称导致的羊群效应，进而减轻市场交易行为导致的股票价格高估，抑制股票错误定价。商誉资产的确认及后期的减值降低企业的信息透明度，同时也降低了会计稳健性。如果企业的会计信息稳健性较差，那么企业对好消息的确认将不再谨慎，好消息的不断传出会误导投资者对企业未来价值的判断，造成股票价格的波动。高溢价并购增加了并购成本，给企业带来损失，原因可能是对目标方的估值不准确，也可能是代理问题。管理层出于对自身利益的考虑，倾向给予目标方较高的估值和支付过高溢价，向市场传递出积极信号，吸引投资者关注，借此在短期内提升股票价格以获取收益，同时也强化了股票错误定价。

本章的政策启示在于：企业应发展战略需要而进行并购时，不仅需要考虑公司所处的外部环境，还应该考虑并购中的各环节的属性，从而利用并购给企业带来的优势增加企业的市场竞争力。企业应根据自身实际情况选择适合企业发展的并购方式，稳中求进，而非盲目并购。并购支付方式的选择关系到并购活动能否成功，企业根据自身财务状况，采取合适的现金支付比例，既能缓解代理问题，又能避免高溢价、高商誉给企业带来沉重负担。

# 第 6 章
# 外部治理、企业并购与股票错误定价

## 6.1 引言

现代企业最明显的特征是两权分离，即所有权和经营权分离。两权分离给公司的发展带来了一定的影响，由此出现了委托-代理问题。而解决这种企业所有者与经营者之间、控股股东与中小股东之间的委托-代理矛盾的办法是加强企业的信息披露、提高公司信息透明度，从而缓解这种由于委托-代理问题造成的信息不对称现象。由此可以看出，公司的信息透明度至关重要。我国企业的信息透明度有待提高。针对这一现状，各类监管制度在不断修订和逐步完善中，尤其是有关上市公司并购重组的制度。例如，证监会颁布的《上市公司收购管理办法》先后经历了 5 次修订，以增强上市公司会计信息质量。上市公司信息披露方面存在的主要问题包括：在企业并购过程中，为向投资者传递有利于企业及其股票价格的信息，企业经理人可能有选择地披露信息，或者不充分、不及时地披露信息，从而加剧了股票错误定价；上市公司发布并购公告，引发投资者对公司的盈利预期增大，促进公司股票价格短期内出现大幅上涨，干扰投资者对股票价值做出正确判断，导致股票价格偏离其基本价值。由此可以看出，企业并购既降低了上市公司自身的信息透明度，又引发了投资者的非理性投资行为，从而造成股票错误定价。而提高信息透明度和引导投资者理性投资，不仅和上市公司内部的因素有关，还会受到上市公司外部因素尤其是外部治理监督作用的影响，从而可能缓解企业并购对股票错误定价的负面影响。

公司外部治理机制被定义为用来维护公司生产经营中各环节正常运行的基本的法律、社会和政治规则。我国证券市场经过 30 多年的发展，外部治理也在不断规范，随着互联网的普及，网络媒体、证券分析师、机构投资者、审计师等外部力量迅速强大起来，其作用愈来愈重要。在当前资本市场上，公司外部治理能够通过监督角色和提高公司的信息透明度来增加投资者对公司更全面、更完整的认知。公司外部治理有助于投资者参与公司的股票交易，主要表现在以下两个方面：一方面，投资者较为依赖审计师、证券分析师和媒体发布的报告来获取上市公司的信息，并根据获取到的信息对公司未来股票价格做出判断；另一方面，上市公司也希望凭借审计师、分析师和媒体来扩大自身在投资者中的认知度。分析师访问是获取公司信息的重要途径，而媒体报道会影响公司的信息环境，可以极大地减少信息搜索的整合。此外，这些中介机构也会影响企业的决策，例如通过引导投资者的判断来影响企业的决策（He and Tian，2013；Merkley et al.，2017）。综上所述，审计质量、媒体关注和分析师关注能够在改善信息环境和引导投资者理性投资方面发挥着关键的作用。那么，作为公司外部治理机制，这三者能否提高上市公司的信息透明度以及引导投资者理性投资，从而影响企业并购与股票错误定价的关系呢？

对上述问题的思考，本章选取我国沪深 A 股上市公司 2007—2019 年的数据作为研究的初始样本，深入探讨了审计质量、媒体关注以及分析师关注这 3 个典型的外部治理机制对企业并购与股票错误定价关系的影响，从而试图解答如下问题：①高审计质量对企业并购与股票错误定价关系产生何种影响？②媒体关注对企业并购与股票错误定价关系产生何种影响？③分析师关注对企业并购与股票错误定价关系产生何种影响？本章探究媒体、审计师、证券分析师等外部治理的中介机构对企业并购与股票错误定价的影响，以及它们在降低信息不对称、提高资本配置效率、稳定资本市场等方面发挥的重要作用，并为企业提升内部治理水平、减少盈余操纵、稳定资本市场等方面提供相关建议。

## 6.2 理论分析与研究假设

强有效的外部监督能够提高公司治理水平、提高公司信息透明度并引导投资者理性投资，进而缓解企业并购对股票错误定价的影响。本节接下来从审计质量、媒体关注、分析师关注 3 个角度考察企业并购对股票错误定价的调节作用。

### 6.2.1 审计质量、企业并购与股票错误定价

第三方对企业进行的审计工作是一种重要的公司外部治理机制，外部审计能够协助股东有效约束经理人的机会主义行为。但是，外部治理作用的发挥，不仅需要审计师有重视审计质量的意愿，还要求外部审计师具备一定的专业知识和判断能力。目前，国际四大会计师事务所（普华永道、安永、毕马威、德

勒）是社会认可度较高的会计师事务所，与国内普通的事务所相比，国际四大会计师事务所在某一个或几个行业具备较高水平的专业技能、专业经验及判断能力，这也是其具备较高审计能力的重要体现（宋常等，2016）。现有文献指出，具备行业专长的审计师能提高上市公司会计信息质量，不仅能规范所审计公司的信息披露、提高公司会计信息的透明度，而且能够抑制管理层的盈余管理行为（Krishnan，2003；Goodwin et al.，2014），从而缓解企业并购对股票错误定价的正向影响。具体理论分析如下：

首先，国际四大会计师事务所的审计能够提高所审计公司的信息透明度，从而缓解企业并购对股票错误定价的正向影响。国际四大会计师事务所的审计师具备较强的专业知识和判断力，他们通过长期的审计工作，积累了较为丰富的对特定客户的认知，能够提高审计的精确性，提升审计质量（Reichel et al.，2010），因此他们更容易发现管理层隐藏坏消息的行为，也能够积极发挥出外部治理功能，并对管理层及时披露负面信息提出要求。当前，我国资本市场的现状是对投资者的保护水平较低，且缺乏集体诉讼等法制保护手段。在这种状况下，上市公司聘请具备行业专长的审计师进行审计，能够提高审计质量。此外，具有审计专长的审计师能够更好地发现和识别隐藏在上市公司内部的"坏消息"，在一定程度上提高了被审计公司的会计信息质量，也提高了公司的信息透明度（宋献中和禹天寒，2017）。基于审计风险控制和声誉原则，具备行业专长的审计师在识别错报之后，往往能够采取积极的措施，不仅能够抑制管理层操纵信息和隐藏坏消息的机会主义行为，而且能迫使企业及时披露坏消息，从而缓解信息不对称现象（王生年等，2018）。因此，审计师的行业专长有助于提升其审计服务质量、提高上市公司的信息透明度，从而降低企业并购时对股票错误定价的影响。

其次，国际四大会计师事务所的审计监督功能能够抑制企业并购中的盈余管理行为，从而缓解企业并购对股票错误定价的正向影响。从审计监督的角度来看，当审计师所服务的上市公司接连因为盈余管理等违规行为受处罚时，审计师作为公司外部治理重要的参与者及信息的鉴证者，也会受到连带诉讼的风险。为降低风险，审计师有动机提高审计质量，积极发挥其外部治理功能，因此能够抑制管理层盈余管理等的机会主义行为。研究发现具有行业专长的审计师能够降低被审计公司的盈余操纵行为，因此聘请具有行业专长审计师的公司，其盈余质量也会更高（Krishnan，2003）。Balsam 等（2003）采用可操控盈余和盈余反应系数来衡量盈余质量，在控制审计师品牌的情况下，得出与未聘请具有行业专长审计师的公司相比，聘请具有行业专长审计师的公司的盈余质量明显更高的结论（李思飞等，2014）。相较于行业内大部分审计师，国际四大会计师事务所的审计师对行业风险的识别、判断更准确及时，对政策的掌握更深刻，对行业存在问题通常有更加准确的判断，从而能够更及时、更精准地识别和纠正管理层的不当行为（宋常等，2016）。因此，国际四大会计师事务所的审计质量较高，能够抑制企业管理层的盈余管理行为，从而降低企业并购时对股票错误定价的影响。

综合上述分析，本研究用是否由四大会计师事务所进行审计来衡量审计质量，是表示审计质量较高，否则表示审计质量较低。高质量的审计既有助于降低信息不对称，又有助于抑制企业并购时盈余管理行为，从而缓解了企业并购对股票错误定价的正向影响。因此，提出本章的第一个假设：

$H$（6-1）：较高的审计质量能缓解企业并购对股票错误定价的影响。

### 6.2.2 媒体关注、企业并购与股票错误定价

媒体是传递信息的中介，帮助投资者获取上市公司的相关信息。随着互联网的发展，媒体的形式也在发生转变，由报纸、杂志、电视转变为网络媒体，由于网络媒体传播范围广、速度快，操作便利，投资者通过网络搜索，能较容易地获取到所需要的信息，现在越来越受到投资者的欢迎。而媒体关注通过信息传播中介、声誉机制以及引导投资者的投资理性，可以对企业并购与股票错误定价的关系产生影响，具体理论分析如下：

首先，媒体关注既有助于降低信息不对称，又有助于抑制企业并购时的盈余管理行为，从而缓解了企业并购对股票错误定价的正向影响。一方面，媒体关注发挥信息传播作用，降低了市场上的信息不对称程度。媒体作为信息的中介对信息具有传递和解读作用，媒体对资本市场上的信息进行一系列的加工、整合、处理和包装，使投资者通过搜集有关公司、行业和市场方面的新闻信息来了解和预测公司的现状和未来，提高了公司的信息透明度。同时，信息劣势群体能够免费获取到公司信息，这既能削弱知情交易者的信息优势，又能降低利益相关者获取信息的成本。因此，媒体关注发挥的信息传播作用，在一定程度上能够提高上市公司的信息透明度，从而降低企业并购时对股票错误定价的影响。另一方面，媒体关注通过声誉机制抑制了企业并购时的盈余管理行为。媒体报道会对上市公司形成“蝴蝶效应”，随着报道数量的增多，就会有更多的违规、违法行为被曝光。一旦违规、违法行为被曝光，上市公司管理层会受到声誉受损，投资者将会降低对上市公司的信任。研究发现，媒体关注对公司违规行为发挥出监督作用，公司的媒体关注度越高，其违规行为发生的概率越

低（周开国等，2016）。媒体的这一监督作用会随着时间的推移逐步增强，并且公司的违规现象越严重，媒体发挥的监督作用就越显著。研究还发现，媒体的监督作用能够抑制公司管理层的盈余管理行为，在约束公司盈余管理行为方面，媒体监督与法律机制具有替代效应（陈克兢，2017）。因此，媒体关注形成的声誉机制能够抑制企业并购时的盈余管理行为，从而降低了企业并购时对股票错误定价的影响。

其次，媒体关注有助于降低外部投资者的非理性投资行为，从而缓解企业并购对股票错误定价的正向影响。媒体通过新闻活动深入调查分析，从管理者、分析师和其他市场参与者等渠道收集各种信息，因而能给投资者提供额外的信息（Drake et al.，2014）。而且，媒体报道提高了信息的可靠性。Dyck 和 Zingales（2003）、Kothari 等（2009）指出，与其他资本市场中介相比，媒体能够提供更为中立、可靠的信息。Odean（1999）、Barber 和 Odean（2008）的研究证实媒体报道作为信息的载体不仅影响了投资者对信息的获取，还通过对投资者注意力的影响而影响了投资者行为。因此，媒体报道的中立、可靠的信息可以对投资者的非理性行为产生影响，从而降低了企业并购时对股票错误定价的影响。

综合上述分析，较高媒体关注既有助于降低信息不对称，又有助于降低投资者的非理性投资行为，从而缓解了企业并购对股票错误定价的正向影响。综上所述，提出本章的第二个假设：

*H*（6－2）：较高的媒体关注度能缓解企业并购对股票错误定价的影响。

### 6.2.3 分析师关注、企业并购与股票错误定价

证券分析师是资本市场的监督者，其主要职能是搜集上市公司的各类信息，并对收集到的信息进行加工处理和分析，做出对上市公司经营情况及盈余的预测，并对公司未来股票价格为投资者提供建议和评级。因此，分析师具有的信息中介作用和监督治理作用可以对企业并购与股票错误定价的关系产生影响，具体理论分析如下：

首先，分析师跟踪能够降低上市公司与外部投资者之间的信息不对称，提高公司信息透明度，从而缓解企业并购对股票错误定价的正向影响。一方面，分析师能够发挥信息中介作用，提高上市公司的信息透明度。作为上市公司与投资者之间信息传递和解读的中介，分析师能够从多种渠道收集公司相关的信息，对未公开的信息进行深入挖掘，并基于其专业背景知识进行对收集和挖掘的信息进行整合和分析，以便于向投资者传递出更为及时、清

晰、全面的有用信息，从而缓解信息不对称情况，分析师对上市公司的信息披露起到补充作用（Frankel and Li，2004；薛祖云和王冲，2011）。综上分析可知，分析师具有信息传递和解读的功能，能够改善所跟踪上市公司的信息透明度，因此能够缓解企业并购时对股票错误定价的影响。另一方面，分析师还能够发挥外部监督治理作用，在一定程度上抑制了企业并购时的违法违规行为。分析师不仅对上市公司进行持续跟踪，对管理层形成监督压力，而且分析师具备专业知识背景、丰富的经验和强大的财务分析能力，因此，公司的分析师关注度越高，其管理层盈余操纵行为越可能被识别。研究发现分析师跟踪增加了管理层盈余操纵及机会主义行为的成本，分析师跟踪能够有效降低盈余管理行为，公司的分析师关注越多，盈余管理程度越低。知名券商的分析师，尤其是经验丰富的首席分析师，对盈余管理的抑制作用更为显著（Yu，2008）。国内学者也有相同的发现，即分析师对公司外部监督管理起到重要作用，其追踪人数越多，越能抑制公司的盈余管理行为（于忠泊和叶琼燕，2011）。因此，分析师具有的监督治理作用可以减少企业并购时的盈余管理行为，从而降低了股票错误定价的风险。由此可见，分析师既能够发挥信息中介作用，改善了上市公司的信息透明度，又能够发挥监督治理作用，抑制了企业并购时的盈余管理行为，从而缓解了企业并购对股票错误定价的正向影响。

其次，分析师关注有助于降低投资者的非理性投资行为，从而缓解企业并购对股票错误定价的正向影响。Exchange（2010）对个人投资者进行调查，发现较高比例的散户投资者的投资决策是依据分析师的建议做出的。原因在于：一方面，分析师可以通过和企业管理层沟通从而获取部分私有信息；另一方面，分析师能够深入地解读复杂的财务报告等文件，从中提取出准确且有价值的信息，从而能够帮助投资者深入解读宏观经济形势和公司特有信息（Brown et al.，1987；徐细雄等，2020）。此外，随着更多的分析师对公司股票进行报道，提高了公司股票的可见度（朱红军等，2007），从而可能提高公众对相关公司包括企业并购活动等行为的认识。由此可见，分析师获取信息的能力、专业解读能力以及提高对企业并购活动的认识使得其能够引导投资者理性投资，提高对上市公司股票价值的正确认识，从而有助于改善企业并购对股票错误定价的影响。

综合上述分析，较高的分析师关注度既有助于减少信息不对称，又有助于降低投资者的非理性投资行为，从而缓解了企业并购对股票错误定价的正向影响。鉴于上述分析，提出本章的第三个假设：

*H*（6－3）：较高的分析师关注度能缓解企业并购对股票错误定价的影响。

# 6.3 研究设计和数据来源

## 6.3.1 数据来源

选取我国沪深A股上市公司2007—2019年的数据作为研究的初始样本，并对样本进行了如下筛选：①剔除ST以及*ST类上市公司；②剔除金融业、保险业、证券业、银行业的上市公司；③剔除相关数据缺失样本；④剔除上市时间不足两年的公司；⑤3年内同一公司发生多次并购的，仅保留金额最大的并购样本；⑥保留交易地位是并购方的样本，经上述样本处理共获得17 352个样本。最后为消除极端值对结果的影响，对所有连续变量进行了1%和99%水平下的缩尾处理（winsorize）。企业并购数据来自万得（Wind）数据库，财务数据来自CSMAR数据库，数据处理分析使用Stata16.0操作完成。

## 6.3.2 变量定义

### 6.3.2.1 被解释变量

被解释变量是股票错误定价（*Deviation*），*V*表示股票的内在价值，*P*代表的股票的市场价格，采用$Deviation=|1-V/P|$，用来衡量公司股票市场价值对内在价值的绝对偏离程度。

### 6.3.2.2 解释变量

（1）审计质量。借鉴易颜新等（2022）的做法，审计质量（*AQ*）采用企业是否聘用国际四大会计师事务所审计的虚拟变量来表示，当企业接受国际四大会计师事务所的审计时为1，否则为0。

（2）媒体关注。借鉴权小峰和吴世农（2010）的做法，媒体关注（*Media*）以公司当年被新闻媒体报道的数量加1后取自然对数来衡量。公司被媒体报道的数量为通过百度搜索引擎检索到的标题中含有该公司名称的新闻条目数。将搜索到的新闻媒体报道数量加1后取对数，用以衡量媒体关注度。

（3）分析师关注。分析师关注（*Analyst*）采用分析师跟踪的人数来衡量。借鉴许年行等（2013），潘越等（2011）的方法，分析师跟踪人数用分析师跟踪人数的自然对数衡量。分析师跟踪人数是指在某个年份跟进同一家上市公司并提供盈余预测的分析师数量。分析师跟踪人数越多，代表分析师关注度越高。

#### 6.3.2.3 控制变量

主要控制变量为企业规模（*Size*）、资产负债率（*Lev*）、上市时间（*Age*）、成长性（*Growth*）、账面市值比（*BM*）、盈利能力（*Roa*）、董事会规模（*Board*）、独立董事占比（*Indratio*），除此之外，还设置了行业和年度虚拟变量，具体见表6-1。

表6-1 主要变量的定义

| 变量类型 | 变量符号 | 变量名称 | 计量方法 |
|---|---|---|---|
| 被解释变量 | *Deviation* | 股票错误定价 | $Deviation=\|1-V/P\|$ |
| 解释变量 | *AQ* | 审计质量 | 是否聘用国际四大会计师事务所进行审计，是为1，否为0 |
| | *Media* | 媒体关注 | 公司当年被新闻媒体报道数量加1后取自然对数 |
| | *Analyst* | 分析师关注 | 分析师跟踪人数的自然对数 |
| 控制变量 | *Size* | 企业规模 | ln（总资产） |
| | *Lev* | 资产负债率 | 负债总额/年末总资产 |
| | *Age* | 上市时间 | ln（上市时间） |
| | *Growth* | 成长性 | 销售收入增长率 |
| | *BM* | 账面市值比 | 总资产/市值 |
| | *Roa* | 盈利能力 | 净利润/总资产平均余额 |
| | *Board* | 董事会规模 | ln（董事会总人数） |
| | *Indratio* | 独立董事占比 | 独立董事占董事会人数比例 |
| | *Industry* | 所处行业 | 行业虚拟变量 |
| | *Year* | 所在年度 | 年度虚拟变量 |

## 6.4 实证结果与分析

### 6.4.1 描述性统计

表6-2列示了变量的描述性统计情况，被解释变量股票错误定价（*Deviation*）的均值为0.566，中位数为0.549，最大值为1.752，表明我国企业普遍存在股票价格高估现象，且企业之间存在较大的差异；*Deviation* 的标准差为0.306。所有样本中发生并购（*MA*）的样本占19.3%，表明我国企业并购较为频繁；并购的中位数为0，标准差为0.377，说明并购在各企业间存在较大差异。*Lev* 的均值为0.427，表示上市公司平均资产负债率为42.7%；中位

数为 0.421，最大值为 0.842，最小值为 0.056，说明上市公司的资产负债率较为适中。

**表 6－2　变量的描述性统计**

| 变　量 | 样本量 | 均值 | 标准差 | 中位数 | 最小值 | 最大值 |
|---|---|---|---|---|---|---|
| *Deviation* | 17 352 | 0.566 | 0.306 | 0.549 | 0.015 | 1.752 |
| *MA* | 17 352 | 0.193 | 0.377 | 0.000 | 0.000 | 1.000 |
| *AQ* | 17 352 | 0.235 | 0.239 | 0.0683 | 0.000 | 1.000 |
| *Media* | 17 352 | 3.025 | 1.286 | 3.091 | 0.000 | 7.367 |
| *Analyst* | 17 352 | 2.051 | 0.959 | 1.856 | 0.000 | 3.217 |
| *Size* | 17 352 | 22.38 | 1.291 | 22.20 | 20.12 | 26.43 |
| *Lev* | 17 352 | 0.427 | 0.196 | 0.421 | 0.056 | 0.842 |
| *Age* | 17 352 | 2.343 | 0.607 | 2.485 | 1.099 | 3.258 |
| *Growth* | 17 352 | 0.162 | 0.309 | 0.111 | −0.398 | 1.837 |
| *BM* | 17 352 | 1.082 | 1.113 | 0.709 | 0.111 | 6.649 |
| *Roa* | 17 352 | 0.057 | 0.045 | 0.045 | 0.002 | 0.228 |
| *Board* | 17 352 | 2.269 | 0.176 | 2.303 | 1.792 | 2.773 |
| *Indratio* | 17 352 | 0.373 | 0.054 | 0.333 | 0.333 | 0.571 |

### 6.4.2　审计质量、企业并购与股票错误定价

为检验审计质量对企业并购和股票错误定价关系的影响，首先，根据是否由国际四大会计师事务所审计将样本分为审计质量较高组和审计质量较低组。全样本组中，聘用国际四大会计师事务所审计的样本为 4 338 个，聘用其他会计师事务所审计的样本为 13 014 个。其次，将分组后的样本按照式（4－3）进行回归，回归结果见表 6－3。从表 6－3 中可以看出，在审计质量较高组中，*MA* 与 *Deviation* 在全样本组和股票价格高估组的回归系数分别为−0.014 和−0.041，至少通过了 10%的显著性检验；而在审计质量较低组中，*MA* 与 *Deviation* 在全样本组和股票价格高估组的回归系数虽然通过显著性检验，但显著为正，表明审计质量较低会加剧股票错误定价。实证回归结果表明高质量的审计有助于降低信息不对称及抑制企业并购时的盈余管理行为，从而缓解企业并购对股票错误定价的正向影响，验证了本章的第一个假设 *H*（6－1）。

**表 6-3 审计质量与股票错误定价的回归结果**

| 变量 | Deviation | | | | | |
|---|---|---|---|---|---|---|
| | (1) | (2) | (3) | (4) | (5) | (6) |
| | 审计质量较高组 | | | 审计质量较低组 | | |
| | 全样本组 | 股票价格高估组 | 股票价格低估组 | 全样本组 | 股票价格高估组 | 股票价格低估组 |
| *MA* | −0.014* | −0.041** | −0.191 | 0.224* | 0.385*** | −0.252 |
| | (−1.699) | (−1.978) | (−0.137) | (1.688) | (3.848) | (−0.654) |
| *Size* | −0.038*** | −0.033*** | 0.095* | −0.028*** | −0.036*** | 0.088*** |
| | (−5.663) | (−5.121) | (1.743) | (−2.848) | (−5.697) | (3.420) |
| *Lev* | 0.017 | −0.013 | 0.709 | −0.132** | −0.021 | 0.318 |
| | (0.449) | (−0.388) | (1.536) | (−2.550) | (−0.571) | (1.470) |
| *Age* | −0.031*** | −0.022*** | −0.065 | 0.002 | −0.019** | 0.165*** |
| | (−3.475) | (−2.666) | (−0.486) | (0.208) | (−2.075) | (4.241) |
| *Growth* | 0.001*** | 0.001*** | 0.526*** | 0.013*** | 0.006** | 0.007* |
| | (3.964) | (4.197) | (3.201) | (5.239) | (2.039) | (1.694) |
| *BM* | −0.073*** | −0.085*** | −0.004 | 0.057*** | −0.067*** | 0.054*** |
| | (−5.720) | (−6.918) | (−0.048) | (4.425) | (−4.829) | (2.724) |
| *Roa* | −1.807*** | −1.852*** | 1.717 | −0.326* | −1.772*** | 4.056*** |
| | (−11.092) | (−11.352) | (1.257) | (−1.662) | (−8.349) | (4.899) |
| *Board* | −0.007 | −0.018 | −0.153 | 0.057 | 0.006 | 0.445*** |
| | (−0.193) | (−0.533) | (−0.689) | (1.239) | (0.195) | (3.191) |
| *Indratio* | 0.021 | 0.023 | −2.268* | 0.224* | 0.385*** | −0.252 |
| | (0.207) | (0.242) | (−2.018) | (1.688) | (3.848) | (−0.654) |
| 常数项 | −2.084*** | 1.375*** | −0.699 | 0.848*** | 1.138*** | −3.191*** |
| | (−5.135) | (7.888) | (−0.431) | (3.794) | (7.954) | (−4.617) |
| *Industry/Year* | Yes | Yes | Yes | Yes | Yes | Yes |
| *N* | 4 338 | 3 817 | 521 | 13 014 | 11 452 | 1 562 |
| *Adj*-$R^2$ | 0.119 | 0.113 | 0.125 | 0.172 | 0.098 | 0.128 |

注：①括号内数值为 *T* 统计量。

② ***、** 和 * 分别表示在 1%、5%和 10%的水平下显著。

### 6.4.3 媒体关注、企业并购与股票错误定价

按照新闻媒体关注数量的均值将样本划分为两组。高于均值的组为媒体关

注度较高组，反之为媒体关注度较低组。回归结果见表 6-4。从结果中可以看出，在媒体关注度较高组中，*MA* 与 *Deviation* 在全样本组和股票价格高估组的回归系数分别为−0.271 和−0.507，通过了 5%的显著性检验，表明较高的媒体关注缓解了企业并购对股票错误定价的正向关系，验证了本章的第二个假设 *H*（6-2）。

**表 6-4 媒体关注与股票错误定价的回归结果**

| 变量 | *Deviation* | | | | | |
|---|---|---|---|---|---|---|
| | (1) | (2) | (3) | (4) | (5) | (6) |
| | 媒体关注度较高组 | | | 媒体关注度较低组 | | |
| | 全样本组 | 股票价格高估组 | 股票价格低估组 | 全样本组 | 股票价格高估组 | 股票价格低估组 |
| *MA* | −0.271** | −0.507** | −0.810** | 0.167* | 0.138*** | −0.554 |
| | (−2.094) | (−2.506) | (−2.073) | (1.678) | (2.641) | (−1.181) |
| *Size* | −0.036*** | −0.031*** | 0.095* | −0.027*** | −0.035*** | 0.090*** |
| | (−5.355) | (−4.735) | (1.738) | (−2.625) | (−5.519) | (3.396) |
| *Lev* | 0.024 | −0.008 | 0.705 | −0.121** | −0.009 | 0.326 |
| | (0.651) | (−0.235) | (1.529) | (−2.338) | (−0.260) | (1.510) |
| *Age* | −0.035*** | −0.025*** | −0.068 | 0.002 | −0.020** | 0.168*** |
| | (−3.874) | (−3.066) | (−0.520) | (0.177) | (−2.182) | (4.217) |
| *Growth* | 0.001*** | 0.001*** | 0.520*** | 0.013*** | 0.007** | 0.007 |
| | (3.789) | (4.318) | (3.143) | (5.514) | (2.165) | (1.580) |
| *BM* | −0.075*** | −0.087*** | −0.003 | 0.056*** | −0.068*** | 0.054*** |
| | (−5.860) | (−6.986) | (−0.039) | (4.258) | (−4.815) | (2.729) |
| *Roa* | −1.792*** | −1.840*** | 1.759 | −0.308 | −1.733*** | 4.090*** |
| | (−11.189) | (−11.462) | (1.366) | (−1.584) | (−8.225) | (4.900) |
| *Board* | −0.016 | −0.028 | −0.160 | 0.051 | −0.001 | 0.437*** |
| | (−0.441) | (−0.831) | (−0.811) | (1.103) | (−0.025) | (3.127) |
| *Indratio* | 0.013 | 0.014 | −2.225** | 0.212 | 0.376*** | −0.259 |
| | (0.131) | (0.143) | (−2.037) | (1.594) | (3.737) | (−0.673) |
| 常数项 | 0.762*** | 1.498*** | −3.455*** | 1.183*** | 1.519 | −3.293*** |
| | (4.359) | (17.652) | (−6.420) | (7.654) | (1.580) | (−5.585) |
| *Industry/Year* | Yes | Yes | Yes | Yes | Yes | Yes |
| *N* | 7 981 | 7 103 | 878 | 9 371 | 8 340 | 1 031 |
| *Adj*-$R^2$ | 0.149 | 0.185 | 0.202 | 0.172 | 0.198 | 0.211 |

注：①括号内数值为 *T* 统计量。

②***、**和*分别表示在 1%、5%和 10%的水平下显著。

### 6.4.4 分析师关注、企业并购与股票错误定价

分析师关注可能会影响到企业并购与股票错误定价的关系，按照分析师跟踪人数均值来衡量分析师关注度的高低，并进行分组检验，检验结果见表6-5，从结果中可以看出，在分析师关注度较高组中，*MA* 与 *Deviation* 在全样本组和股票价格高估组的回归系数分别为−0.065和−0.196，通过了1%的显著性检验，表明较高的分析师关注弱化了企业并购对股票错误定价的正向关系，验证了本章的第三个假设 *H*（6-3）。

**表6-5 分析师关注与股票错误定价的回归结果**

| 变量 | *Deviation* | | | | | |
|---|---|---|---|---|---|---|
| | (1) | (2) | (3) | (4) | (5) | (6) |
| | 分析师关注度较高组 | | | 分析师关注度较低组 | | |
| | 全样本组 | 股票价格高估组 | 股票价格低估组 | 全样本组 | 股票价格高估组 | 股票价格低估组 |
| *MA* | −0.065*** | −0.196*** | 0.045 | 0.002** | 0.020** | −0.004*** |
| | (−2.934) | (−4.059) | (1.036) | (2.136) | (2.176) | (−1.423) |
| *Size* | −0.029*** | −0.022*** | 0.094* | −0.029*** | −0.026*** | 0.094*** |
| | (−5.691) | (−5.127) | (1.795) | (−2.924) | (−5.741) | (2.672) |
| *Lev* | 0.012 | −0.015 | 0.614 | −0.129** | −0.016 | 0.240 |
| | (0.257) | (−0.429) | (1.201) | (−2.465) | (−0.455) | (1.592) |
| *Age* | −0.022*** | −0.022*** | −0.004 | 0.002 | −0.020** | 0.170*** |
| | (−2.612) | (−2.901) | (−0.020) | (0.126) | (−2.176) | (4.422) |
| *Growth* | 0.001*** | 0.001*** | 0.519*** | 0.012*** | 0.007** | 0.006 |
| | (2.969) | (4.252) | (2.072) | (5.256) | (2.214) | (1.559) |
| *BM* | −0.072*** | −0.095*** | −0.019 | 0.057*** | −0.067*** | 0.057*** |
| | (−5.665) | (−6.999) | (−0.260) | (4.424) | (−4.902) | (2.969) |
| *Roa* | −1.910*** | −1.954*** | 0.990 | −0.216 | −1.772*** | 4.177*** |
| | (−11.122) | (−11.272) | (0.629) | (−1.597) | (−9.290) | (4.972) |
| *Board* | −0.009 | −0.019 | −0.192 | 0.054 | 0.005 | 0.414*** |
| | (−0.219) | (−0.592) | (−0.941) | (1.196) | (0.162) | (2.991) |
| *Indratio* | 0.009 | 0.014 | −2.296** | 0.224* | 0.292*** | −0.224 |
| | (0.099) | (0.141) | (−2.219) | (1.692) | (2.910) | (−0.594) |
| 常数项 | 2.089*** | 1.381*** | −0.401 | 0.849*** | 1.154*** | −3.237*** |
| | (5.154) | (7.909) | (−0.298) | (3.744) | (7.963) | (−4.661) |

（续）

| 变 量 | Deviation | | | | | |
|---|---|---|---|---|---|---|
| | (1) | (2) | (3) | (4) | (5) | (6) |
| | 分析师关注度较高组 | | | 分析师关注度较低组 | | |
| | 全样本组 | 股票价格高估组 | 股票价格低估组 | 全样本组 | 股票价格高估组 | 股票价格低估组 |
| *Industry/Year* | Yes | Yes | Yes | Yes | Yes | Yes |
| *N* | 9 032 | 8 309 | 723 | 8 329 | 7 745 | 584 |
| $Adj\text{-}R^2$ | 0.220 | 0.248 | 0.257 | 0.137 | 0.291 | 0.260 1 |

注：①括号内数值为 *T* 统计量。

② *** 、** 和 * 分别表示在 1%、5%和 10%的水平下显著。

# 6.5 稳健性检验

## 6.5.1 替代被解释变量

为保证回归结果不受特定测量方法的影响，借鉴 Myers（1999）的研究，采用相对估值法，直接利用公司财务数据估算公司内在价值（*V*），再计算股票错误定价程度（*MB*），以替代被解释变量股票错误定价（*Deviation*）。具体而言，$MB=|1-V/P|$，其中 *P* 为公司股票当年度交易日股票收盘价的平均值。当 *MB* 取值越大，表明股票错误定价程度越高。表 6-6、表 6-7 和表 6-8 分别报告了替换被解释变量测度方法的回归结果，得出的结论与基本回归结果基本类似，说明本章实证结果不受特定测量方法的影响。

**表 6-6 审计质量与股票错误定价程度（替代变量）的回归结果**

| 变 量 | MB | | | | | |
|---|---|---|---|---|---|---|
| | (1) | (2) | (3) | (4) | (5) | (6) |
| | 审计质量较高组 | | | 审计质量较低组 | | |
| | 全样本组 | 股票价格高估组 | 股票价格低估组 | 全样本组 | 股票价格高估组 | 股票价格低估组 |
| *MA* | −0.007* | −0.013** | −0.141 | 0.201* | 0.233*** | −0.021 |
| | (−1.671) | (−1.878) | (−0.118) | (1.681) | (3.012) | (−0.231) |
| 常数项 | −2.085*** | 1.323*** | −0.612 | 0.850*** | 1.088*** | −3.283*** |
| | (−5.135) | (5.718) | (−0.531) | (3.785) | (7.855) | (−5.012) |

（续）

| 变　量 | MB | | | | | |
|---|---|---|---|---|---|---|
| | (1) | (2) | (3) | (4) | (5) | (6) |
| | 审计质量较高组 | | | 审计质量较低组 | | |
| | 全样本组 | 股票价格高估组 | 股票价格低估组 | 全样本组 | 股票价格高估组 | 股票价格低估组 |
| *Controls* | Yes | Yes | Yes | Yes | Yes | Yes |
| *Industry/Year* | Yes | Yes | Yes | Yes | Yes | Yes |
| *N* | 4 328 | 3 817 | 511 | 13 004 | 11 442 | 1 562 |
| $Adj-R^2$ | 0.358 | 0.385 | 0.502 | 0.072 | 0.288 | 0.228 |

注：①括号内数值为 *T* 统计量。

②***、**和*分别表示在1%、5%和10%的水平下显著。

**表6-7　媒体关注与股票错误定价程度（替代变量）的回归结果**

| 变　量 | MB | | | | | |
|---|---|---|---|---|---|---|
| | (1) | (2) | (3) | (4) | (5) | (6) |
| | 媒体关注度较高组 | | | 媒体关注度较低组 | | |
| | 全样本组 | 股票价格高估组 | 股票价格低估组 | 全样本组 | 股票价格高估组 | 股票价格低估组 |
| *MA* | −0.205*** | −0.341** | −0 091** | 0.105* | 0.118* | −0.023 |
| | (−2.011) | (−2.553) | (−2.091) | (1.748) | (1.841) | (−1.023) |
| 常数项 | 0.762*** | 1.498*** | −3.455*** | 1.183*** | 1.519 | −3.293*** |
| | (4.359) | (17.652) | (−6.420) | (7.654) | (1.580) | (−5.585) |
| *Controls* | Yes | Yes | Yes | Yes | Yes | Yes |
| *Industry/Year* | Yes | Yes | Yes | Yes | Yes | Yes |
| *N* | 7 981 | 7 103 | 878 | 9 371 | 8 340 | 1 031 |
| $Adj-R^2$ | 0.159 | 0.191 | 0.233 | 0.175 | 0.303 | 0.199 |

注：①括号内数值为 *T* 统计量。

②***、**和*分别表示在1%、5%和10%的水平下显著。

**表6-8　分析师关注与股票错误定价程度（替代变量）的回归结果**

| 变　量 | MB | | | | | |
|---|---|---|---|---|---|---|
| | (1) | (2) | (3) | (4) | (5) | (6) |
| | 分析师关注度较高组 | | | 分析师关注度较低组 | | |
| | 全样本组 | 股票价格高估组 | 股票价格低估组 | 全样本组 | 股票价格高估组 | 股票价格低估组 |
| *MA* | −0.176*** | −0.241*** | 0.023 | 0.135** | 0.561*** | −0.105 |
| | (−2.679) | (−3.568) | (0.137) | (1.823) | (4.349) | (−1.312) |

（续）

| 变　量 | MB | | | | | |
|---|---|---|---|---|---|---|
| | (1) | (2) | (3) | (4) | (5) | (6) |
| | 分析师关注度较高组 | | | 分析师关注度较低组 | | |
| | 全样本组 | 股票价格高估组 | 股票价格低估组 | 全样本组 | 股票价格高估组 | 股票价格低估组 |
| 常数项 | −0.065 | 1.352*** | −6.200*** | 0.762*** | 1.498*** | −3.455*** |
| | (−0.117) | (6.131) | (−4.005) | (4.359) | (17.652) | (−6.420) |
| *Controls* | Yes | Yes | Yes | Yes | Yes | Yes |
| *Industry/Year* | Yes | Yes | Yes | Yes | Yes | Yes |
| *N* | 9 032 | 8 309 | 723 | 8 329 | 7 745 | 584 |
| $Adj-R^2$ | 0.322 | 0.197 | 0.319 | 0.184 | 0.166 | 0.231 |

注：①括号内数值为 *T* 统计量。

② *** 和 ** 分别表示在 1%和 5%的水平下显著。

### 6.5.2　改变样本区间

借鉴现有文献的做法剔除强监管期的样本，为了排除强监管政策可能对本研究结果的干扰，对剔除 2015 年和 2016 年样本之后的数据重新进行回归，回归结果见表 6－9、表 6－10 和表 6－11，结论依然成立。

**表 6－9　审计质量（改变样本区间）与股票错误定价的回归结果**

| 变　量 | Deviation | | | | | |
|---|---|---|---|---|---|---|
| | (1) | (2) | (3) | (4) | (5) | (6) |
| | 审计质量较高组 | | | 审计质量较低组 | | |
| | 全样本组 | 股票价格高估组 | 股票价格低估组 | 全样本组 | 股票价格高估组 | 股票价格低估组 |
| *MA* | −0.017* | −0.031** | −0.145 | 0.334* | 0.341*** | −0.353 |
| | (−1.699) | (−1.978) | (−0.112) | (1.674) | (3.045) | (−0.651) |
| 常数项 | −3.084*** | 1.375*** | −0.699 | 0.848*** | 1.138*** | −3.191*** |
| | (−5.135) | (7.888) | (−0.431) | (3.794) | (7.954) | (−4.617) |
| *Controls* | Yes | Yes | Yes | Yes | Yes | Yes |
| *Industry/Year* | Yes | Yes | Yes | Yes | Yes | Yes |
| *N* | 4 113 | 3 605 | 508 | 12 756 | 11 289 | 1 467 |
| $Adj-R^2$ | 0.096 | 0.163 | 0.193 | 0.188 | 0.175 | 0.200 |

注：①括号内数值为 *T* 统计量。

② *** 、** 和 * 分别表示在 1%、5%和 10%的水平下显著。

**表 6-10 媒体关注（改变样本区间）与股票错误定价的回归结果**

| 变 量 | Deviation | | | | | |
|---|---|---|---|---|---|---|
| | (1) | (2) | (3) | (4) | (5) | (6) |
| | 媒体关注度较高组 | | | 媒体关注度较低组 | | |
| | 全样本组 | 股票价格高估组 | 股票价格低估组 | 全样本组 | 股票价格高估组 | 股票价格低估组 |
| *MA* | −0.023*** | −0.034** | −0.016** | 0.002* | 0.138** | −0.441 |
| | (−2.623) | (−2.334) | (−2.073) | (1.693) | (1.841) | (−1.287) |
| 常数项 | 0.761*** | 1.498*** | −3.455*** | 1.183*** | 1.519 | −3.193*** |
| | (4.359) | (17.651) | (−6.410) | (7.654) | (1.580) | (−5.585) |
| *Controls* | Yes | Yes | Yes | Yes | Yes | Yes |
| *Industry/Year* | Yes | Yes | Yes | Yes | Yes | Yes |
| *N* | 6 784 | 6 037 | 747 | 7 964 | 7 087 | 877 |
| $Adj-R^2$ | 0.137 | 0.163 | 0.154 | 0.231 1 | 0.148 | 0.119 |

注：①括号内数值为 *T* 统计量。

②***、** 和 * 分别表示在 1%、5%和 10%的水平下显著。

**表 6-11 分析师关注（改变样本区间）与股票错误定价的回归结果**

| 变 量 | Deviation | | | | | |
|---|---|---|---|---|---|---|
| | (1) | (2) | (3) | (4) | (5) | (6) |
| | 分析师关注度较高组 | | | 分析师关注度较低组 | | |
| | 全样本组 | 股票价格高估组 | 股票价格低估组 | 全样本组 | 股票价格高估组 | 股票价格低估组 |
| *MA* | −0.276*** | −0.242*** | 0.023 | 0.235** | 0.562*** | 0.205 |
| | (−2.679) | (−3.568) | (0.237) | (1.823) | (4.349) | (1.322) |
| 常数项 | −0.065 | 1.352*** | −6.200*** | 0.762*** | 1.498*** | −3.455*** |
| | (−0.117) | (6.232) | (−4.005) | (4.359) | (17.652) | (−6.420) |
| *Controls* | Yes | Yes | Yes | Yes | Yes | Yes |
| *Industry/Year* | Yes | Yes | Yes | Yes | Yes | Yes |
| *N* | 7 668 | 7 054 | 614 | 7 080 | 6 513 | 567 |
| $Adj-R^2$ | 0.321 | 0.377 | 0.143 | 0.272 | 0.205 | 0.223 |

注：①括号内数值为 *T* 统计量。

②*** 和 ** 分别表示在 1%和 5%的水平下显著。

### 6.5.3 替代解释变量

采用是否由国内十大会计师事务所进行审计①代替是否由国际四大会计师事务所进行审计作为解释变量审计质量的替代衡量方式，将样本重新进行分组，分为审计质量较高组（国内十大会计师事务所审计组）和审计质量较低组（非国内十大会计师事务所审计组），按照式（4－3）进行回归，如表6－12所示，结果与前文一致。

**表6－12 审计质量（替代解释变量）与股票错误定价的回归结果**

| 变量 | *Deviation* | | | | | |
|---|---|---|---|---|---|---|
| | (1) | (2) | (3) | (4) | (5) | (6) |
| | 审计质量较高组 | | | 审计质量较低组 | | |
| | 全样本组 | 股票价格高估组 | 股票价格低估组 | 全样本组 | 股票价格高估组 | 股票价格低估组 |
| *MA* | −0.019* | −0.033** | −0.232 | 0.220* | 0.324*** | −0.112 |
| | (−1.709) | (−1.961) | (−0.145) | (1.675) | (3.908) | (−0 541) |
| 常数项 | −2.084*** | 2.375*** | −0.699 | 0.848*** | 2.238*** | −3.292*** |
| | (−5.235) | (7.888) | (−0.432) | (3.794) | (7.954) | (−4.627) |
| *Controls* | Yes | Yes | Yes | Yes | Yes | Yes |
| *Industry/Year* | Yes | Yes | Yes | Yes | Yes | Yes |
| *N* | 3 876 | 3 100 | 776 | 12 278 | 10 436 | 1 842 |
| $Adj-R^2$ | 0.182 | 0.175 | 0.109 | 0.207 | 0.243 | 0.266 |

注：①括号内数值为 *T* 统计量。

②***、**和*分别表示在1%、5%和10%的水平下显著。

借鉴周兰和耀友福（2015）的研究，按照用1年内报刊新闻媒体报道新闻数量取对数替代新闻媒体报道数量加1取对数作为解释变量媒体关注的替代衡量方式，报刊媒体报道的数据来源于《中国重要报纸全文数据库》。为检验媒体关注对企业并购和股票错误定价关系的影响，首先，根据媒体关注

① 是否由国内十大会计师事务所审计的取值设定为：1＝是，即出具审计报告的国内会计师事务所评比得分或收入排名进入当年前十名；2＝否，即出具审计报告的国内会计师事务所评比得分或收入排名未进入当年前十名。该变量数据从2007年开始取值，来源于CSMAR数据库。由于样本的数据来源跨度较大，而2007—2019年每年的国内十大会计师事务所排名都不一样，因此无法提供确切的会计师事务所名称。

度是否高于其行业年度均值，将样本分为媒体关注度较高组（高于年度行业均值）和媒体关注度较低组（低于年度行业均值）；然后，进行分组回归。回归结果见表6-13，从结果中可以看出，在媒体关注度较高的样本组中，*MA*与*Deviation*在全样本组和股票价格高估组的回归系数分别为－0.016和－0.076，通过了5%的显著性检验。这一实证回归结果与基本回归结果相似，说明本章实证结果不受特定测量方法的影响。

**表6-13 媒体关注（替代解释变量）与股票错误定价的回归结果**

| 变量 | *Deviation* | | | | | |
|---|---|---|---|---|---|---|
| | (1) | (2) | (3) | (4) | (5) | (6) |
| | 媒体关注度较高组 | | | 媒体关注度较低组 | | |
| | 全样本组 | 股票价格高估组 | 股票价格低估组 | 全样本组 | 股票价格高估组 | 股票价格低估组 |
| *MA* | －0.016** | －0.076** | －0.820** | 0.043*** | 0.168*** | －0.771 |
| | (－2.197) | (－2.436) | (－2.091) | (2.548) | (3.723) | (－0.145) |
| 常数项 | 0.762*** | 1.498*** | －3.455*** | 2.283*** | 2.529 | －3.293*** |
| | (4.359) | (27.652) | (－6.420) | (7.654) | (2.580) | (－5.585) |
| *Controls* | Yes | Yes | Yes | Yes | Yes | Yes |
| *Industry/Year* | Yes | Yes | Yes | Yes | Yes | Yes |
| *N* | 7 278 | 6 695 | 583 | 10 074 | 9 368 | 706 |
| $Adj-R^2$ | 0.162 | 0.261 | 0.331 | 0.102 | 0.165 | 0.146 |

注：①括号内数值为*T*统计量。

② *** 和 ** 分别表示在1%和5%的水平下显著。

借鉴谢震和艾春荣（2014）的研究，采用关注公司的分析师发布的报告数量替代分析师跟踪人数作为解释变量分析师关注的替代衡量方式。为检验替代衡量指标分析师关注对企业并购和股票错误定价关系的影响，首先，根据分析师覆盖率是否高于其行业年度均值，将样本分为分析师关注度较高组（高于年度行业均值）和分析师关注度较低组（低于年度行业均值）；然后，进行分组回归。检验结果见表6-14。从结果中可以看出，在分析师关注度较高组中，*MA*与*Deviation*在全样本组和股票价格高估组的回归系数分别为－0.091和－0.078，通过了1%的显著性检验。这一实证回归结果与基本回归结果相似，说明本章实证结果不受特定测量方法的影响。

**表 6-14 分析师关注（替代解释变量）与股票错误定价的回归结果**

| 变 量 | Deviation | | | | | |
|---|---|---|---|---|---|---|
| | (1) | (2) | (3) | (4) | (5) | (6) |
| | 分析师关注度较高组 | | | 分析师关注度较低组 | | |
| | 全样本组 | 股票价格高估组 | 股票价格低估组 | 全样本组 | 股票价格高估组 | 股票价格低估组 |
| *MA* | −0.091*** | −0.078*** | 0.015 | 0.011** | 0.019** | −0.056 |
| | (−3.102) | (−4.264) | (1.074) | (2.021) | (2.032) | (−1.423) |
| 常数项 | 2.089*** | 1.381*** | −0.401 | 0.849*** | 1.154*** | −3.237*** |
| | (5.154) | (7.909) | (−0.298) | (3.744) | (7.963) | (−4.661) |
| *Controls* | Yes | Yes | Yes | Yes | Yes | Yes |
| *Industry/Year* | Yes | Yes | Yes | Yes | Yes | Yes |
| *N* | 9 838 | 9 149 | 689 | 7 514 | 6 912 | 602 |
| $Adj\text{-}R^2$ | 0.202 | 0.341 | 0.190 2 | 0.154 | 0.211 | 0.167 |

注：①括号内数值为 *T* 统计量。

② *** 和 ** 分别表示在 1%和 5%的水平下显著。

## 6.5.4 倾向得分匹配

为避免由于企业并购活动可能存在的非随机干预导致的内生性问题，采用倾向得分匹配（PSM）法进行了内生性检验。对式（4-3）的回归模型而言，以企业规模（*Size*）、资产负债率（*Lev*）、上市时间（*Age*）、成长性（*Growth*）、盈利能力（*Roa*）、账面市值比（*BM*）、所在年度（*Year*）和所处行业（*Industry*）为协变量，以企业是否发生并购（*MA*）为因变量，采用1∶1比例的最邻近匹配法，最终经过选择，与完成并购事件的上市公司的3 348条数据匹配到2 208条数据。使用匹配后的样本按照式（4-3）进行回归，结果见表6-15。经过PSM匹配后，控制了行业虚拟变量（*Industry*）和年度虚拟变量（*Year*）。*MA* 与 *Deviation* 的系数在列（1）全样本组中在10%的水平下显著为负；在列（2）股票价格高估组中在1%的水平下显著为负，且股票价格高估组中的系数绝对值高于全样本组；在列（3）股票价格低估组中的系数为负，但不显著。从上述结果可以看出，企业并购加剧股票错误定价主要体现在对股票价格高估的影响，而对股票价格低估则没有影响。结论与主回归结果一致，证明实证检验部分的结论稳健有效。

**表6-15　审计质量与股票错误定价的PSM核验结果**

| 变　量 | *Deviation* | | | | | |
|---|---|---|---|---|---|---|
| | (1) | (2) | (3) | (4) | (5) | (6) |
| | 审计质量较高组 | | | 审计质量较低组 | | |
| | 全样本组 | 股票价格高估组 | 股票价格低估组 | 全样本组 | 股票价格高估组 | 股票价格低估组 |
| *MA* | −0.011* | −0.023*** | −0.006 | 0.205* | 0.354*** | −0.261 |
| | (−1.681) | (−1.967) | (−0.621) | (1.677) | (3.858) | (−0.655) |
| 常数项 | −2.085*** | 1.375*** | −0.699 | 0.858*** | 1.138*** | −3.191*** |
| | (−5.135) | (7.888) | (−0.531) | (3.795) | (7.955) | (−5.617) |
| *Controls* | Yes | Yes | Yes | Yes | Yes | Yes |
| *Industry/Year* | Yes | Yes | Yes | Yes | Yes | Yes |
| *N* | 1 389 | 1 222 | 167 | 4 167 | 3 666 | 501 |
| $Adj\text{-}R^2$ | 0.209 | 0.216 | 0.233 | 0.128 | 0.133 | 0.174 |

注：①括号内数值为*T*统计量。

②***和*分别表示在1%和10%的水平下显著。

借鉴周兰和耀友福（2015）的研究，按照用1年内报刊新闻媒体报道新闻数量取对数来衡量以作为替代衡量方式，报刊媒体报道的数据来源于《中国重要报纸全文数据库》。为检验替代衡量指标媒体关注对企业并购和股票错误定价关系的影响，首先，根据媒体关注度是否高于其行业年度均值，将样本分为媒体关注度较高组（高于年度行业均值）和媒体关注度较低组（低于年度行业均值）；然后，进行分组回归。回归结果见表6-16。从结果中可以看出，在媒体关注度较高组中，*MA*与*Deviation*在全样本组和股票价格高估组的回归系数分别为−0.093和−0.034，通过了1%的显著性检验。这一实证回归结果与基本回归结果相似，说明本章实证结果不受特定测量方法的影响。

**表6-16　媒体关注与股票错误定价的PSM检验结果**

| 变　量 | *Deviation* | | | | | |
|---|---|---|---|---|---|---|
| | (1) | (2) | (3) | (4) | (5) | (6) |
| | 媒体关注度较高组 | | | 媒体关注度较低组 | | |
| | 全样本组 | 股票价格高估组 | 股票价格低估组 | 全样本组 | 股票价格高估组 | 股票价格低估组 |
| *MA* | −0.093*** | −0.034*** | −0.612** | 0.167* | 0.034*** | −0 064 |
| | (−3.332) | (−4.231) | (−2.154) | (1.741) | (2.774) | (−1.442) |

（续）

| 变　量 | Deviation | | | | | |
|---|---|---|---|---|---|---|
| | (1) | (2) | (3) | (4) | (5) | (6) |
| | 媒体关注度较高组 | | | 媒体关注度较低组 | | |
| | 全样本组 | 股票价格高估组 | 股票价格低估组 | 全样本组 | 股票价格高估组 | 股票价格低估组 |
| 常数项 | 0.762*** | 1.498*** | −3.455*** | 1.183*** | 1.519 | −3.293*** |
| | (4.359) | (17.652) | (−6.420) | (7.654) | (1.580) | (−5.585) |
| *Controls* | Yes | Yes | Yes | Yes | Yes | Yes |
| *Industry/Year* | Yes | Yes | Yes | Yes | Yes | Yes |
| *N* | 2 555 | 2 273 | 282 | 3 001 | 2 670 | 331 |
| $Adj-R^2$ | 0.195 | 0.162 | 0.161 | 0.097 | 0.125 | 0.164 |

注：①括号内数值为 *T* 统计量。

②***、**和*分别表示在1%、5%和10%的水平下显著。

借鉴谢震和艾春荣（2014）的研究，采用关注公司的分析师发布的报告数量来度量以作为替代衡量方式。为检验替代衡量指标分析师关注对企业并购和股票错误定价关系的影响，首先，根据分析师覆盖率是否高于其行业年度均值，将样本分为分析师关注度较高组（高于年度行业均值）和分析师关注度较低组（低于年度行业均值）；然后，进行分组回归。检验结果见表6-17。从结果可以看出，在分析师关注度较高组中，*MA* 与 *Deviation* 在全样本组和股票价格高估组的回归系数分别为−0.049和−0.015，通过了1%的显著性检验。这一实证回归结果与基本回归结果相似，说明本章实证结果不受特定测量方法的影响。

**表6-17　分析师关注与股票错误定价的PSM检验结果**

| 变　量 | Deviation | | | | | |
|---|---|---|---|---|---|---|
| | (1) | (2) | (3) | (4) | (5) | (6) |
| | 分析师关注度较高组 | | | 分析师关注度较低组 | | |
| | 全样本组 | 股票价格高估组 | 股票价格低估组 | 全样本组 | 股票价格高估组 | 股票价格低估组 |
| *MA* | −0.049*** | −0.115*** | 0.008 | 0.071** | 0.080** | −0.016 |
| | (−2.813) | (−3.129) | (1.012) | (2.122) | (2.033) | (−1.533) |
| 常数项 | 2.089*** | 1.381*** | −0.401 | 0.849*** | 1.164*** | −3.237*** |
| | (6.164) | (7.909) | (−0.298) | (3.744) | (7.963) | (−4.661) |

（续）

| 变 量 | Deviation | | | | | |
|---|---|---|---|---|---|---|
| | (1) | (2) | (3) | (4) | (5) | (6) |
| | 分析师关注度较高组 | | | 分析师关注度较低组 | | |
| | 全样本组 | 股票价格高估组 | 股票价格低估组 | 全样本组 | 股票价格高估组 | 股票价格低估组 |
| *Controls* | Yes | Yes | Yes | Yes | Yes | Yes |
| *Industry/Year* | Yes | Yes | Yes | Yes | Yes | Yes |
| *N* | 3 111 | 2 767 | 344 | 2 445 | 2 176 | 269 |
| $Adj-R^2$ | 0.175 | 0.129 | 0.163 | 0.206 | 0.258 | 0.237 |

注：①括号内数值为 *T* 统计量。

② *** 和 ** 分别表示在 1%和 5%的水平下显著。

## 6.6 本章小结

本章基于行为金融学中的投资者有限理性理论和信息不对称理论，在考察企业并购对股票错误定价产生影响的基础上，重点分析和检验审计质量、媒体关注及分析师关注对企业并购与股票错误定价关系的调节作用，即检验了提高公司外部治理水平是否有效缓解企业并购对股票错误定价的影响。

信息不对称现象普遍存在于金融市场的各个方面，也包括并购市场。企业并购过程中存在两种信息不对称：①并购目标方股东较并购方股东掌握更详细的公司信息；②并购方与目标方较市场上投资者具有并购交易的信息优势。并购参与各方与外部投资者之间的信息不对称会影响投资者对并购交易的判断及其投资决策的选择，最终反映在并购方公司的股票价格变动上。企业并购行为既降低了上市公司的自身的信息透明度，又引发了投资者的非理性投资行为。在乐观情绪高涨的状态下，投资者积极买入股票，推高股票价格，股票价格的上升增强了投资者的信心，吸引更多的投资者购买，从而造成股票错误定价。而提高信息透明度和引导投资者理性投资，不仅和上市公司内部的因素有关，还会受到上市公司外部因素尤其是外部治理监督作用的影响。在当前资本市场上，公司外部治理能够通过监督效应和提高公司的信息透明度来增加投资者对公司的认知度，有助于投资者参与公司的股票交易。

实证检验部分，本章选取我国沪深 A 股上市公司 2007—2019 年的数据作为研究的初始样本，采用审计质量、媒体关注和分析师关注这 3 个典型的外部治理机制深入探讨了外部治理对企业并购与股票错误定价关系的影响。研究结果表明：

（1）上市公司聘用具备行业专长的审计师审计，能够提高上市公司的审计质量，从而缓解管理层业绩操纵、盈余管理等行为，也降低了管理层粉饰财务报表的行为，从而能够抑制企业并购对股票错误定价的正向作用。

（2）一方面，媒体关注既能发挥信息传播的作用，降低了信息不对称程度，又通过声誉机制抑制了企业并购时的盈余管理行为；另一方面，媒体关注有助于降低外部投资者的非理性行为，从而缓解了企业并购对股票错误定价的正向影响。

（3）一方面，分析师关注既能够发挥信息中介作用，提高了关注公司的信息透明度，又能够发挥监督治理作用，抑制企业并购时的违法违规行为；另一方面，分析师关注有助于降低投资者的非理性投资行为，从而缓解企业并购对股票错误定价的正向影响。

本章的政策启示在于：监管部门应重视审计师、媒体和分析师等信息中介的监督作用，发挥出信息中介的外部治理作用。鼓励上市公司聘请国际四大会计师事务所或国内十大会计师事务所进行年报审计，规范国内审计师执业操守。吸引机构投资者持股，鼓励以社保基金、企业年金为代表的长期机构投资者和稳定性机构投资者持股。此外，加大对信息中介机构的监督和惩罚力度，防止其与上市公司管理层间合谋，侵占上市公司及中小股东的利益。

# 第 7 章 企业并购影响股票错误定价的机制检验

## 7.1 引言

股票错误定价是指在非有效的资本市场中，由于信息不对称与投资者的非理性认知等的存在，导致股票价格长期偏离其内在价值的金融异象。这种异象普遍存在于各国资本市场，不仅降低了资本市场的资源配置效率、损害公司长远价值与投资者利益，而且严重影响股票市场的稳定性，给实体经济发展带来极大影响。因此，探究股票错误定价的作用机制与内在根源，有助于防范和化解金融风险，促进资本市场平稳发展。现有研究分别从公司内部治理特征、投资者行为、媒体报道、机构投资者持股及分析师等角度分析了股票错误定价的产生原因，但从并购行为深入探讨股票错误定价的研究较为少见。事实上，在企业并购过程中，从并购战略选择、信息发布、溢价情况、支付方式到最终并购完成，股票价格都会发生异常波动，并购后的企业整合也会对股票价格产生一定影响。

企业并购事件对股票价格的影响较为强烈。首先，企业的并购战略向投资者传递的是一种并购后的协同效应，由于市场上存在着非理性，这种协同效应会被放大，引起投资者情绪高涨导致过度反应。其次，由于委托-代理问题的存在，信息不对称问题较为突出，公司信息透明度较低。管理层为促成并购，有选择地对上市公司信息择时、择量甚至择度进行披露，投资者根据不完整的信息进行判断，通常会对公司未来股票价格的走势判断失误。再次，管理层利用并购交易进行盈余操纵现象较为严重。并购中频繁出现高估值、高商誉、高业绩承诺（即“三高”）并购现象，当企业完成并购后，可能会计提大额商誉减值准备，尤其在业绩承诺期满后，公司出现巨额亏损，这种并购活动严重影响了公司股票价格波动。最后，并购中产生的高额商誉资产增加了不确定性，在一定程度上降低了会计稳健性，从而降低会计信息质量，因此企业并购活动正向影响了股票错误定价。

本书第 4 章的研究表明企业并购行为显著加剧了并购方企业的股票错误定价，尤其是股票价格高估。那么由于企业并购行为导致的资本市场的错误定价的传导路径是什么？对于以上问题的回答有助于厘清企业并购对股票错误定价的影响机制，且有利于全面分析企业并购的经济后果。本章借鉴温忠麟和叶宝娟（2014）的中介效应分析流程及检验方法，从投资者情绪和信息不对称两条路径分别探究企业并购行为加剧股票错误定价的内部传导机制，并进一步比较两条路径作用机制大小。此外，基于两条作用路径做了进一步作用机制检验，使得企业并购对股票错误定价的作用机制更加稳健和全面，本研究对我国提高资本市场定价效率、防范金融风险及企业并购的经济后果具有很强的现实意义，也能对促进我国证券市场的稳定发展起到较为重要的作用。

## 7.2 理论分析与研究假设

### 7.2.1 企业并购、投资者情绪与股票错误定价

与西方较为成熟的证券市场相比，我国证券市场还处于发展阶段，各项制度不完善，投资者情绪对投资者行为决策起到非常重要的作用，市场上的有限套利问题也较为突出。因此，上述情况满足行为金融学主张的投资者情绪导致股票错误定价的两个条件（Baker and Wurgler，2012）。由于我国证券市场的交易者以个体投资者为主，受专业知识限制及有限精力等原因，个人投资者的投资决策主要依赖于自身主观判断，多数表现出“追涨杀跌”的情绪。而机构投资者尽管具备专业的投资知识，但其投机性目的更强，并不关心公司基本面信息而是过度关注市场心理预期，对市场“追涨杀跌”的情绪起到推波助澜作用。两类投资者（包括机构与个人投资者）均存在交易的主观心理偏差，其投资决策受情绪波动的影响较大。在有限套利方面，我国证券市场受到卖空限制的影响，套利行为表现不足，尽管后来实施了融资融券和股指期货制度，使得卖空限制有所缓解，但仍然存在融资与融券间发展不平衡，导致卖空情况进展并不顺畅（许红伟和陈欣，2012）。综上所述，我国证券市场上的投资者特征、卖空限制的制度背景导致投资者情绪对股票错误定价产生影响。

基于行为金融学的观点，投资者情绪波动会对股票错误定价造成影响（Baker and Wurgler，2006）。由于现行的资本市场并非完全有效，存在着非理性因素，基于信号传递理论的观点，企业并购事件向投资者传递的是并购后的协同效应，使得投资者乐观情绪高涨，在高涨的情绪状态下，投资者风险意识

薄弱，购买股票的意愿强烈，多以频繁激进交易方式为主，从而高估企业预期超额收益、低估并购给企业带来的风险。投资者的这种积极参与市场交易的行为，不断将股票价格推高（文凤华和肖金利，2014），因此，上市公司发布并购公告，将引发上市公司的盈利预期增大，从而促使上市公司的股票价格短期内出现大幅上涨，影响投资者对股票价值做出正确判断，从而导致股票价格偏离其基本价值。企业并购属于“利好”事件，投资者会对并购这一“利好”事件产生过度反应，主要表现在大量购买股票，在短期内推高股票价格，尤其是在投资者情绪高涨时，股票价格高估更为严重。由于证券市场还不完善，制度对套利行为有一定的限制，市场上的悲观投资者不能充分参与其中，市场上的参与者主要是乐观投资者，股票价格反映出的是乐观投资者预期，造成股票价格高于其内在价值的现象，即股票价格高估（Miller et al.，1997）。我国股票市场的投机性交易特征很容易使投资者对并购事件过度反应，从而导致股票价格泡沫，可能会加剧公司股票价格高估。基于上述分析，提出本章的第一个假设：

*H*（7-1）：企业并购通过增加投资者情绪加剧股票错误定价。

### 7.2.2 企业并购、信息不对称与股票错误定价

在非有效的资本市场中，信息已成为影响股票价格的重要因素，信息不对称现象的存在会使得上市公司的信息透明度较低，导致投资者在对信息处理上出现反应偏差，并决定着上市公司的股票错误定价水平（Myers and Majluf，1984）。叶康涛等（2015）提出投资者与上市公司管理层间的信息不对称会对股票价格崩盘产生影响。我国证券市场上投机行为较为严重，股市频繁出现暴涨暴跌现象，投资者对证券分析师、媒体、审计师等信息中介的依赖性较强。作为信息中介，分析师起到信息产生、传递、解读作用，这有助于提高上市公司的信息透明度、减少投资者和上市公司之间的信息不对称程度。但是，也有文献提出分析师跟踪并没有起到外部治理作用，甚至分析师的乐观偏差及利益冲突反而会导致股票价格崩盘风险。从信息不对称视角来看，通常投资者掌握的关于企业资产价值的信息往往会少于企业管理层，即企业的信息透明度较低，企业的信息不易被外部投资者掌握。由于管理层薪酬、职位等都会受到股票价格的影响，出于自利行为，例如获得高薪、职位等动机，管理层有可能尽可能多地向外部投资者披露公司盈余的“利好”消息，而对于不利于公司盈余的坏消息采取避重就轻或隐瞒不报，从而获取管理层私人利益（徐昊，2012）。在企业信息透明度较低的情况下，投资者仅能通过企业披露的“利好”信息来判断公司未来盈余及价值。为了向投资者传递有利于企业及其股票价格的信息，

管理层通常会选择性披露信息，或者披露得不充分、不及时甚至瞒报。在这种情况很可能引发投资者对公司股票价格的错误预期，导致公司股票价格偏离其内在价值。企业并购过程可能存在并购方与目标方之间的信息不对称问题，目标方的信息透明度较低，导致并购方对目标方企业的信息与数据获取受限，可能会增加并购成本。而信息不对称还可能引发法律风险。经理人出于自利目的盲目扩大企业规模，以此提升其经济和政治地位，这种由委托-代理问题导致的企业信息不对称可能会进一步加剧并购方的股票错误定价，这就导致并购的企业信息透明度进一步降低，公司股票价格偏离其实际价值的现象也更为严重。

Watts 和 Zimmerman（1986）提出的会计选择三大假说（包括举债经营假说、经理人参与分红假说及政治成本假说）较为全面地解释了管理层选择会计程序及方法管理盈余的动机和行为。并购环境满足以会计选择三大假说为基础的政府管制约束，构成并购方公司盈余管理的主要诱因。首先，根据举债经营假说，为规避债务风险，上市公司大股东、管理层在企业并购前大股东及管理层存在操作盈余的动机（陆正飞等，2008；李增福等，2011）。由于我国相关法律法规对并购融资存在诸多限制，导致多数并购方公司面临着融资约束的困境，而现金支付关乎并购能否成功，这更加助长了并购方公司盈余管理动机。由于股权融资不受融资能力的约束，上市公司为降低或避免债务契约风险，更偏好股权融资，但是会计信息指标在很大程度上会影响发行价格，因此，上市公司即使通过股权融资也可能存在粉饰会计业绩的盈余管理。管理层进行盈余管理行为、美化财务报表等方式操纵盈余来提高股票价格，促成并购活动顺利或者以更低的成本进行。其次，根据经理人参与分红假说，上市公司管理层薪酬、职位与会计信息紧密挂钩，出于获取私利的动机，如薪酬、声誉等管理层会提前确认未来盈余、粉饰其会计业绩，或者会从事一些非效率性的并购活动。管理层的薪酬激励被认为是缓解降低信息不对称和委托-代理问题冲突的有效手段，但实际上由于“契约摩擦”和薪酬激励的不完善，最终事与愿违，导致薪酬契约成为诱发管理层实施盈余管理的动因。在并购活动中，目标方估值定价是以上市公司市值为基础，而会计信息会直接影响目标方的市场价值。完成并购后，管理层薪酬与企业的盈利能力挂钩，但如果并购后企业业绩下滑，管理层薪酬却不会降低。因此，管理层有动机促使并购成功，必然导致并购方管理层管制会计业绩，在并购活动中滋生盈余管理动机（Healy and Wahlen，1999）。最后，根据政治成本假说，为获得政府的支持和帮助，上市公司管理层存在向上的盈余管理（李增福和周婷，2013）。政治活动对企业的并购及管理产生较大的影响，寻租加剧了并购方公司进行盈余管理。企业为获得更多的政治资本和财富份额，“巧妙”利用政府的各种优惠政策，利用选择会计方法及虚构交易方式调增收益进行寻租。如果在并购活动中能够获得政府的支持，对并购活动是否成功及并购后的绩效都至关重要，因此，为获得政府的支持是并购方公司进行盈余管理的又一动因。

企业并购对股票错误定价的影响可能是一个存在深层传导机制的系统过程，是由多种中介交织产生影响，而并非单一因素造成。由并购引起的盈余管理行为会对上市公司股票错误定价产生一定的影响。投资者面临被美化的财务报告时并不能正确地识别出公司真实的经营状况，会对公司抱有较高的业绩期望。王锦（2016）利用我国制造业2013年发生并购的上市公司为研究对象，探究了并购过程中的盈余管理行为，结果发现企业并购活动会引发盈余管理行为，且在并购前一年及当年并购方倾向进行正向盈余管理，这种行为能够在一定程度上解释并购后企业绩效不升反降的原因。另外，本研究认为，企业并购过程中商誉的估值和确认也是企业并购中的盈余管理手段之一，主要表现为正向的盈余管理，而盈余管理与股票错误定价具有很大的相关性。因此，企业并购对股票错误定价的影响有相当一部分是正向盈余管理的结果，即盈余管理在企业并购对股票错误定价影响中具有部分中介效应。据此，提出本章的第二个假设：

*H*（7-2）：企业并购通过增加信息不对称程度正向影响股票错误定价。

## 7.3　研究设计和数据来源

### 7.3.1　数据来源

选取我国沪深A股上市公司2007—2019年数据作为研究的初始样本，并对样本进行了如下筛选：①剔除ST以及*ST类型的上市公司；②剔除金融业、保险业、证券业、银行业的上市公司；③剔除相关数据缺失样本；④剔除上市时间不足两年的公司；⑤3年内同一公司发生多次并购的，仅保留金额最大的并购样本；⑥保留交易地位是并购方的样本，经上述样本处理共获得17 352个样本。最后为消除极端值对结果的影响，对所有连续变量进行了1%和99%水平下的缩尾处理（winsorize）。企业并购数据来自万得（Wind）数据库，财务数据来自CSMAR数据库，数据处理分析使用Stata16.0操作完成。

### 7.3.2　变量定义

#### 7.3.2.1　被解释变量

本章的被解释变量是股票错误定价（*Deviation*）。借鉴徐寿福和徐龙炳

(2015) 的计算方法，运用剩余收益模型估算出公司的内在价值 (V)，然后以公司内在价值 (V) 与市场价值 (P) 之比表示股票错误定价。若 $V/P=1$，表明该公司不存在股票错误定价现象；若 $V/P<1$，表明存在股票价格高估；若 $V/P>1$，表明存在股票价格低估。使用 $Deviation=|1-V/P|$ 度量市场价值 (P) 对内在价值 (V) 的绝对偏离程度。

#### 7.3.2.2 解释变量

本章的解释变量是企业是否发生并购 (MA)。借鉴肖土盛 (2018) 的做法，仅保留上市公司为购买方的样本，剔除关联并购样本，同时，借鉴了潘红波和余明桂 (2011) 等文献做法，剔除控股权未发生转移的样本，剔除交易金额小于 100 万元的样本。以企业是否发生并购 (MA) 衡量，以虚拟变量的形式赋值，为 1 时代表发生并购，为 0 时代表未发生并购。

#### 7.3.2.3 中介变量

(1) 投资者情绪 (*Sent*)。借鉴陈鹏程和周孝华 (2016)、张静等 (2018) 的做法，本研究选择换手率作为投资者情绪的代理变量。换手率越大，表示投资者情绪越高涨。其中，*Sent _ l* 表示计算方法为年内日换手率 (流通股数) 之和，*Sent _ z* 代表计算方法为年内日换手率 (总股数) 之和。本章采用 *Sent _ l* 来衡量投资者情绪 (*Sent*)。

(2) 信息不对称 (*DA*)。本研究借鉴李学峰和蔡新怡 (2025) 的做法，利用企业过去 3 年的可操控性应计盈余的绝对值测度企业信息不对称程度，该指标值越大，表示企业信息不对称程度越大。

#### 7.3.2.4 控制变量

借鉴现有文献 (徐寿福和徐龙炳，2015；张俊瑞等，2017)，围绕影响股票错误定价的各种因素选取企业规模 (*Size*)、资产负债率 (*Lev*)、上市时间 (*Age*)、成长性 (*Growth*)、账面市值比 (*BM*)、是否发放股利 (*DD*)、盈利能力 (*Roa*)、股权集中度 (*First*)、董事会规模 (*Board*)、独立董事占比 (*Indratio*) 等作为反映公司特征、股票特征及公司治理结构的控制变量。此外，还设置了行业虚拟变量 (*Industry*) 与年度虚拟变量 (*Year*) 以控制宏观因素及行业特征可能对股票错误定价产生的影响 (表 7-1)。

**表 7-1 主要变量的定义**

| 变量类型 | 变量符号 | 变量名称 | 计量方法 |
|---|---|---|---|
| 被解释变量 | *Deviation* | 股票错误定价 | 基于剩余收益模型计算 $Deviation=\|1-V/P\|$ |
| 解释变量 | *MA* | 企业是否发生并购 | 发生并购取值为 1，否则为 0 |

（续）

| 变量类型 | 变量符号 | 变量名称 | 变量说明 |
|---|---|---|---|
| 中介变量 | *Sent _ l* | 投资者情绪 | 年度换手率 |
| | *DA* | 信息不对称 | 企业过去3年的可操控性应计盈余的绝对值之和 |
| 控制变量 | *Size* | 企业规模 | ln（总资产） |
| | *Lev* | 资产负债率 | 负债总额/年末资产总额 |
| | *Age* | 上市时间 | ln（上市时间） |
| | *Growth* | 成长性 | 销售收入增长率 |
| | *BM* | 账面市值比 | 总资产/市值 |
| | *DD* | 是否发放股利 | 发放股利取值为1，否则为0 |
| | *Roa* | 盈利能力 | 净利润/平均总资产 |
| | *First* | 股权集中度 | 第一大股东持股比例 |
| | *Board* | 董事会规模 | ln（董事会总人数） |
| | *Indratio* | 独立董事占比 | 独立董事占董事会人数比 |
| | *Industry* | 所处行业 | 行业虚拟变量 |
| | *Year* | 所在年度 | 年度虚拟变量 |

### 7.3.3 模型构建

根据前文分析，为验证本章的假设 *H*（7-1）、*H*（7-2），构建如下模型，分析企业并购对股票错误定价的影响：

$$Sent\_l/DA = \mu_0 + \mu_1 MA + \mu_2 Size_{i,t} + \mu_3 Lev_{i,t} + \mu_4 Age_{i,t} + \mu_5 Growth_{i,t} + \mu_6 BM_{i,t} + \mu_7 DD_{i,t} + \mu_8 Roa_{i,t} + \mu_9 First_{i,t} + \mu_{10} Board_{i,t} + \mu_{11} Indratio_{i,t} + \sum Industry + \sum Year + \xi_{i,t} \quad (7-1)$$

$$Deviation = \eta_0 + \eta_1 MA + \eta_2 Sent/DA + \eta_3 Size_{i,t} + \eta_4 lev_{i,t} + \eta_5 Age_{i,t} + \eta_6 Growth_{i,t} + \eta_7 BM_{i,t} + \eta_8 DD_{i,t} + \eta_9 Roa_{i,t} + \eta_{10} First_{i,t} + \eta_{11} Board_{i,t} + \eta_{12} Indratio_{i,t} + \sum Industry + \sum Year + \xi_{i,t} \quad (7-2)$$

式中：*Deviation* 为股票错误定价指标，*MA* 为公司是否发生并购的虚拟变量，$\mu_0$ 和 $\eta_0$ 为常数项，$\mu_1$ 至 $\mu_{11}$、$\eta_1$ 至 $\eta_{12}$ 分别是控制变量的系数，$\xi_{i,t}$ 为残差。采用OLS对式（7-1）、式（7-2）进行回归，若 $\mu_1$ 及 $\eta_1$ 系数为正，表

示企业并购加剧了股票错误定价，且系数越大，表示程度越严重；反之，则表明二者缓解了股票错误定价的程度。

## 7.4 实证结果与分析

### 7.4.1 描述性统计

表 7-2 列示了变量的描述性统计情况，被解释变量（*Deviation*）的均值为 0.566，中位数为 0.549，最大值为 1.752，表明我国企业普遍存在股票价格高估现象，且企业之间存在较大的差异；*Deviation* 标准差为 0.306，所有样本中发生并购的样本占 19.3%，表明我国企业并购较为频繁。并购 *MA* 的中位数为 0，标准差为 0.377，说明并购在各企业间存在较大差异。*Lev* 的均值为 0.427，表示是上市公司平均资产负债率为 42.7%；中位数为 0.421，最大值为 0.842，最小值为 0.056。说明上市公司的资产负债率较为适中。

**表 7-2 变量的描述性统计**

| 变　量 | 样本量 | 均值 | 标准差 | 中位数 | 最小值 | 最大值 |
|---|---|---|---|---|---|---|
| *Deviation* | 17 352 | 0.566 | 0.306 | 0.549 | 0.015 | 1.752 |
| *MA* | 17 352 | 0.193 | 0.377 | 0.000 | 0.000 | 1.000 |
| *Size* | 17 352 | 22.38 | 1.291 | 22.20 | 20.12 | 26.43 |
| *Lev* | 17 352 | 0.427 | 0.196 | 0.421 | 0.056 | 0.842 |
| *Age* | 17 352 | 2.343 | 0.607 | 2.485 | 1.099 | 3.258 |
| *Growth* | 17 352 | 0.162 | 0.309 | 0.111 | −0.398 | 1.837 |
| *BM* | 17 352 | 1.082 | 1.113 | 0.709 | 0.111 | 6.649 |
| *DD* | 17 352 | 0.796 | 0.403 | 1.000 | 0.000 | 1.000 |
| *Roa* | 17 352 | 0.057 | 0.045 | 0.045 | 0.002 | 0.228 |
| *First* | 17 352 | 0.354 | 0.150 | 0.337 | 0.076 | 0.788 |
| *Board* | 17 352 | 2.269 | 0.176 | 2.303 | 1.792 | 2.773 |
| *Indratio* | 17 352 | 0.373 | 0.054 | 0.333 | 0.333 | 0.571 |

### 7.4.2 企业并购、投资者情绪与股票错误定价

表 7-3 中，列（1）显示了投资者情绪对企业并购与股票错误定价的传导效应的实证分析结果。从检验结果可以看出，企业是否发生并购（*MA*）对股票错误定价（*Deviation*）的影响在 1%的置信水平下显著正相关，说明了企业并购正向影响了股票错误定价。列（2）的回归结果显示，企业是否发生并购

(*MA*) 与投资者情绪 (*Sent* _ *l*) 的回归系数在5%的水平下呈显著正相关,表明了企业并购增加了投资者乐观情绪;列(3)回归结果显示,投资者情绪与股票错误定价在5%的显著性水平下呈正相关,表明投资者情绪越高涨,股票错误定价程度越大。从表7-3中列(2)、列(3)的回归结果可知,企业并购通过增加投资者的乐观情绪加剧股票错误定价水平,即投资者情绪是企业并购影响股票错误定价的部分中介,*H*(7-1)得到验证。

**表7-3 企业并购、投资者情绪与股票错误定价的回归结果**

| 变 量 | (1) | (2) | (3) |
|---|---|---|---|
| | *Deviation* | *Sent* _ *l* | *Deviation* |
| *MA* | 0.023*** | 0.026** | 0.019** |
| | (2.991) | (2.118) | (2.458) |
| *Sent* _ *l* | | | 0.192** |
| | | | (2.525) |
| *Size* | 0.004 | | 0.058*** |
| | (0.75) | | (13.936) |
| *Lev* | −0.096** | −0.235*** | −0.001 |
| | (−2.52) | (−25.756) | (−0.137) |
| *Age* | 0.010* | 0.307*** | 0.000 |
| | (1.65) | (3.059) | (0.002) |
| *Growth* | 0.000 | −0.114*** | 0.011* |
| | (0.36) | (−11.121) | (1.943) |
| *BM* | 0.038*** | | 0.000 |
| | (5.43) | | (0.386) |
| *DD* | −0.117*** | −0.013 | −0.115*** |
| | (−17.540) | (−0.957) | (−19.778) |
| *Roa* | −0.411*** | | 0.046*** |
| | (−3.71) | | (7.227) |
| *First* | −0.002 | −0.649*** | −0.030 * |
| | (−0.084) | (−18.852) | (−1.908) |
| *Board* | 0.011 | | −0.413*** |
| | (0.54) | | (−3.936) |
| *Indratio* | 0.427*** | | 0.007 |
| | (5.86) | | (0.368) |

（续）

| 变　量 | (1) | (2) | (3) |
|---|---|---|---|
| | *Deviation* | *Sent _ l* | *Deviation* |
| 常数项 | −0.105 | 2.960*** | 0.349*** |
| | (−0.76) | (2.954) | (5.183) |
| *Industry/Year* | Yes | Yes | Yes |
| *N* | 17 352 | 17 352 | 17 352 |
| $Adj-R^2$ | 0.131 | 0.169 | 0.147 |

注：①括号内数值为 *T* 统计量。

② ***、** 和 * 分别表示在 1%、5%和 10%的水平下显著。

### 7.4.3　企业并购、信息不对称与股票错误定价

表 7－4 是信息不对称（*DA*）对企业并购与股票错误定价的传导效应的实证分析结果。列（1）是同时控制了行业和年度虚拟变量后企业并购对股票错误定价的回归结果，从结果中可以看出，企业是否发生并购（*MA*）对股票错误定价（*Deviation*）的影响在 1%的置信水平下呈显著正相关，说明了企业并购正向影响了股票错误定价；列（2）的回归结果显示，企业是否发生并购（*MA*）与信息不对称（*DA*）在 10%的水平下呈显著正相关，表明了企业并购增加了企业的信息不对称（*DA*）程度；列（3）的回归结果显示，企业的信息不对称（*DA*）与股票错误定价在 1%的显著性水平下呈正相关关系，表明企业信息不对称程度越大，股票错误定价程度越大。从表 7－4 中列（2）、列（3）的回归结果可知，企业并购通过增加企业信息不对称程度加剧股票错误定价程度，即企业信息不对称是企业并购影响股票错误定价的部分中介，*H*（7－2）得到验证。

**表 7－4　企业并购、信息不对称与股票错误定价的回归结果**

| 变　量 | (1) | (2) | (3) |
|---|---|---|---|
| | *Deviation* | *DA* | *Deviation* |
| *MA* | 0.023*** | 0.005* | 0.022** |
| | (2.991) | (1.702) | (2.296) |
| *DA* | | | 0.158*** |
| | | | (7.531) |
| *Size* | 0.004 | −0.006*** | −0.007 |
| | (0.75) | (−4.71) | (−1.452) |

（续）

| 变量 | (1) | (2) | (3) |
|---|---|---|---|
| | *Deviation* | *DA* | *Deviation* |
| *Lev* | −0.096** | 0.039*** | −0.070** |
| | (−2.52) | (3.880) | (−2.093) |
| *Age* | 0.010* | −0.000 | 0.000 |
| | (1.65) | (−0.068) | (0.002) |
| *Growth* | 0.000 | | −0.000 |
| | (0.36) | | (−0.662) |
| *BM* | 0.038*** | −0.001 | 0.029*** |
| | (5.43) | (−0.476) | (4.307) |
| *DD* | 0.115*** | −0.014* | −0.127*** |
| | (2.903) | (−1.727) | (−18.813) |
| *Roa* | −0.411*** | 0.300*** | −0.572*** |
| | (−3.71) | (8.367) | (−5.331) |
| *First* | −0.089 | −0.017 | 0.416*** |
| | (−1.294) | (−0.875) | (5.657) |
| *Board* | 0.011 | | 0.004 |
| | (0.54) | | (0.193) |
| *Indratio* | 0.427*** | 0.157*** | 0.574*** |
| | (5.86) | (6.312) | (4.550) |
| 常数项 | −0.105 | 0.157*** | −0.105 |
| | (−0.76) | (6.312) | (−0.760) |
| *Industry/Year* | Yes | Yes | Yes |
| *N* | 17 352 | 17 352 | 17 352 |
| $Adj\text{-}R^2$ | 0.152 | 0.144 | 0.175 |

注：①括号内数值为 *T* 统计量。

②***、**和*分别表示在1%、5%和10%的水平下显著。

### 7.4.4 中介效应比较及Bootstrap检验

借鉴宋献中等（2017）的研究，利用Bootstrap方法，从投资者情绪（*Sent_l*）、信息不对称（*DA*）两个方面检验企业并购加剧股票错误定价的中介效应。为了检验两者之中哪一个因素发挥了主导作用，将两个中介变量同时放入模型中重新进行回归，回归结果见表7-5。

**表 7-5　中介效应比较**

| 变量 | (1) | (2) | (3) | (4) | (5) | (6) |
|---|---|---|---|---|---|---|
| | *Deviation* | *Sent _ l* | *Deviation* | *DA* | *Deviation* | *Deviation* |
| *MA* | 0.025*** | 0.127*** | 0.014*** | 0.095* | 0.022* | 0.017* |
| | (2.664) | (2.076) | (2.456) | (1.797) | (2.525) | (1.785) |
| *Sent _ l* | | | 0.307*** | | | 0.007*** |
| | | | (5.889) | | | (2.799) |
| *DA* | | | | | 0.154*** | 0.008* |
| | | | | | (3.173) | (1.759) |
| *Size* | −0.029*** | −0.007*** | −0.029*** | −0.007*** | −0.025*** | −0.027*** |
| | (−7.067) | (−9.691) | (−6.969) | (−7.117) | (−5.043) | (−5.700) |
| *Lev* | −0.168*** | 0.025*** | −0.172*** | 0.029*** | −0.075** | −0.192*** |
| | (−8.420) | (5.571) | (−8.598) | (4.213) | (−2.524) | (−8.217) |
| *Age* | −0.002 | −0.002* | −0.002 | −0.003 | 0.003 | 0.003 |
| | (−0.307) | (−1.650) | (−0.260) | (−1.318) | (0.617) | (0.374) |
| *Growth* | 0.005 | | 0.004 | | −0.336*** | 0.010 |
| | (0.771) | | (0.692) | | (−3.337) | (1.150) |
| *BM* | 0.053*** | | 0.053*** | | −0.001 | 0.056*** |
| | (9.125) | | (9.178) | | (−1.102) | (9.035) |
| *DD* | −0.117*** | −0.015*** | −0.115*** | | 0.063*** | −0.156 |
| | (−17.540) | (−8.305) | (−17.145) | | (9.108) | (−0.858) |
| *Roa* | −0.715*** | | −0.732*** | | 0.031 0 | −0.871*** |
| | (−8.101) | | (−8.256) | | (1.486) | (−8.693) |
| *First* | −0.002 | 0.025*** | −0.005 | | 0.347*** | 0.008 |
| | (−0.084) | (5.121) | (−0.241) | | (4.777) | (0.327) |
| *Board* | 0.014 | | 0.016 | −0.012 | 0.016 | 0.018 |
| | (0.787) | | (0.860) | (−1.520) | (0.860) | (0.860) |
| *Indratio* | 0.239*** | | 0.237*** | −0.003 | 0.237*** | 0.257*** |
| | (4.169) | | (4.125) | (−1.165) | (4.125) | (3.827) |
| 常数项 | 1.453*** | 0.182*** | 1.432*** | 0.209*** | 0.795*** | 1.250*** |
| | (6.949) | (2.905) | (6.698) | (1.300) | (6.997) | (1.864) |
| *Industry/Year* | Yes | Yes | Yes | Yes | Yes | Yes |
| *N* | 17 352 | 17 352 | 17 352 | 17 352 | 17 352 | 17 352 |
| $Adj-R^2$ | 0.139 | 0.179 | 0.136 | 0.142 | 0.163 | 0.167 |

注：①括号内数值为 *T* 统计量。

②***、**和*分别表示在1%、5%和10%的水平下显著。

由表7-5中可以看出，在考虑投资者情绪、信息不对称两个中介变量的共同影响后，企业并购与股票错误定价仍然呈显著的正相关，但其回归系数的有所降低，由列（1）的0.025下降到列（6）的0.017，说明两个中介变量的联合效应发挥了作用。从回归系数的分析中可以发现，投资者情绪、信息不对称的中介效应依然显著成立，企业并购加剧股票错误定价的影响被分解到了投资者情绪、信息不对称两条路径。本研究对两条路径作用程度进行比较。企业并购有两条路径，即投资者情绪、信息不对称，其回归系数分别为$a_1$、$a_2$，这两条路径与股票错误定价的回归系数分别为$b_1$、$b_2$。分别比较$a_1b_1$、$a_2b_2$的大小，大者为主要作用路径，小者为次要路径。从表7-5的回归结果中可以看出：$a_1$=0.127，$a_2$=0.095；$b_1$=0.307，$b_2$=0.154；$a_1b_1$=0.039，$a_2b_2$=0.015。可以得出：投资者情绪占主导地位，占二者总效应的72.2%［0.039/（0.039+0.015)］；信息不对称占总效应的27.8%［0.015/（0.039+0.015)］。

表7-6的结果显示了通过Bootstrap方法抽样1 000次后得到的统计结果。从结果可以看出，各变量的系数均至少在1%的水平下显著不等于0。首先，企业并购通过投资者情绪引起股票错误定价的变化为0.043，加剧股票错误定价的中介效应占74%；其次，通过信息不对称引起股票错误定价的变化为0.015，加剧股票错误定价的中介效应占26%；最后，投资者情绪与信息不对称的差异为0.028，在1%的水平下显著。结果表明，两条机制的次序依次为投资者情绪、信息不对称，投资者情绪在企业并购对股票错误定价的影响中占主导地位。

**表7-6 Bootstrap检验**

| 项目 | 系数符号 | 系数假设 | Bootstrap检验 |
| --- | --- | --- | --- |
| *MA* 引起的 *Sent _ l* 变动 | $\alpha_1$ | $H_0$：$\alpha_1=0$ | −0.05*** （−3.44） |
| *MA* 引起的 *DA* 变动 | $\alpha_2$ | $H_0$：$\alpha_2=0$ | 0.331*** （6.45） |
| *MA* 通过 *Sent _ l* 对 *Deviation* 的影响 | $\alpha_1\times b_1$ | $H_0$：$\alpha_1\times b_1=0$ | 0.043*** （7.42） |
| *MA* 通过 *Sent* 对 *Deviation* 的影响 | $\alpha_2\times b_2$ | $H_0$：$\alpha_2\times b_2=0$ | 0.015*** （4.06） |
| *Sent _ l* 和 *DA* 引起的 *Deviation* 变动差异 | $\alpha_1\times b_1-\alpha_2\times b_2$ | $H_0$：$\alpha_1\times b_1-\alpha_2\times b_2=0$ | 0.028*** （−22.27） |

注：①括号内数值为 *T* 统计量。

② *** 表示在1%的水平下显著。

# 7.5 稳健性检验

## 7.5.1 替代被解释变量

借鉴 Myers（1999），邓鸣茂和梅春（2019）的研究，本研究采用相对估值法，直接利用公司财务数据估算公司内在价值$V$，再计算股票错误定价程度（$MB$），$MB=|1-V/P|$，$P$为公司股票本年度交易日股票收盘价的平均值。当$MB$越大，表明股票错误定价程度越高。

回归结果如表 7-7 所示，企业并购、投资者情绪与股票错误定价程度的回归结果见表 7-7 列（1）至列（3）。从回归结果可以看出，即使在控制了行业和年度虚拟变量后，投资者情绪（*Sent _ l*）与股票错误定价程度（*MB*）的回归系数仍在 1%的水平下呈显著正相关，表明投资者情绪越高涨，对股票错误定价程度（*MB*）值的正向影响越大，投资者情绪是企业并购加剧股票错误定价的部分中介，与前文检验结果一致。

**表 7-7 企业并购、投资者情绪与股票错误定价程度（替代变量）的回归结果**

| 变 量 | (1) | (2) | (3) |
|---|---|---|---|
| | *MB* | *Sent _ l* | *MB* |
| *MA* | 0.038*** | 0.026** | 0.034** |
| | (3.933) | (2.118) | (3.522) |
| *Sent _ l* | | | 0.059*** |
| | | | (10.841) |
| *Size* | 0.079*** | −0.235*** | 0.066*** |
| | (12.894) | (−25.756) | (10.367) |
| *Lev* | −0.020 | 0.307*** | 0.009 |
| | (−0.326) | (3.059) | (0.143) |
| *Age* | −0.016** | −0.114*** | −0.023*** |
| | (−2.392) | (−11.121) | (−3.389) |
| *Growth* | −0.003* | | −0.002* |
| | (−1.742) | | (−1.682) |
| *BM* | 0.199*** | | 0.191*** |
| | (24.366) | | (23.479) |
| *DD* | −0.116*** | −0.649*** | 0.120*** |
| | (−19.999) | (−18.852) | (3.017) |

（续）

| 变量 | (1) | (2) | (3) |
|---|---|---|---|
| | *MB* | *Sent_l* | *MB* |
| *Roa* | 3.348*** | | 3.254*** |
| | (19.005) | | (17.966) |
| *First* | −0.339*** | | −0.343*** |
| | (−4.147) | | (−4.197) |
| *Board* | 0.071*** | | 0.069*** |
| | (2.945) | | (2.848) |
| *Indratio* | | −0.013 | |
| | | (−0.957) | |
| 常数项 | −1.561*** | 11.202*** | −0.895*** |
| | (−11.535) | (68.836) | (−5.901) |
| *Industry/Year* | Yes | Yes | Yes |
| *N* | 17 352 | 17 352 | 17 352 |
| $Adj-R^2$ | 0.171 | 0.469 | 0.347 |

注：①括号内数值为 *T* 统计量。

② ***、** 和 * 分别表示在 1%、5%和 10%的水平下显著。

企业并购、信息不对称（*DA*）与股票错误定价程度（*MB*）的回归结果见表 7-8 中的列（1）至列（3）。从回归结果可以看出，即使在控制了行业和年度虚拟变量后，信息不对称（*DA*）与股票错误定价程度（*MB*）的回归系数仍在 10%的水平下呈显著正相关，表明信息不对称（*DA*）越大，*MB* 越大，信息不对称是企业并购正向影响股票错误定价程度（*MB*）的部分中介，与前文检验结果一致。

**表 7-8 企业并购、信息不对称与股票错误定价程度（替代变量）的回归结果**

| 变量 | (1) | (2) | (3) |
|---|---|---|---|
| | *MB* | *DA* | *MB* |
| *MA* | 0.038*** | 0.003* | 0.031*** |
| | (3.933) | (1.69) | (3.440) |
| *DA* | | | 0.127* |
| | | | (1.687) |
| *Size* | 0.079*** | 0.022*** | −0.033 |
| | (12.894) | (3.396) | (−0.587) |

（续）

| 变 量 | (1) | (2) | (3) |
|---|---|---|---|
| | *MB* | *DA* | *MB* |
| *Lev* | −0.020 | −0.002 | 0.016** |
| | (−0.326) | (−1.190) | (2.514) |
| *Age* | −0.016** | | −0.001 |
| | (−2.392) | | (−0.850) |
| *Growth* | −0.003* | | 0.163*** |
| | (−1.742) | | (3.476) |
| *BM* | 0.199*** | | 3.390*** |
| | (4.366) | | (20.172) |
| *DD* | −0.118*** | −0.003 | −0.116*** |
| | (−17.596) | (−1.066) | (−19.904) |
| *Roa* | 3.348*** | | 0.025 |
| | (19.005) | | (1.103) |
| *First* | −0.339*** | −0.010 | |
| | (−4.147) | (−1.384) | |
| *Board* | 0.071*** | | −0.209*** |
| | (2.945) | | (−2.743) |
| *Indratio* | | 0.161*** | −1.777*** |
| | | (8.686) | (−13.485) |
| 常数项 | −1.561*** | 0.003* | 0.031*** |
| | (−11.535) | (1.69) | (3.440) |
| *Industry/Year* | Yes | Yes | Yes |
| *N* | 17 352 | 17 352 | 17 352 |
| $Adj\text{-}R^2$ | 0.153 | 0.112 | 0.461 |

注：①括号内数值为 *T* 统计量。

② ***、** 和 * 分别表示在 1%、5%和 10%的水平下显著。

### 7.5.2 解释变量滞后一期

为避免内生性问题，将解释变量滞后一期，有效克服企业并购与股票错误定价的反向因果关系。用滞后一期的企业并购作为解释变量重新进行回归，回归结果见表 7－9。从表 7－9 中列（1）至列（5）的回归结果可以看出，投资者情绪（*Sent _ l*）与股票错误定价（*Deviation*）的回归系数在 1%的水平下呈显著正相关，表明投资者情绪越高涨，对股票错误定价（*Deviation*）的影响越大，投资者情绪是企业并购加剧股票错误定价的部分中介，与前文检验结果一致；信息不对称（*DA*）与股票错误定价（*Deviation*）的回归系数在1%的水平下呈显著正相关，表明信息不对称（*DA*）程度越大，对股票错误定价（*Deviation*）的影响越大，信息不对称（*DA*）是企业并购加剧股票错误定价的部分中介，与前文检验结果一致。

**表7-9 企业并购（滞后一期）、投资者情绪、信息不对称与股票错误定价的回归结果**

| 变量 | (1) | (2) | (3) | (4) | (5) |
|---|---|---|---|---|---|
| | *Deviation* | *Sent_l* | *Deviation* | *DA* | *Deviation* |
| *MA* | 0.010** | 0.027** | 0.007* | 0.001*** | 0.004* |
| | (2.231) | (1.968) | (1.878) | (2.535) | (1.634) |
| *Sent_l* | | | 0.057*** | | |
| | | | (12.307) | | |
| *DA* | | | | | 0.151*** |
| | | | | | (6.692) |
| 常数项 | 0.010 | 0.027** | 0.007 | −0.001 | 0.004 |
| | (1.231) | (1.968) | (0.878) | (−0.535) | (0.534) |
| *Industry/Year* | Yes | Yes | Yes | Yes | Yes |
| *N* | 17 352 | 17 352 | 17 352 | 17 352 | 17 352 |
| $Adj\text{-}R^2$ | 0.233 | 0.284 | 0.345 | 0.159 | 0.162 |

注：①括号内数值为*T*统计量。
②***、**和*分别表示在1%、5%和10%的水平下显著。

### 7.5.3 替代中介变量

为验证结果的可靠性，本部分变换了中介变量的衡量方法。投资者情绪用换手率（*Sent_z*）衡量，计算方法为年内日换手率（总股数）之和；信息不对称用公司前3年可操纵盈余绝对值的均值（*mDA*）衡量，*mDA*值越大，表示企业信息不对称程度越大。结果如表7-10所示。

从表7-10中列（1）至列（5）的回归结果可以看出，投资者情绪（*Sent_z*）与股票错误定价（*Deviation*）的回归系数在1%的水平下呈显著正相关，表明投资者情绪越高涨，对股票错误定价（*Deviation*）的影响越大，投资者情绪是企业并购加剧股票错误定价的部分中介，与前文检验结果一致；信息不对称（*mDA*）与股票错误定价（*Deviation*）在10%的水平下呈显著正相关，表明信息不对称（*mDA*）程度越低，对股票错误定价（*Deviation*）的影响越大，信息不对称是企业并购抑制股票错误定价的部分中介，与前文检验结果一致。

**表 7-10　企业并购、投资者情绪（替代变量）、信息不对称（替代变量）与股票错误定价的回归结果**

| 变量 | (1) | (2) | (3) | (4) | (5) |
|---|---|---|---|---|---|
| | *Deviation* | *Sent_z* | *Deviation* | *mDA* | *Deviation* |
| *MA* | 0.023*** | 2.279** | 0.021*** | 0.059* | 0.019* |
| | (2.991) | (2.349) | (2.738) | (1.732) | (1.886) |
| *Sent_z* | | | 0.000*** | | |
| | | | (8.930) | | |
| *mDA* | | | | | 0.005* |
| | | | | | (1.790) |
| 常数项 | −0.105 | 2.960*** | 0.349*** | 0.000 | 0.010 |
| | (−0.76) | (2.954) | (5.183) | (0.132) | (1.186) |
| *Controls* | Yes | Yes | Yes | Yes | Yes |
| *Industry/Year* | Yes | Yes | Yes | Yes | Yes |
| *N* | 17 352 | 17 352 | 17 352 | 17 352 | 17 352 |
| $Adj-R^2$ | 0.135 | 0.199 | 0.235 | 0.205 | 0.264 |

注：①括号内数值为 *T* 统计量。

②***、** 和 * 分别表示在 1%、5%和 10%的水平下显著。

### 7.5.4　倾向得分匹配

为避免由于企业并购活动可能存在非随机干预导致的内生性问题，借鉴陈爱贞和张鹏飞（2019）的研究，将发生并购的企业作为处理组，然后采用倾向得分匹配（PSM）法在未并购的企业中找到与处理组尽可能相似的控制组进行配对分析，以降低样本选择偏误造成的内生性干扰，同时去除可观察因素，即控制变量对考察变量的混杂偏移，来研究企业并购对股票错误定价影响的"净效应"。首先，将样本分为两组，一组为处理组，表示发生并购的企业，另一组为控制组，表示未发生并购的企业；其次，通过式（4-3）进行回归，采用 1∶1 比例的最邻近匹配；最后，选出匹配后的 5 556 个样本为研究样本，使用匹配后的样本按照式（4-3）进行回归，结果见表 7-11。结论与主回归结果一致，证明实证检验部分的结论稳健有效。

表7-11 企业并购、投资者情绪、信息不对称与股票错误定价的PSM检验结果

| 变量 | (1) | (2) | (3) | (4) | (5) |
|---|---|---|---|---|---|
| | *Deviation* | *Sent_l* | *Deviation* | *DA* | *Deviation* |
| *MA* | 0.024*** | 0.041*** | 0.018*** | 0.027** | 0.022*** |
| | (3.122) | (6.358) | (2.844) | (1.968) | (3.043) |
| *Sent_l* | | | 0.012** | | |
| | | | (2.190) | | |
| *DA* | | | | | 0.309*** |
| | | | | | (2.617) |
| 常数项 | 0.518*** | 1.068*** | 0.014*** | 0.314*** | 0.014*** |
| | (4.299) | (3.984) | (4.258) | (5.684) | (4.259) |
| *Controls* | Yes | Yes | Yes | Yes | Yes |
| *Industry/Year* | Yes | Yes | Yes | Yes | Yes |
| *N* | 5 556 | 5 556 | 5 556 | 5 556 | 5 556 |
| $Adj-R^2$ | 0.177 | 0.195 | 0.235 | 0.205 | 0.264 |

注：①括号内数值为*T*统计量。

②***和**分别表示在1%和5%的水平下显著。

## 7.6 本章小结

本章基于行为金融学中的投资者有限理性理论和信息不对称理论，考察了企业并购影响股票错误定价的作用路径，重点检验了投资者情绪和信息不对称在企业并购影响股票错误定价过程中的中介作用，即作用机制检验。参照温忠麟（2014）中介效应三步法的检验程序和方法，研究了企业并购加剧股票错误定价的两条可能路径。经过检验，发现企业并购通过投资者情绪和信息不对称两条路径影响股票错误定价。

在理论分析部分，首先，企业并购通过增加投资者情绪波动加剧了股票错误定价。企业并购事件主要通过并购后的协同效应增加投资者的乐观情绪，由于投资者拥有不同的情感、偏好和认知，以及投资者具有有限理性特征，因此会对并购这一“利好”事件过度解读，也可能干扰投资者的投资决策，引起股票价格的波动。当投资者情绪交互传染，交易行为往往开始逐渐趋同，致使个体对股票价格的高估或低估演变成群体性高估或低估，市场上出现“羊群效应”，导致群体非理性行为的发生，股票价格向上或向下偏离其内在价值。其

次，企业并购通过增加投资者与上市公司之间的信息不对称程度加剧股票错误定价。信息不对称程度较小时，企业向市场披露的信息较为丰富，且能准确反映出公司特质信息，这些特质信息有助于投资者对企业未来现金流进行预测，并将企业未来有关事项信息提前融入股票价格中。这样投资者会对企业未来发生的事项有预期，市场反应平淡，股票价格趋向平稳。当公司信息透明度高时，能减少管理层和外部投资者之间的信息不对称程度，减少“噪声”交易，股票价格波动性降低；反之，当公司信息透明度低时，可能增加上市公司与投资者之间的信息不对称程度，增加“噪声”交易，加剧股票价格波动性。

在实证检验部分，以2007—2019年沪深A股上市公司为样本，检验投资者情绪和信息不对称在企业并购影响股票错误定价过程中所起的作用。投资者情绪采用直接指标个股年度换手率进行衡量，信息不对称采用企业可操控性应计盈余的绝对值进行衡量，分别利用温忠麟的中介检验三步法进行回归分析。回归结果表明：一方面，投资者情绪在企业并购加剧股票错误定价的过程中起到部分中介作用。企业并购增加了投资者的乐观情绪，投资者购买股票的意愿强烈，并对并购事件过度解读，推动股票价格上涨。另一方面，信息不对称在企业并购加剧股票错误定价的过程中也起到部分中介作用。并购市场存在两种信息不对称，分别是目标方股东与并购方股东之间的信息不对称、并购参与各方与外部投资者之间的信息不对称。而企业的并购行为强化了两种信息不对称，最终加剧了股票错误定价。中介效应比较及Bootstrap检验结果显示，投资者情绪、信息不对称这两条路径中，投资者情绪的中介效应占主导地位。两条路径并不是独立对企业并购与股票错误定价产生影响，而是彼此交叉，共同对二者产生作用。

本章的研究启示是：首先，投资者应提高风险防范意识。由于投资者风险态度与股票价格之间存在关联性，特别是并购这一“利好”事件会刺激投资者产生风险偏好，而投资者的风险偏好会推动股票价格进一步上升。投资者这种“从众心理”容易产生“羊群效应”，因此，投资者应提高自身风险防范意识，理性看待高风险、高收益的并购活动，在证券投资时量力而行，恰当运用投资组合以分散风险。其次，企业应提高内部治理。我国企业应建立健全内控制度、完善内部控制体系，根据自身所处的外部环境，不断优化调整内部治理结构，组合优化内部治理和外部环境要素，提高资产定价效率，同时这也是企业面对市场风险与挑战的需要。最后，监管部门应进一步加强对并购行为的监管。监管部门继续完善并购监管制度，及时分析研判并购市场的新情况、新问题，遏制盲目并购，避免上市公司管理者自利行为造成的无效或投机性并购行为，严惩并购过程中的信息披露违规、内幕交易等行为。

# 第 8 章 企业并购影响股票错误定价的经济后果

## 8.1 引言

在企业并购过程中，一方面，为向投资者传递有利于企业及其股票价格的信息，企业经理人可能有选择地披露信息，或者不充分、不及时地披露信息。这种情况很可能引发投资者对公司股票价格的错误预期，导致公司股票价格上涨偏离其内在价值。另一方面，并购事件向投资者传递的是并购后的协同效应，使得投资者乐观情绪高涨，从而高估企业预期超额收益，或者低估并购给企业带来的风险。因此，一旦上市公司发布并购公告，将引发公司的盈利预期增加，促进公司股票价格出现大幅上涨，干扰投资者对股票价值做出正确判断，导致股票价格偏离其基本价值。而股票错误定价会对资本市场带来一定的危害。首先，股票错误定价会严重影响上市公司投资效率，导致投资效率降低。公司投资是宏观投资的微观基础，因此公司投资效率的降低必然会导致宏观经济层面的资源配置效率降低，最终对宏观经济的发展带来不利影响。现有研究发现，在证券市场非有效的情况下，股票错误定价可能通过两种途径影响企业投资效率，即股权融资渠道和迎合渠道[①]（张静和王生年，2016）。其次，当公司股票价格被市场高估时，为了满足投资者对公司未来股票价格的预期，同时也为了维护管理层自身的竞争地位，管理层不得不进行盈余操纵，而这无疑会降低公司信息的披露质量和透明度，增加公司信息不对称程度与重大错报风险（Badertscher，2011；朱艳艳和白俊，2018）。现有研究发现，公司的投

① 所谓迎合，是指企业管理层基于对市场情绪和投资者预期的响应，调整企业的投资决策，以达到短期内股价的稳定或提升。迎合体现了企业管理层在面对非理性市场环境时的行为倾向。企业通过迎合市场情绪来避免外部治理压力，维持或提升企业在资本市场中的评价。

资效率和信息透明度对公司的股票价格崩盘风险有重要的影响（田昆儒和孙瑜，2015；徐细雄等，2020）。那么，在企业并购加剧了股票的错误定价后会引发什么样的经济后果呢？对此问题有必要从股票价格崩盘风险的角度进行分析。

近年来，我国经济已步入了新常态。随着中美贸易摩擦加剧以及新冠疫情肆虐全球，国内外整体宏观经济环境遭受重创，企业经营也面临十分严峻的考验，股票价格崩盘现象频出，这种现象给通常经济趋稳的中国资本市场也带来极大振荡。资本市场的稳定发展对实体经济的发展至关重要，同时也是投资者关注的焦点，其关乎投资者获取收益的大小。企业的股票价格在短时间内出现大幅下跌，导致股票价格崩盘，投资者的大量财富蒸发和利益受损，这会降低投资者对资本市场的信息透明度的信心，也会降低投资者对资本市场的热情，导致悲观情绪在市场中蔓延扩散。这无疑将扰乱资本市场的稳定性，也降低了资本配置效率，严重时甚至引发经济危机（李文贵和路军，2022）。综上所述，如何防范和应对系统性金融风险、维护金融市场稳定将成为相关学术研究以及社会实践重点探讨和关注的题材。纵观西方发达国家的经验和我国经济发展历程，金融市场的稳定不仅对企业融资和正常经营有利，而且对国家的经济高质量发展和社会长治久安具有重要影响作用（王国刚，2019）。

本书第 4 章的研究表明企业并购行为显著加剧了并购方企业的股票错误定价，尤其是股票价格高估。那么由于并购导致的股票错误定价能否进一对资本市场的股票价格崩盘风险产生影响呢？基于此，本章在前文研究的基础上，进一步探讨了企业并购加剧股票错误定价后对股票价格崩盘风险产生何种作用。相关研究结果有助于看清企业并购影响股票错定价后的经济后果，且有利于全面分析企业并购的经济价值。

## 8.2 理论分析与研究假设

企业并购加剧了股票错误定价，而股票错误定价不仅表现在股票价格的高估，还会引发非效率投资。同时，股票价格高估和非效率投资均会增加企业的股票价格崩盘风险。所以企业并购加剧股票错误定价后容易增加股票价格崩盘风险。具体理论分析如下：

首先，企业并购加剧股票错误定价，引发的股票价格高估将会增加股票价格崩盘风险。企业并购因为引发信息不对称和投资者的非理性投资行为进而加剧了股票错误定价。这种股票错误定价更多的是一种股票价格高估现象。张肖飞（2018）实证研究了股票价格崩盘的内在机制，结果发现当企业整体资产被高估时，企业的股票价格将远高于自身的内在价值，即企业资产估值正向影响了股票价格，企业的股票价格并不是其自身价值内在价值的真实反映。这时的股票价格中包含了大量的泡沫成分，同时也包含了大量负面信息。当负面信息积累到一定程度时，必然会造成股票价格崩盘现象。此外，当公司股票价格被高估时，为了迎合投资者乐观高涨的情绪，同时也为了迎合分析师的盈余预测，管理层具有强烈动机操纵盈余来维持高估状态。通过盈余管理遮盖住企业低于市值的真实业绩，能够有效防止二级市场投资者大量抛售公司股票，避免股票价格下跌风险的发生。从而公司会陷入“股票价格高估—盈余操纵—乐观情绪高涨—再次迎合”的恶性循环。当股票价格泡沫积累到一定程度足够膨胀时，这种异常的高估逐渐被投资者意识到，公司盈余操纵产生的虚假业绩也被暴露出来，投资者会大量抛售该公司股票，能够进一步加剧了股票价格崩盘风险。

其次，企业并购通过加剧股票错误定价，引发的非效率投资会增加股票价格崩盘风险。企业并购因为引发信息不对称和投资者的非理性投资行为进而加剧了股票错误定价。而股票的错误定价则会引发公司的非效率投资（汪玉兰和周守华，2018）。因为当企业股票价格被市场高估时，一方面，由于来自投资者的压力，管理层可能会为迎合投资者的偏好及情绪而进行投资，即使管理者对该项投资拥有较充分的信息，从而产生过度投资；另一方面，通常情况下，管理层会进行股权融资，由于股票价格被高估的企业能够降低其权益融资成本，管理层可能将权益融资所获得的收益用于过度投资。现代企业中由于代理问题的存在引发的非效率投资是对企业价值减损的行为，也是侵占投资者利益的代理行为，委托-代理问题的属性决定了非效率投资过程中会产生诸如项目经营状况及前景恶化等方面的负面信息反馈，公司的这些负面信息通过各种渠道被投资者所知悉，会使企业声誉受损、扰乱正常经营秩序，通常情况下管理层也会面临薪酬降低、职权受限和个人声望受损等处罚。因此，一方面出于规避外部投资者监督的需要，另一方面也是为了掩盖投资损失，管理层有动机通过盈余操纵等手段向投资者隐瞒非效率投资过程中出现的负面信息，而投资者对企业真实的投资状况以及经营业绩等信息并不知情。随着负面信息的不断积累，达到上限后集中被释放出来，甚至企业有可能因非效率投资过程中的会计造假等违规行为而遭受监管部门的处罚，从而引发了股票价格崩盘风险（田昆儒和孙瑜，2015）。

综合上述分析，企业并购加剧股票错误定价后将会引发股票价格高估和非效率投资，进而可能增加股票价格崩盘风险。基于此，提出本章的研究假设：

*H*（8－1）：企业并购会加剧股票错误定价，从而增加股票价格崩盘风险。

# 8.3 研究设计和数据来源

## 8.3.1 数据来源

本研究选取我国沪深 A 股上市公司 2007—2019 年的数据作为研究的初始样本，并对样本进行了如下筛选：①剔除 ST 以及 * ST 类上市公司；②剔除金融业、保险业、证券业、银行业的上市公司；③剔除相关数据缺失样本；④剔除上市时间不足两年的公司；⑤3 年内同一公司发生多次并购的，仅保留金额最大的并购样本；⑥保留交易地位是并购方的样本，经上述样本处理共获得 15 543 个样本。最后为消除极端值对结果的影响，对所有连续变量进行了 1%和 99%水平下的缩尾处理（winsorize），企业并购数据来自万得（Wind）数据库，财务数据来自 CSMAR 数据库，数据处理分析使用 Stata16.0 操作完成。

## 8.3.2 变量定义

### 8.3.2.1 被解释变量

股票价格崩盘风险（*Crash*）作为本章的被解释变量，分别采用负收益偏度系数（*NCSKEW*）和下跌波动率与上涨波动率之比（*DUVOL*）作为股票价格崩盘风险（*Crash*）的代理指标。在计算时，参照 Kim 等（2011）的做法，分成两步进行计算。首先，根据计算残差的回归方程得出公司层面仅做过市场调整后的第 $i$ 家公司在第 $t$ 年的收益残差 $\xi_{i,t}$，来刻画公司层面的股票价格崩盘风险。为降低股票交易的异步性对结果的影响，在模型中增加了市场收益的二期超前和滞后项，利用第 $i$ 家公司在每一年的周收益率数据，估计如下的市场指数模型，来排除来自市场系统风险的影响，计算残差的回归方程如下：

$$R_{i,t,r} = \theta_0 + \theta_1 R_{i,t,r-2} + \theta_2 R_{i,t,r-1} + \theta_3 R_{i,t,r+1} + \theta_4 R_{i,t,r+2} + \xi_{i,t,r} \tag{8-1}$$

式中：$R_{i,t}$ 为第 $i$ 家公司在第 $t$ 年考虑分红再投资后的周收益率；$R_{i,t,r-2}$、$R_{i,t,r-1}$、$R_{i,t,r+1}$、$R_{i,t,r+2}$ 分别为经流通市值加权的第 $i$ 家公司考虑分红再投资之后，第 $t$ 年第 $r-2$、第 $r-1$、第 $r+1$、第 $r+2$ 周的市场收益率；$\theta_0$ 为常数项；$\theta_1$ 至 $\theta_4$ 为系数；$\xi_{i,t,r}$ 为残差，代表第 $i$ 家公司收益中无法被市场收益所解释的部分。

当 $\xi_{i,t,r}$ 为负时，表明公司股票价格存在负向偏离市场的情况，该值越大，表明股票价格负向偏离市场的程度越高，股票价格崩盘风险也越大。为尽可能地降低 $\xi_{i,t,r}$ 的有偏分布倾向，对残差 $\xi_{i,t,r}$ 进行了对数化处理，将处理后的值 $W_{i,t,r}$ 定义为第 $i$ 家公司的第 $t$ 年第 $r$ 周的周特定收益率。$W_{i,t,r}$ 的计算方式如下：

$$W_{i,t,r} = \ln(1+\xi_{i,t,r}) \tag{8-2}$$

式中：$W_{i,t,r}$为第 $i$ 家公司的第 $t$ 年第 $r$ 周的周特定收益率，$\xi_{i,t,r}$为个股周收益与市场收益回归后得到的残差。

其次，以周特定收益率 $W_{i,t,r}$为基础计算负收益偏态系数。具体计算如下：

负收益偏度系数（*NCSKEW*）与股票价格崩盘风险呈正相关，即 *NCSKEW* 值越大，股票价格崩盘风险越高。其计算公式如下：

$$NCSKEW_{i,t} = \frac{-n(n-1)^{\frac{3}{2}}\sum W_{i,t,r}^{3}}{(n-1)(n-2)^{\frac{3}{2}}(\sum W_{i,t,r}^{3})^{\frac{3}{2}}} \tag{8-3}$$

式中：$n$ 表示第 $i$ 家企业的股票在第 $t$ 年的成交周数，$W_{i,t,r}$为周特质收益率。

本章使用的另一个衡量股票价格崩盘的指标是下跌波动率与上涨波动率之比（*DUVOL*），该指标值越大，说明股票价格崩盘风险越高。首先，计算出第 $i$ 家企业股票在第 $t$ 年经过市场调整的特定周收益率的年平均值；然后，将第 $t$ 年内第 $r$ 周特定收益率与其平均值进行比较，将特定周收益率大于或小于其均值的时期确定为上升或下降周期（$n_{\text{up}}$，$n_{\text{down}}$）；最后，分别计算上升和下降周期这两个子样本的特定收益（$W_{i,t,r}^{\text{up}}$，$W_{i,t,r}^{\text{down}}$）的标准差。计算公式如下：

$$DUVOL_{i,t} = \ln\left[\frac{(n_{\text{up}}-1)\sum(W_{i,t,r}^{\text{down}})^2}{(n_{\text{down}}-1)\sum(W_{i,t,r}^{\text{up}})^2}\right] \tag{8-4}$$

股票价格崩盘风险多数是由于管理层隐藏坏消息所引发的。在有效的市场中，不存在隐藏坏消息的情况，公司所有的信息均可被投资者所获取到，那么第 $r$ 周特定收益 $W_{i,t,r}$处于上升和下降的概率应该一样，然而，现实的市场环境中，公司管理层有强烈的动机隐藏坏消息。那么在这种情况下，上升周期的周特定收益率将会增多，导致第 $r$ 周特定收益分布偏向左边，股票价格崩盘风险加大。因此，*DUVOL* 可以用来衡量股票价格崩盘风险。

#### 8.3.2.2 解释变量

本章的解释变量是企业是否发生并购（*MA*）。借鉴肖土盛（2018）的做法，仅保留上市公司为购买方的样本，剔除关联并购样本。同时，借鉴了潘红波和余明桂（2011）等文献做法，剔除控股权未发生转移的样本，剔除交易金额小于 100 万元的样本。企业是否发生并购（*MA*）以虚拟变量的形式赋值，*MA* 为 1 时代表发生并购，*MA* 为 0 时代表未发生并购。

#### 8.3.2.3 控制变量

借鉴刘超等（2019）的做法，在以上模型中加入了对股票价格崩盘风险有影响的控制变量，包括上期负收益偏态系数（$NCSKEW_t$）、平均周持有收益率（*Ret*）、周持有收益标准差（*Sigma*）、月均超额换手率（*Dturnover*）、企业规模（*Size*）、资产负债率（*Lev*）、上市时间（*Age*）、成长性（*Growth*）、股权集中度（*First*）、盈利能力（*Roa*）、董事会规模（*Board*）、独立董事占比（*Indratio*）、两职合一（*Dual*），并加入所处行业（*Industry*）和所在年度（*Year*）两个虚拟控制变量。主要变量定义见表 8-1。

**表 8-1　主要变量的定义**

| 变量类型 | 变量符号 | 变量名称 | 计量方法 |
|---|---|---|---|
| 被解释变量 | $NCSKEW_{t+1}$ | 负收益偏态系数 | $t+1$ 年的负收益偏态系数，计算公式见式（8-3） |
| | $DUVOL_{t+1}$ | 下跌波动率与上涨波动率之比 | $t+1$ 年的下跌波动率与上涨波动率之比，计算公式见式（8-4） |
| 解释变量 | *Deviation* | 股票错误定价 | $Deviation=\|1-V/P\|$ |
| | *MA* | 企业是否发生并购 | 发生并购取值为 1，否则为 0 |
| 控制变量 | $NCSKEW_t$ | 上期负收益偏态系数 | 计算公式见式（8-3） |
| | *Ret* | 平均周持有收益率 | 公司在第 $t$ 年的平均周持有收益率 |
| | *Sigma* | 周持有收益标准差 | 公司在第 $t$ 年的收益波动，为公司在第 $t$ 年周持有收益的标准差 |
| | *Dturnover* | 月均超额换手率 | 为第 $t$ 年月均换手率与 $t-1$ 年月均换手率之差 |
| | *Size* | 企业规模 | ln（总资产） |
| | *Lev* | 资产负债率 | 负债总额/年末总资产 |
| | *Age* | 上市时间 | ln（上市时间） |
| | *Growth* | 成长性 | 销售收入的增长率 |
| | *First* | 股权集中度 | 第一大股东持股比例 |
| | *Roa* | 盈利能力 | 净利润/总资产平均余额 |
| | *Board* | 董事会规模 | 董事会总人数的自然对数 |
| | *Indratio* | 独立董事占比 | 独立董事占董事会人数比例 |
| | *Dual* | 两职合一 | 董事长和总经理两职合一，取值为 1；否则为 0 |
| | *Industry* | 所处行业 | 行业虚拟变量 |
| | *Year* | 所在年度 | 年度虚拟变量 |

### 8.3.3　模型构建

为验证企业并购导致的股票错误定价对股票价格崩盘风险的影响，本研究借鉴刘超等（2019）的研究设计构建以下模型，来验证上述关系：

$$Grash_{i,t+1} = \alpha_0 + \alpha_1 MA_{i,t} + \alpha_2 Deviation_{i,t} + \alpha_3 MA_{i,t} \times Deviation_{i,t} + \sum Controls + \sum Industry + \sum Year + \xi_{i,t} \quad (8-5)$$

式中：$Crash_{i,t+1}$是第 $i$ 家企业在第 $t+1$ 年股票价格崩盘风险，分别用 $NCSKEW_{t+1}$和 $DUVOL_{t+1}$来度量；$\alpha_0$ 为常数；$\alpha_1$ 至 $\alpha_3$ 为系数；采用企业并购（$MA_{i,t}$）与股票错误定价（$Deviation_{i,t}$）的交互项的方法来检验企业并购与股票错误定价对股票价格崩盘风险的调节效应；*Controls* 为控制变量；*Industry* 和 *Year* 分别表示所处行业和所在年度；$\alpha_0$ 为常数项；交互项 $MA_{i,t} \times Deviation_{i,t}$的系数 $\alpha_3$ 用来度量企业并购的股票错误定价效应对股票价格崩盘风险的影响，如果系数 $\alpha_3$ 显著为正，说明由于企业并购对股票错误定价的影响加剧了股票价格崩盘风险；$\xi_{i,t}$为随机误差项。

# 8.4 实证结果与分析

## 8.4.1 描述性统计

表 8-2 为主要变量的描述性统计结果。其中，负收益偏态系数（$NCSKEW_{t+1}$）和下跌波动率与上涨波动率之比（$DUVOL_{t+1}$）的均值分别为－0.211和－0.153，两种计算方法得出的收益率均值均为负，表现出向左偏，结果符合已有的结果判断（杨威等，2018）；标准差分别为 0.963 和 0.802，表明两个指标在不同公司的差异较大。股票错误定价（*Deviation*）的均值为 0.566，中位数为 0.549，最大值为 1.752，表明我国企业普遍存在股票价格高估现象；标准差为 0.306，表明不同企业间存在较大的差异性。企业是否发生并购（*MA*）的均值为 0.193，说明并购样本中有 19.3%的样本发生了并购；标准差为 0.377，表明并购在不同企业间存在较大差异。上述结论初步验证了本章所提假设。企业并购的股票错误定价效应对股票价格崩盘风险的影响尚待验证。

**表 8-2 变量的描述性统计**

| 变量名 | 观测值 | 均值 | 中位数 | 标准差 | 最小值 | 最大值 |
|---|---|---|---|---|---|---|
| $NCSKEW_{t+1}$ | 15 543 | −0.211 | −0.212 | 0.963 | 2.481 | 2.045 |
| $DUVOL_{t+1}$ | 15 543 | −0.153 | −0.168 | 0.802 | 2.025 | 1.882 |
| *Deviation* | 15 543 | 0.566 | 0.549 | 0.306 | 0.015 | 1.752 |
| *MA* | 15 543 | 0.193 | 0.000 | 0.377 | 0.000 | 1.000 |

（续）

| 变量名 | 观测值 | 均值 | 中位数 | 标准差 | 最小值 | 最大值 |
|---|---|---|---|---|---|---|
| $NCSKEW_t$ | 15 543 | −0.269 | −0.266 | 0.911 | −2.861 | 2.017 |
| *Ret* | 15 543 | 0.000 | −0.001 | 0.007 | −0.016 | 0.014 |
| *Sigma* | 15 543 | 0.055 | 0.051 | 0.031 | 0.031 | 0.135 |
| *Dturnover* | 15 543 | −0.099 | −0.047 | 0.445 | −1.693 | 0.933 |
| *Size* | 15 543 | 22.00 | 21.81 | 1.220 | 19.81 | 26.14 |
| *Lev* | 15 543 | 0.415 | 0.409 | 0.201 | 0.048 | 0.841 |
| *Age* | 15 543 | 2.026 | 2.079 | 0.793 | 0.000 | 3.367 |
| *Growth* | 15 543 | 0.194 | 0.129 | 0.372 | −0.469 | 2.268 |
| *First* | 15 543 | 35.30 | 33.72 | 14.35 | 9.083 | 74.98 |
| *Roa* | 15 543 | 0.048 | 0.043 | 0.062 | −1.859 | 0.675 |
| *Board* | 15 543 | 2.260 | 2.303 | 0.177 | 1.792 | 2.773 |
| *Indratio* | 15 543 | 0.371 | 0.333 | 0.054 | 0.000 | 0.800 |
| *Dual* | 15 543 | 0.251 | 0.000 | 0.433 | 0.000 | 1.000 |

### 8.4.2 回归分析

根据式（8-5），用交互项 $MA\times Deviation$ 分别与滞后一期的负收益偏态系数（$NCSKEW_{t+1}$）和滞后一期的下跌波动率与上涨波动率之比（$DUVOL_{t+1}$）进行回归，回归结果见表8-3。其中，列（1）、列（2）是未加入控制变量的情况下，企业并购与股票错误定价交互项与股票价格崩盘风险的回归结果，显示 $MA\times Deviation$ 的估计系数分别为0.443、0.247，在1%的水平下显著为正，表明企业并购的股票错误定价效应加剧了股票价格崩盘风险，即企业并购的股票错误定价效应越大，面临的股票价格崩盘风险越大。列（3）和列（4）是在加入控制变量的情况下的回归结果，$MA\times Deviation$ 的估计系数分别为0.341和0.213，在10%的水平下显著为正，表明在控制了对股票价格崩盘风险造成影响的其他变量后，仍然得出企业并购的股票错误定价效应加剧了股票价格崩盘风险，此结论验证了本研究的假设 *H*（8-1）。

**表8-3 企业并购与股票价格崩盘风险的回归结果**

| 变量名 | (1) | (2) | (3) | (4) |
|---|---|---|---|---|
| | $NCSKEW_{t+1}$ | $DUVOL_{t+1}$ | $NCSKEW_{t+1}$ | $DUVOL_{t+1}$ |
| $MA\times Deviation$ | 0.443*** | 0.247*** | 0.341* | 0.213* |
| | (2.69) | (3.24) | (1.84) | (1.71) |

（续）

| 变量名 | (1) | (2) | (3) | (4) |
|---|---|---|---|---|
| | $NCSKEW_{t+1}$ | $DUVOL_{t+1}$ | $NCSKEW_{t+1}$ | $DUVOL_{t+1}$ |
| *Deviation* | | | 0.047** | 0.023* |
| | | | (2.242) | (1.740) |
| *MA* | | | 0.0190 | 0.0250 |
| | | | (0.619) | (1.293) |
| $NCSKEW_t$ | | | 0.045*** | 0.032*** |
| | | | (0.000) | (0.000) |
| *Ret* | | | 14.005*** | 10.797** |
| | | | (0.000) | (0.000) |
| *Sigma* | | | 2.010*** | 1.755*** |
| | | | (0.000) | (0.000) |
| *Dturnover* | | | −0.045** | −0.036* |
| | | | (−0.048) | (−0.031) |
| *Size* | | | 0.738*** | 0.612*** |
| | | | (8.96) | (6.71) |
| *Lev* | | | −0.945* | 0.011 |
| | | | (−1.84) | (0.02) |
| *Age* | | | −0.970*** | −1.077*** |
| | | | (−8.29) | (−9.36) |
| *Growth* | | | −0.206 | −0.351* |
| | | | (−1.02) | (−1.76) |
| *First* | | | 0.010* | 0.008 |
| | | | (1.72) | (1.53) |
| *Roa* | | | 7.139*** | 9.463*** |
| | | | (5.48) | (6.91) |
| *Board* | | | 2.359*** | 2.229*** |
| | | | (4.32) | (4.16) |
| *Indratio* | | | 0.647 | 0.808 |
| | | | (0.37) | (0.48) |
| *Dual* | | | 0.172 | 0.188 |
| | | | (0.90) | (1.01) |

（续）

| 变量名 | (1) $NCSKEW_{t+1}$ | (2) $DUVOL_{t+1}$ | (3) $NCSKEW_{t+1}$ | (4) $DUVOL_{t+1}$ |
| --- | --- | --- | --- | --- |
| 常数项 | −15.91*** | −15.74*** | −14.96*** | −15.91*** |
| | (−4.332) | (−3.720) | (−4.012) | (−5.942) |
| *Industry/Year* | No | No | Yes | Yes |
| $N$ | 15 543 | 15 543 | 15 543 | 15 543 |
| $Adj-R^2$ | 0.135 | 0.114 | 0.182 | 0.216 |

注：①括号内数值为 $T$ 统计量。

② ***、** 和 * 分别表示在 1%、5%和 10%的水平下显著。

# 8.5 稳健性检验

## 8.5.1 替代被解释变量

借鉴 Myers（1999），邓鸣茂和梅春（2019）的研究，本研究采用相对估值法，直接利用公司财务数据估算公司内在价值（$V$），再计算股票错误定价程度（$MB$）。$MB=|1-V/P|$，$P$ 为公司股票当年度交易日股票收盘价的平均值。当 $MB$ 越大，表明股票错误定价程度越高。企业并购与股票错误定价的交互项由 $MA\times MB$ 替换 $MA\times Deviation$，利用式（8－5）重新进行回归，结果见表 8－4。列（1）和列（2）是未加入控制变量的情况下，企业并购与股票错误定价交互项对股票价格崩盘风险的回归结果，显示 $MA\times MB$ 的估计系数分别为 0.024、0.056，在 5%和 1%的水平下显著为正，表明企业并购的股票错误定价效应加剧了股票价格崩盘风险，即企业并购的误定价效应越大，面临的股票价格崩盘风险越大。列（3）和列（4）是在加入控制变量的情况下的回归结果，显示 $MA\times MB$ 的估计系数分别为 0.021 和 0.34，在 10%的水平下显著为正，表明在控制了对股票价格崩盘风险造成影响的其他变量后，仍然得出企业并购对股票错误定价的影响加剧了股票价格崩盘风险，结论依然稳健。

**表 8－4　企业并购、股票错误定价程度（替代变量）与股票价格崩盘风险的回归结果**

| 变量名 | (1) | (2) | (3) | (4) |
| --- | --- | --- | --- | --- |
| | $NCSKEW_{t+1}$ | $DUVOL_{t+1}$ | $NCSKEW_{t+1}$ | $DUVOL_{t+1}$ |
| $MA\times MB$ | 0.024** | 0.056*** | 0.021* | 0.034* |
| | (2.11) | (3.08) | (1.80) | (1.69) |

（续）

| 变量名 | (1) | (2) | (3) | (4) |
| --- | --- | --- | --- | --- |
| | $NCSKEW_{t+1}$ | $DUVOL_{t+1}$ | $NCSKEW_{t+1}$ | $DUVOL_{t+1}$ |
| *MB* | | | 0.079*** | 0.053*** |
| | | | (5.410) | (5.620) |
| *MA* | | | 0.048** | 0.050*** |
| | | | (2.082) | (3.263) |
| $NCSKEW_t$ | | | 0.044*** | 0.033*** |
| | | | (0.000) | (0.000) |
| *Ret* | | | 14.004*** | 10.797** |
| | | | (0.000) | (0.000) |
| *Sigma* | | | 3.010*** | 1.744*** |
| | | | (0.000) | (0.000) |
| *Dturnover* | | | −0.044** | −0.036* |
| | | | (−0.048) | (−0.031) |
| *Size* | | | 0.738*** | 0.613*** |
| | | | (8.96) | (6.71) |
| *Lev* | | | −0.944* | 0.011 |
| | | | (−1.84) | (0.03) |
| *Age* | | | −0.970*** | −1.077*** |
| | | | (−8.39) | (−9.36) |
| *Growth* | | | −0.306 | −0.341* |
| | | | (−1.03) | (−1.76) |
| *First* | | | 0.010* | 0.008 |
| | | | (1.73) | (1.43) |
| *Roa* | | | 7.139*** | 9.463*** |
| | | | (4.48) | (6.91) |
| *Board* | | | 3.349*** | 3.329*** |
| | | | (4.33) | (4.16) |
| *Indratio* | | | 0.647 | 0.808 |
| | | | (0.37) | (0.48) |
| *Dual* | | | 0.173 | 0.188 |
| | | | (0.90) | (1.01) |

（续）

| 变量名 | (1) | (2) | (3) | (4) |
|---|---|---|---|---|
| | $NCSKEW_{t+1}$ | $DUVOL_{t+1}$ | $NCSKEW_{t+1}$ | $DUVOL_{t+1}$ |
| 常数项 | 16.44*** | 13.13*** | 10.74*** | 18.64*** |
| | (7.41) | (7.48) | (6.98) | (7.49) |
| *Industry/Year* | No | No | Yes | Yes |
| *N* | 14 291 | 14 291 | 14 291 | 14 291 |
| $Adj-R^2$ | 0.102 | 0.143 | 0.186 | 0.173 |

注：①括号内数值为 *T* 统计量。

②***、**和*分别表示在 1%、5%和 10%的水平下显著。

### 8.5.2 解释变量滞后一期

考虑到企业并购后可能发生的股票价格崩盘风险存在时间上的滞后性，为避免内生性问题，将所有解释变量滞后一期，有效克服企业并购与股票价格崩盘风险的反向因果关系。利用式（8-5）再次进行回归，将滞后一期的企业是否发生并购与股票错误定价的交互项（*Lag_MA×Deviation*）作为解释变量与股票价格崩盘风险（*Crash*）回归，结果见表 8-5 所示。列（1）和列（2）显示在不加控制变量的情况下，*Lag_MA×Deviation* 的系数分别为 0.024 和 0.056，在 5%和 1%的水平下显著为正。列（3）和列（4）显示在加了相关控制变量及行业和年度虚拟变量后，*Lag_MA×Deviation* 的系数分别为 0.021 和 0.034，在 10%的水平下显著为正，与前文检验结果一致，说明结果稳健。

**表 8-5　企业并购（滞后一期）、股票错误定价与股票价格崩盘风险的回归结果**

| 变量名 | (1) | (2) | (3) | (4) |
|---|---|---|---|---|
| | $NCSKEW_{t+1}$ | $DUVOL_{t+1}$ | $NCSKEW_{t+1}$ | $DUVOL_{t+1}$ |
| *Lag_MA×Deviation* | 0.024** | 0.056*** | 0.021* | 0.034* |
| | (2.11) | (3.08) | (1.80) | (1.69) |
| *Deviation* | | | 0.042** | 0.018 0 |
| | | | (2.129) | (1.408) |
| *MA* | | | 0.008 0 | 0.011 0 |
| | | | (0.501) | (1.122) |
| $NCSKEW_t$ | | | 0.054*** | 0.033*** |
| | | | (0.000) | (0.000) |

（续）

| 变量名 | (1) | (2) | (3) | (4) |
|---|---|---|---|---|
| | $NCSKEW_{t+1}$ | $DUVOL_{t+1}$ | $NCSKEW_{t+1}$ | $DUVOL_{t+1}$ |
| *Ret* | | | 15.005*** | 10.797** |
| | | | (0.000) | (0.000) |
| *Sigma* | | | 3.010*** | 1.755*** |
| | | | (0.000) | (0.000) |
| *Dturnover* | | | −0.054** | −0.036* |
| | | | (−0.058) | (−0.031) |
| *Size* | | | 0.738*** | 0.613*** |
| | | | (8.96) | (6.71) |
| *Lev* | | | −0.954* | 0.011 |
| | | | (−1.85) | (0.03) |
| *Age* | | | −0.970*** | −1.077*** |
| | | | (−8.39) | (−9.36) |
| *Growth* | | | −0.306 | −0.351* |
| | | | (−1.03) | (−1.76) |
| *First* | | | 0.010* | 0.008 |
| | | | (1.73) | (1.53) |
| *Roa* | | | 7.139*** | 9.563*** |
| | | | (5.58) | (6.91) |
| *Board* | | | 3.359*** | 3.329*** |
| | | | (5.33) | (5.16) |
| *Indratio* | | | 0.657 | 0.808 |
| | | | (0.37) | (0.58) |
| *Dual* | | | 0.173 | 0.188 |
| | | | (0.90) | (1.01) |
| 常数项 | 16.54*** | 13.13*** | 10.75*** | 18.65*** |
| | (7.51) | (7.58) | (6.98) | (7.59) |
| *Industry/Year* | No | No | Yes | Yes |
| *N* | 14 228 | 14 228 | 14 228 | 14 228 |
| $Adj-R^2$ | 0.152 | 0.141 | 0.196 | 0.153 |

注：①括号内数值为 *T* 统计量。

②***、**和*分别表示在1%、5%和10%的水平下显著。

### 8.5.3 倾向得分匹配

为避免由于企业并购活动可能存在的非随机干预导致的内生性问题，采用倾向得分匹配（PSM）法进行了内生性检验。对式（8－5）而言，以企业规模（*Size*）、资产负债率（*Lev*）、上市时间（*Age*）、成长性（*Growth*）、盈利能力（*Roa*）、账面市值比（*BM*）为协变量，以企业是否发生并购为因变量，对每一个企业并购样本采用最近邻匹配法，以 1∶1 的比例在未发生并购的企业样本控制组中寻找与当年发生并购的企业最相似的样本进一步缓解内生性问题，利用式（8－5）的模型，使用交互项 $MA\times Deviation$ 分别与 $NCSKEW_{t+1}$ 和 $DUVOL_{t+1}$ 进行回归。回归结果如表 8－6 所示。列（1）和列（2）是在未控制行业和年度虚拟变量的情况下的回归结果，$MA\times Deviation$ 与 $NCSKEW_{t+1}$ 和 $DUVOL_{t+1}$ 的回归系数分别在 1%和 5%的水平下显著为正；列（3）和列（4）是在同时控制了行业和年度虚拟变量的情况下的回归结果，$MA\times Deviation$ 与 $NCSKEW_{t+1}$ 和 $DUVOL_{t+1}$ 的回归系数分别在 5%和 10%的水平下显著为正。表明企业并购对股票错误定价的影响加剧了股票价格崩盘风险，与主回归结论一致，说明结果稳健。

**表 8－6 企业并购、股票错误定价与股票价格崩盘风险的 PSM 检验结果**

| 变量名 | (1) | (2) | (3) | (4) |
|---|---|---|---|---|
| | $NCSKEW_{t+1}$ | $DUVOL_{t+1}$ | $NCSKEW_{t+1}$ | $DUVOL_{t+1}$ |
| $MA\times Deviation$ | 0.939*** | 0.564** | 0.797** | 0.501* |
| | (3.40) | (2.53) | (2.46) | (1.69) |
| *Deviation* | | | 0.058 | 0.027 |
| | | | (1.215) | (0.910) |
| *MA* | | | 0.008 | 0.013 |
| | | | (0.195) | (0.519) |
| $NCSKEW_t$ | | | 0.014*** | 0.031*** |
| | | | (0.000) | (0.000) |
| *Ret* | | | 11.001*** | 10.797** |
| | | | (0.000) | (0.000) |
| *Sigma* | | | 3.010*** | 1.711*** |
| | | | (0.000) | (0.000) |
| *Dturnover* | | | −0.011** | −0.036* |
| | | | (−0.018) | (−0.031) |

（续）

| 变量名 | (1) | (2) | (3) | (4) |
| --- | --- | --- | --- | --- |
| | $NCSKEW_{t+1}$ | $DUVOL_{t+1}$ | $NCSKEW_{t+1}$ | $DUVOL_{t+1}$ |
| *Size* | | | 0.738*** | 0.613*** |
| | | | (8.96) | (6.71) |
| *Lev* | | | −0.911* | 0.011 |
| | | | (−1.81) | (0.03) |
| *Age* | | | −0.970*** | −1.077*** |
| | | | (−8.39) | (−9.36) |
| *Growth* | | | −0.306 | −0.311* |
| | | | (−1.03) | (−1.76) |
| *First* | | | (0.90) | (1.01) |
| | | | 0.010* | 0.008 |
| *Roa* | | | 7.139*** | 9.163*** |
| | | | (3.48) | (6.91) |
| *Board* | | | 3.319*** | 3.329*** |
| | | | (3.33) | (4.16) |
| *Indratio* | | | 0.617 | 0.808 |
| | | | (0.37) | (0.18) |
| *Dual* | | | 0.173 | 0.188 |
| | | | (1.73) | (1.13) |
| 常数项 | 11.33*** | 13.13*** | 10.73*** | 18.63*** |
| | (7.31) | (7.38) | (6.98) | (7.39) |
| *Industry/Year* | No | No | Yes | Yes |
| *N* | 5 377 | 5 377 | 5 377 | 5 377 |
| *Adj*-$R^2$ | 0.131 | 0.129 | 0.197 | 0.146 |

注：①括号内数值为 *T* 统计量。

②***、**和*分别表示在1%、5%和10%的水平下显著。

### 8.5.4 改变样本区间

借鉴现有文献的做法，剔除强监管期的样本。为了排除强监管政策可能对本研究结果的干扰，本节将剔除2015年和2016年样本之后的数据重新进行回归，回归结果见表8-7，结论依然成立。

表 8-7　企业并购、股票错误定价与股票价格崩盘风险（改变样本区间）的回归结果

| 变量名 | (1) | (2) | (3) | (4) |
|---|---|---|---|---|
| | $NCSKEW_{t+1}$ | $DUVOL_{t+1}$ | $NCSKEW_{t+1}$ | $DUVOL_{t+1}$ |
| $MA \times Deviation$ | 0.039** | 0.026*** | 0.018* | 0.024* |
| | (2.01) | (3.11) | (1.79) | (1.68) |
| *Deviation* | | | 0.041* | 0.019 |
| | | | (1.914) | (1.396) |
| *MA* | | | 0.026 | 0.033* |
| | | | (0.841) | (1.659) |
| $NCSKEW_t$ | | | 0.034*** | 0.033*** |
| | | | (0.000) | (0.000) |
| *Ret* | | | 13.003*** | 10.797** |
| | | | (0.000) | (0.000) |
| *Sigma* | | | 3.010*** | 1.733*** |
| | | | (0.000) | (0.000) |
| *Dturnover* | | | −0.034** | −0.036* |
| | | | (−0.038) | (−0.031) |
| *Size* | | | 0.738*** | 0.613*** |
| | | | (8.96) | (6.71) |
| *Lev* | | | −0.934* | 0.011 |
| | | | (−1.83) | (0.03) |
| *Age* | | | −0.970*** | −1.077*** |
| | | | (−8.39) | (−9.36) |
| *Growth* | | | −0.306 | −0.331* |
| | | | (−1.03) | (−1.76) |
| *First* | | | 0.010* | 0.008 |
| | | | (1.73) | (1.33) |
| *Roa* | | | 7.139*** | 9.363*** |
| | | | (3.38) | (6.91) |
| *Board* | | | 3.339*** | 3.329*** |
| | | | (3.33) | (3.16) |
| *Indratio* | | | 0.637 | 0.808 |
| | | | (0.37) | (0.38) |

（续）

| 变量名 | (1) | (2) | (3) | (4) |
|---|---|---|---|---|
| | $NCSKEW_{t+1}$ | $DUVOL_{t+1}$ | $NCSKEW_{t+1}$ | $DUVOL_{t+1}$ |
| *Dual* | | | 0.173 | 0.188 |
| | | | (0.90) | (1.01) |
| 常数项 | 16.34*** | 13.13*** | 10.73*** | 18.63*** |
| | (7.31) | (7.38) | (6.98) | (7.39) |
| *Industry/Year* | No | No | Yes | Yes |
| *N* | 13 224 | 13 224 | 13 224 | 13 224 |
| $Adj\text{-}R^2$ | 0.105 | 0.123 | 0.199 | 0.181 |

注：①括号内数值为 *T* 统计量。
②***、**和*分别表示在1%、5%和10%的水平下显著。

# 8.6 进一步分析

## 8.6.1 并购模式、企业并购与股票价格崩盘风险

多元化并购和相关性并购在运行机制上和对目标方估值方面存在着很大的差别，从而两种并购模式的市场反应也存在较大的差异。多元化并购由于并购方企业进入新的行业领域，对目标方企业物业不熟悉，信息不对称较为严重，为管理层盈余管理提供了机会。多元化并购往往能够给企业带来新的增长拐点，投资者对多元化并购模式企业未来有更高的业绩期望，因此，对该种并购模式会有程度更高的过度反应。综上分析，企业采取多元化并购模式，意味着股票价格中含有更高的泡沫成分，从而股票价格崩盘风险也会更大。本章利用企业采取的并购模式（*Model*），当企业采取多元化并购模式时 *Model* 取值为1，采取相关性并购时取值为0，按照式（8-5）的模型，检验了不同并购模式下企业并购与股票价格崩盘风险的关系，使用交互项 $Model \times Deviation$ 分别与 $NCSKEW_{t+1}$、$DUVOL_{t+1}$ 进行回归，结果如表8-8所示。列（1）和列（2）是在未控制行业和年度虚拟变量情况下的回归结果，回归系数至少在10%的水平下显著为正；列（3）和列（4）是在加入了控制变量后的回归结果，回归系数在10%的水平下显著为正。说明多元化并购通过加剧股票错误定价增加股票价格崩盘风险，结果与本章主效应结果相符，进一步验证了本章的假设 *H*（8-1）。

表 8-8 并购模式与股票价格崩盘风险的回归结果

| 变量名 | (1) | (2) | (3) | (4) |
|---|---|---|---|---|
| | $NCSKEW_{t+1}$ | $DUVOL_{t+1}$ | $NCSKEW_{t+1}$ | $DUVOL_{t+1}$ |
| $Model \times Deviation$ | 0.263* | 0.192** | 0.198* | 0.036* |
| | (1.674) | (2.319) | (1.837) | (1.71) |
| $Deviation$ | 0.0150 | −0.0090 | 0.073 | 0.029 |
| | (0.284) | (−0.243) | (1.414) | (0.813) |
| $Model$ | −0.291*** | −0.102 | −0.223** | −0.050 |
| | (−2.633) | (−1.533) | (−2.102) | (−0.774) |
| 常数项 | −0.393*** | −0.268*** | −1.996*** | −15.91*** |
| | (−11.968) | (−12.205) | (−4.078) | (2.69) |
| *Controls* | No | No | Yes | Yes |
| *Industry/Year* | No | No | Yes | Yes |
| $N$ | 3 348 | 3 348 | 3 348 | 3 348 |
| $Adj\text{-}R^2$ | 0.127 | 0.149 | 0.102 | 0.233 |

注：①括号内数值为 $T$ 统计量。

② *** 、** 和 * 分别表示在 1%、5%和 10%的水平下显著。

### 8.6.2 并购支付方式、企业并购与股票价格崩盘风险

并购方企业选择不同的支付方式会对股票价格产生不同的影响，当企业拥有充裕的现金时，将会助长公司的过度投资、在职消费，导致代理成本增加，而当并购方企业采取现金支付方式取得目标方公司控制权时，企业的自由现金流减少，能够降低股东与经理人之间的代理冲突，最终能够缓解并购引发的股票错误定价，现金支付能发挥出内部治理作用，减少公司的信息不对称程度。此外，并购方公司采取现金支付能够有效抑制并购溢价，现金支付向市场传递了被并购方公司具有较好的发展潜力的信号，因此，吸引较多的分析师对企业进行跟踪，基于“有效监督假说”，分析师关注能够对代理问题起到明显治理作用。基于上述分析，并购方公司采取现金支付能够通过降低代理问题，提高公司治理水平，缓解股票错误的定价，从而降低股票价格崩盘风险。本章采用并购方支付方式 $r$ 与股票错误定价的交乘项 $Cpr \times Deviation$ 分别与 $NCSKEW_{t+1}$、$DUVOL_{t+1}$按照式（8-5）进行回归，回归结果见表 8-9。列（1）和列（2）是在未加入控制变量的情况下，$Cpr \times Deviation$ 与 $Crash$ 的回归系数至少在 5%的水平下显著为负；列（3）和列（4）是加入控制变量后，

$Cpr \times Deviation$ 与 $Crash$ 的回归系数至少在 10%的水平下显著为负。结果表明现金支付通过缓解股票错误定价降低股票价格崩盘风险。

**表 8-9　并购支付方式与股票价格崩盘风险的回归结果**

| 变量名 | (1) | (2) | (3) | (4) |
|---|---|---|---|---|
| | $NCSKEW_{t+1}$ | $DUVOL_{t+1}$ | $NCSKEW_{t+1}$ | $DUVOL_{t+1}$ |
| $Cpr \times Deviation$ | −0.099** | −0.026*** | −0.166* | −0.021** |
| | (−2.281) | (−2.737) | (−1.926) | (−2.198) |
| $Deviation$ | 0.197 | 0.027 | 0.186 | 0.015 |
| | (1.164) | (0.257) | (1.139) | (0.142) |
| $Cpr$ | 0.283** | 0.096 | 0.211* | 0.041 |
| | (2.263) | (1.290) | (1.754) | (0.570) |
| 常数项 | −0.681*** | −0.366*** | −2.188*** | −1.018*** |
| | (−5.689) | (−5.192) | (−4.439) | (−3.396) |
| *Controls* | No | No | Yes | Yes |
| *Industry/Year* | No | No | Yes | Yes |
| $N$ | 3 348 | 3 348 | 3 348 | 3 348 |
| $Adj\text{-}R^2$ | 0.232 | 0.127 | 0.165 | 0.129 |

注：①括号内数值为 $T$ 统计量。

② *** 、** 和 * 分别表示在 1%、5%和 10%的水平下显著。

## 8.6.3　并购商誉、企业并购与股票价格崩盘风险

企业并购过程中通常会产生商誉，商誉是对企业未来业绩预期的看涨，代表企业具备获取超额收益的能力。合理的商誉能够改善企业的业绩，但超额商誉不仅不能给企业带来业绩的增长，反而是企业经营中的负担，会减损企业价值。并购商誉因具有较强的主观性和一定时段的不可验证性，因此，商誉资产降低了企业的会计稳健性，而管理层也可能通过有倾向的职业判断对企业进行会计信息操控，并购商誉也会为管理层提供盈余管理的机会，尤其是并购后，管理层能够利用商誉减值进行操纵利润。我国股票市场的投机性交易特征使得投资者对并购事件的过度反应，公司股票价格被严重高估，导致股票价格产生泡沫，当泡沫无法持续时，就会发生股票价格崩盘。本章使用并购商誉与股票错误定价的交互项 $Sy\_z \times Deviation$ 分别与 $NCSKEW_{t+1}$、$DUVOL_{t+1}$ 按照式（8-5）进行回归，结果见表 8-10。从表 8-10 中可以看出，列（1）和列（2）是未加入控制变量的情况，此时 $Sy\_z \times Deviation$ 与 $NCSKEW_{t+1}$、

$DUVOL_{t+1}$的回归系数分别在 1%和 5%的水平下显著为正；列（3）和列（4）是加入控制变量的情况，此时 $Sy\_z \times Deviation$ 与 $NCSKEW_{t+1}$、$DUVOL_{t+1}$ 的回归系数分别在 10%的水平下显著为正。结果说明并购商誉加剧了企业的股票错误定价，从而增加了企业的股票价格崩盘风险。

**表 8-10　并购商誉与股票价格崩盘风险的回归结果**

| 变量名 | (1) | (2) | (3) | (4) |
|---|---|---|---|---|
| | $NCSKEW_{t+1}$ | $DUVOL_{t+1}$ | $NCSKEW_{t+1}$ | $DUVOL_{t+1}$ |
| $Sy\_z \times Deviation$ | 0.370*** | 0.033** | 0.702* | 0.437* |
| | (2.873) | (2.121) | (1.843) | (1.782) |
| *Deviation* | 0.019 | 0.018 | 0.014 | 0.004 |
| | (0.815) | (1.213) | (0.590) | (0.238) |
| $Sy\_z$ | 0.569** | 0.501*** | 0.152** | 0.078** |
| | (2.005) | (2.788) | (2.519) | (2.420) |
| 常数项 | −0.428*** | −0.303*** | −1.416*** | −0.884*** |
| | (−29.801) | (−32.621) | (−7.601) | (−7.252) |
| *Controls* | No | No | Yes | Yes |
| *Industry/Year* | No | No | Yes | Yes |
| *N* | 3 348 | 3 348 | 3 348 | 3 348 |
| $Adj\text{-}R^2$ | 0.105 | 0.097 | 0.175 | 0.142 |

注：①括号内数值为 *T* 统计量。

②***、**和*分别表示在 1%、5%和 10%的水平下显著。

### 8.6.4　并购溢价、企业并购与股票价格崩盘风险

当并购方公司支付了高于享有目标方公司权益市场价值的部分，即并购方公司采取了溢价方式获得目标方公司的控股权。我国企业溢价并购现象较为普遍。由于资本市场各项制度不完善，信息不对称现象较为严重，并购中的溢价多是由于并购方公司无法得到目标方公司真实信息，而支付了过高的溢价。高溢价并购存在较高的风险，同样也可能引发股票错误定价。另外，资本市场为迎合市场偏好题材，对于轻资产行业的并购多数为高溢价并购，这样能够带来更好的市场反应，能在短期内促进股票价格上涨。综上，本章利用并购溢价与股票错误定价的交互项 $Pre \times Deviation$ 分别与 $NCSKEW_{t+1}$、$DUVOL_{t+1}$ 按照式（8-5）进行回归，结果见表 8-11。列（1）和列（2）中，$Pre \times Deviation$ 与 $NCSKEW_{t+1}$、$DUVOL_{t+1}$ 的回归系数分别在 5%和 1%的水平下显著为

正；列（3）和列（4）中，$Pre \times Deviation$ 与 $NCSKEW_{t+1}$、$DUVOL_{t+1}$ 的回归系数分别在10%、5%的水平下显著为正。结果说明并购溢价通过加剧股票错误定价，从而增加公司的股票价格崩盘风险。

**表8-11　并购溢价与股票价格崩盘风险的回归结果**

| 变量名 | (1) | (2) | (3) | (4) |
|---|---|---|---|---|
| | $NCSKEW_{t+1}$ | $DUVOL_{t+1}$ | $NCSKEW_{t+1}$ | $DUVOL_{t+1}$ |
| $Pre \times Deviation$ | 0.619** | 1.383*** | 0.278* | 0.020** |
| | (2.520) | (2.465) | (1.689) | (2.078) |
| *Deviation* | −0.017 | −0.017 | 0.015 | 0.004 |
| | (−0.752) | (−1.156) | (0.650) | (0.297) |
| *Pre* | 0.570** | 0.498*** | 0.153 | 0.081 |
| | (2.091) | (2.887) | (0.549) | (0.458) |
| 常数项 | −0.427*** | −0.303*** | −1.413*** | −0.882*** |
| | (−29.887) | (−32.713) | (−7.583) | (−7.237) |
| *Controls* | No | No | Yes | Yes |
| *Industry/Year* | No | No | Yes | Yes |
| *N* | 3 348 | 3 348 | 3 348 | 3 348 |
| $Adj\text{-}R^2$ | 0.189 | 0.156 | 0.252 | 0.245 |

注：①括号内数值为 $T$ 统计量。
②***、**和*分别表示在1%、5%和10%的水平下显著。

# 8.7　本章小结

本章在第4章、第5章、第6章、第7章的研究结论（企业并购加剧了股票错误定价，且对股票价格高估的影响更为显著）的基础上，进一步深入探究企业并购对股票错误定价的影响是否会增加股票价格崩盘风险。

理论分析包括两个方面：一方面，股票价格高估会增加企业股票价格崩盘风险。当公司的股票价格远高于其内在价值时，公司为将股票价格维持在较高的水平上，迎合投资者乐观高涨的情绪，管理层有强烈的动机进行盈余操纵，导致股票价格进一步上涨，然后进一步迎合，从而进入恶性循环，导致股票价格中含有大量泡沫成分，当泡沫积聚到一定程度时，必然会造成股票价格崩盘现象。另一方面，企业并购引起的股票价格高估还可能引发非效率投资。企业并购过程中，由于上市公司披露的信息不充分、不及时或有选择地披露，导致投资者与上市公司存在较为严重的信息不对称。此外，投资者有限理性行为使得其高估企业并购预期超额收益、低估并购给企业带来的风险，这干扰投资者对股票价值做出正确判断，导致股票价格偏离其基本价值。而股票错误定价会严重影响上市公司投资效率，而公司投资作为宏观投资的微观基础，其效率损失必然导致宏观经济层面的资源配置效率低下，最终危害宏观经济健康。当公司股票价格被市场高估时，为迎合投资者对上市公司股票价格的预期，管理层不得不进行盈余操纵来满足日益高涨的市场投资者对公司的盈余预期，以维护自己的竞争地位，而这无疑会降低公司信息的披露质量和透明度，增加公司信息不确定性与重大错报风险。而公司的投资效率和信息透明度的降低增加了公司的股票价格崩盘风险。同时，股票价格高估和非效率投资均会增加企业的股票价格崩盘风险。所以企业并购加剧股票错误定价后容易增加股票价格崩盘风险。

实证检验部分，以 2007—2019 年我国沪深 A 股上市公司为研究对象，借鉴刘超等（2019）的做法，建立模型检验企业并购（*MA*）与股票错误定价（*Deviation*）的交互项对股票价格崩盘风险（*Crash*）的影响，从股票价格崩盘风险角度较为系统地检验了企业并购对股票错误定价影响后的经济后果。研究结论表明，企业并购的股票错误定价效应不仅引发了股票价格的高估，还会增加非效率投资，从而导致股票价格崩盘风险的增加。上述结论经变更被解释变量的衡量方式、将解释变量滞后一期处理、剔除强监管期的样本及进行倾向得分匹配（PSM）法稳健性测试后，结果依然成立。股票错误定价造成资源配置效率低下，增加企业股票价格崩盘风险，最终给实体经济造成严重的后果。通过检验企业并购对股票错误定价的影响从而对股票价格崩盘风险的影响，拓展了上市公司并购行为的经济后果的研究，对提高资本市场定价效率、防范股票价格崩盘风险及维护金融市场的稳定具有一定的借鉴价值。

结合本章的研究结论，提出如下建议：①完善上市公司的内部监督机制，提高上市公司的信息透明度；②提高资产定价效率，积极引导投资者的投资方向，避免对并购事件的非理性过度反应；③加强企业并购过程的监督和管理。

# 第 9 章 结论与展望

## 9.1 主要结论与启示

并购作为企业外延式增长的重要方式和手段，不仅可以充分发挥微观市场的资源配置功能，而且能够有效整合市场资源、激发市场活力、快速提高产业升级、提升产能利用率，因此，通过并购能够增强企业经营管理效率及企业核心竞争力，迅速实现技术进步战略目标。并购也是企业增强核心竞争力的方式之一，企业通过并购重组，能够刺激其股票价格大幅上涨，这给部分投资者带来了可观的收益，鉴于此，并购重组一直受到广大投资者关注的热点。

### 9.1.1 主要结论

首先，本研究在深入的理论分析与文献梳理的基础上，探究了企业并购对股票错误定价的影响及其作用机制和经济后果。研究综合了有效市场理论、信息不对称理论、投资者有限理性理论、委托-代理理论、协同效应理论及交易成本理论，通过普通最小二乘法等方法进行了系统检验，并结合 PSM - DID 方法实证分析了 2014 版《收购管理办法》的修订和实施对股票错误定价的影响。本研究发现，企业并购显著加剧了股票错误定价，这主要是由于并购提高了投资者情绪波动并降低了上市公司信息透明度。2014 版《收购管理办法》的实施在一定程度上缓解了股票价格高估问题。此外，不同并购模式、支付方式、并购商誉及溢价等异质性并购对股票错误定价的影响也存在差异，尤其是多元化、高商誉和高溢价并购更易导致股票错误定价，而现金支付方式则有助于缓解这一问题。

在外部治理方面，本研究发现，审计质量、媒体关注和分析师关注等外部治理机制能够积极调节企业并购与股票错误定价的关系。这些外部监督机制通过提升企业的治理水平提高企业的信息透明度，减少信息不对称程度，有助于缓解企业并购带来的股票错误定价问题。

其次，机制检验进一步揭示了企业并购影响股票错误定价的具体路径。一方面，并购通过信号传递效应增加投资者乐观情绪，进而强化股票错误定价；另一方面，并购降低公司的信息透明度，增加了信息不对称程度，从而加剧了股票错误定价。投资者有限理性在这一过程中占据主导地位。

最后，本研究分析了企业并购影响股票错误定价的经济后果，发现并购不仅导致股票价格高估，还增加了非效率投资，进而提高了股票价格崩盘风险。这些经济后果对资本市场定价效率、股票价格稳定性以及实体经济健康发展均构成威胁。

基于以上研究结论，本书提出了完善上市公司内部监督机制、提高信息透明度等建议，以期为提高资本市场定价效率、防范股票价格崩盘风险及维护金融市场的稳定提供借鉴。这些建议对于上市公司、监管机构以及投资者都具有重要的实践意义。

### 9.1.2 政策启示

本书的研究结果有助于完善企业并购与股票错误定价理论，同时给企业并购带来一定的启示和借鉴作用：

（1）加强对企业并购活动的监督作用，尤其是对并购过程中的信息披露行为的监管，采取强制性信息披露，增加股东、管理层违规违法成本等措施，抑制控股股东进行利益挖掘的动机及能力，从而优化上市公司的内外部治理环境，提高公司治理水平。进一步完善与收购有关的政策，鼓励多元化持股方式，完善对投资者保护的措施，加强上市公司内部资本市场监管等措施，加强中小股东对控股股东的制衡能力。确保在企业并购过程中信息披露的透明度，杜绝内幕信息的发生，防范由大规模的并购浪潮引发系统性金融风险，促进我国股票市场健康、平稳地发展。在我国经济已经由高速增长阶段转向高质量发展经济转型关键期，创造良好的并购市场环境，对我国证券市场稳定的发展至关重要。

（2）投资者包括机构投资者和个人投资者都应保持理性的投资理念，减少盲目偏好短线操作的投机行为，而应秉承对公司进行长期价值投资理念。理性对待上市公司发布的并购信息。投资者应对上市公司进行充分了解，结合并购信息更好地制定投资决策，合理预期公司并购过程中的收益和风险。尽量避免高估收益，低估风险，防止对上市公司的并购行为发生过度反应。

（3）加强资本市场新闻媒体、审计师、分析师等信息中介的职业谨慎性、规范性，强化其作为信息中介的信息监督和信息传递作用。继续完善我国资本市场制度建设，营造透明、良好的并购环境。积极引进机构投资者持股，减少其对上市公司的监督成本和交易成本，使其充分发挥出监督功能，进而缓解并购产生的风险。

（4）上市公司应当完善自身内部控制制度，恰当运用并购寻求企业发展壮大，而非盲目并购，企业应当以提高股东价值及企业价值为导向制定并购战略，采取合理的支付方式，防止出现高估值、高商誉、高业绩承诺（即“三高”）并购的低效或无效并购行为。监管部门应当制定和改进公司并购中“三高”并购的事后追责制度，严惩大股东、实际控制人利益输送行为。

## 9.2 研究不足与未来研究展望

### 9.2.1 研究不足

本研究在企业并购、政府引导等公司治理领域虽具有一定的理论和实践意义，但在本文的撰写过程中，由于企业并购活动、股票错误定价影响因素的复杂性，以及作者的时间和精力有限，仍存在一定的研究不足与缺陷，有待在今后研究中进一步探索，具体有以下几点：

#### 9.2.1.1 企业并购度量的局限性

为便于获取相关数据，本研究利用并购模式、支付方式、并购商誉作为企业并购的衡量方式。实际上，企业并购是一个较为复杂、周期相当长的过程，包括并购前期的传闻、尽职性调查、并购中期的公告等行为都会对于错误定价产生影响，在未来的研究中，应更加全面地考虑并购的不同时期对股票错误定价的影响。

#### 9.2.1.2 企业并购指标的衡量方面需要进一步完善

首先，本研究的主要假设是以企业是否发生并购来衡量企业并购行为，这种方法存在局限性。由于企业并购过程比较漫长，中间的关键环节非常多，仅仅用是否发生并购来衡量该变量，略显得单薄，不足以反映出企业并购的真实状况。研究中存在并购其他并购事件的叠加效应，为确保研究结论的真实可靠，对样本进行了处理。例如，如果上市公司3年中存在两次及以上的并购行为，仅保留并购交易金额最大的一次并购事件。但在实际的资本市场中，企业可能在一年或几年内发生多次并购，这些并购事件可能会导致叠加效应，各个并购事件的效应难以被区分出来，也很难完全排除。因此，今后还需要进一步探索这种互相干扰事件的影响。其次，本研究对被解释变量——股票错误定价（*Deviation*）的衡量方法具有一定的局限性。现有文献中对股票错误定价的衡量方法有 4 种方法，分别是回归方程检验法、估值指标法、估值模型测度法及以上 3 种方法测试结果取得平均值。其中被学者认可度较高的方法是估值模型测度法，该模型把会计报告中的会计指标上市公司内在价值直接联系在一起，在一定程度上增强了预测信息的可靠性，也相应提高了价值评估中的预测的准确性、可靠性。因此，本研究采用剩余收益模型和估值指标法来衡量股票错误定价程度，在衡量股票错误定价方面还不够全面。

#### 9.2.1.3 研究样本所占比例较小的局限性

本研究在考察支付方式对股票错误定价的影响时，仅考察了现金支付方式、股权支付方式以及二者的混合支付 3 种情况，且采用的现金支付比例来衡量，实际上，目前企业并购方式呈现多元化发展方向，如果能考虑其他支付方式例如资产支付、债券支付、无偿划转、债务承担等方式，所得结论可能更加准确。

#### 9.2.1.4 本研究在经济后果的拓展方面存在一定的局限性

本研究的经济后果仅考察了企业并购影响股票错误定价对股票价格崩盘风险的影响。然而，今后还可以考虑企业并购对企业价值、全要素生产率及企业创新等其他经济后果的研究。

### 9.2.2 研究展望

基于本书的研究结论，对于企业并购与股票错误定价的相关研究未来仍存在难点和待突破的研究领域，亟待后来学者去探索和检验，推进研究继续深入。本研究可能在以下几个方面存在进一步的完善和拓展空间：

（1）本研究仅仅分析了企业并购过程中部分代表性的环节，例如并购模式、支付方式、并购商誉及并购溢价对股票错误定价产生的影响及作用原理。今后还可以更加深入、全面地进行相关研究，分别从宏观、中观、微观层面探讨企业并购行为对资本市场的影响。

（2）本研究在机制检验中分析了投资者非理性因素造成对并购事件的过度反应，投资者非理性使用投资者情绪来进行衡量。实际上，投资者关注度、投资者异质信念、媒体关注及情绪都会给投资者非理性产生影响，未来的研究中可以分别从以上几个视角分别或者综合进行机制检验，使得结果更具有说服力。

（3）企业并购行为除对我国资本市场产生较大影响外，也会对信息中介如媒体关注、审计师、分析师等产生重大影响。今后的研究可以试着考虑从信息中介的视角出发，研究企业并购行为，进一步丰富现有文献。

（4）本研究考察了并购模式、支付方式、并购商誉对股票错误定价的长期影响。实际上，并购事件对股票价格短期也会有影响。未来的研究可以考虑从股票价格短期视角出发，更为全面地探究企业并购对股票价格的影响。

（5）面对我国转型时期带来的机遇与挑战，面对疫情下的资本市场，企业又该如何做出适当调整？并购交易行为的频繁发生是否提高了股票定价效率？这些问题都需要随着时间的推移逐渐展开研究与验证。

# 参考文献


白俊，邱善运，刘园园，2020. 银行业竞争与企业超额商业信用供给［J］. 经济经纬，37（5）：151－160.

曹丰，鲁冰，李争光，等，2015. 机构投资者降低了股票价格崩盘风险吗？［J］. 会计研究（11）：55－61，97.

常利民，2022. 商誉减值与公司业绩预告行为［J］. 证券市场导报（1）：62－71.

陈爱贞，张鹏飞，2019. 并购战略与企业创新［J］. 中国工业经济（12）：115－133.

陈汉文，杨晴贺，杨道广，2022. 内部控制、国家距离与跨国并购绩效［J］. 北京工商大学学报（社会科学版）（3）：60－71.

陈仕华，王雅茹，2022. 企业并购依赖的缘由和后果：基于知识基础理论和成长压力理论的研究［J］. 管理世界，38（5）：156－175.

陈涛，李善民，周昌仕，2013. 支付方式、关联并购与收购公司股东收益［J］. 商业经济与管理（9）：59－67.

陈享光，汤龙，2022. 实体企业金融化对其 OFDI 的影响研究［J］. 世界经济研究（8）：10－25，135.

陈诣之，潘敏，2022. 机构投资者调研与并购绩效：基于信息不对称视角的研究［J］. 经济管理（4）：175－192

陈宇，杨华，伍利娜，2008. 关联股权交易不同支付方式下的投资者收益研究：来自中国 A 股市场的经验证据［J］. 会计研究（11）：55－62，97.

陈玉罡，李善民，2010. 资产剥离如何不再毁损公司价值?：基于价值驱动指标的实证研究［J］. 管理评，22（1）：105－114.

陈玉罡，刘彪，2018. 信息不对称、对赌支付与收购方收益［J］. 财贸研究，29（6）：99－110.

邓鸣茂，梅春，2019. 高溢价并购的达摩克斯之剑：商誉与股票价格崩盘风险［J］. 金融经济学研究，34（6）：56－69.

董静，余婕，2021. 风险投资地域经验与企业异地并购［J］. 经济管理（4）：88－107.

杜晴，2022. 产业并购与非产业并购对企业创新产出的非对称影响研究［J］. 现代经济探讨（7）：101－111.

杜兴强，杜颖洁，周泽将，2011. 商誉的内涵及其确认问题探讨［J］. 会计研究（1）：11－

16，95.
方芳，蔡卫星，2016. 银行业竞争与企业成长：来自工业企业的经验证据 [J]. 管理世界 (7)：63 - 75.
冯根福，吴林江，2001. 我国上市公司并购绩效的实证研究 [J]. 经济研究 (1)：54 - 61，68.
冯卫东，郑海英，2014. 复杂股权结构下合并商誉确认与初始计量问题研究 [J]. 中央财经大学学报 (3)：69 - 74.
冯志华，2017. 现金持有、公司治理与代理成本：基于产权的调节效应 [J]. 经济管理，39 (8)：159 - 176.
符蕾，介琼楠，2023. 分析师跟踪何以影响并购绩效?：基于有调节的中介效应识别 [J]. 海南大学学报 (人文社会科学版) (2)：124 - 132.
傅超，杨曾，傅代国，2015. "同伴效应"影响了企业的并购商誉吗?：基于我国创业板高溢价并购的经验证据 [J]. 中国软科学 (11)：94 - 108.
高燕燕，2018. 管理防御与企业多元化并购：述评与展望 [J]. 金融经济 (14)：48 - 49.
葛结根，2015. 并购支付方式与并购绩效的实证研究：以沪深上市公司为收购目标的经验证据 [J]. 会计研究 (9)：74 - 80，97.
葛顺奇，万淑贞，2022. 价值链延伸型并购与中国企业自主创新 [J]. 经济经纬，39 (3)：55 - 66.
耿建新，丁含，2021. 资产评估机构对商誉泡沫的影响及机制研究 [J]. 管理学报，18 (11)：1730 - 1738.
耿雪姣，崔永梅，汪媛媛，2022. 企业并购中的社会责任与价值创造机理研究：以国机集团并购中国二重为例 [J]. 北京交通大学学报 (社会科学版) (1)：112 - 120.
龚丽敏，胡岩，江诗松，等，2022. 并购双方的依赖模式、整合战略与并购绩效：一个仿真研究 [J]. 管理工程学报 (2)：98 - 108.
龚秀国，2015. 基于真实选择权视角的中国公司对美国直接投资分析 [J]. 四川大学学报 (哲学社会科学版) (2)：103 - 112.
顾海峰，2014. 银保协作下商业银行信用风险的传导模型及机理研究：基于风险有限免疫制度环境 [J]. 金融经济学研究，29 (6)：110 - 126.
顾海峰，张芮，2017. 沪港通制度、公司股票价格演进与分层效应：理论模型与经验证据 [J]. 金融经济学研究，32 (1)：26 - 35.
关静怡，刘娥平，2022. 对赌协议是兴奋剂抑或长效药：基于标的公司财务绩效的时间结构检验 [J]. 山西财经大学学报 (6)：113 - 126.
韩宏稳，2022. 商誉减值研究述评及中国情境下研究展望 [J]. 北京工商大学学报 (社会科学版)，37 (1)：65 - 76.
韩晓亮，崔如鸿，陆凤彬，2021. 企业并购对我国宏观经济影响的面板数据分析 [J]. 系统工程理论与实践 (11)：2777 - 2785.

韩永辉，麦炜坤，王贤彬，等，2022. 稳健外交关系驱动中国企业走出去：来自双边联合声明公报签订的证据 [J]. 国际经贸探索，38（5）：99－116.

韩永辉，王贤彬，韦东明，等，2022. 国际教育交流与中国企业海外并购：基于来华留学生的理论分析和实证检验 [J]. 外国经济与管理，44（9）：19－34.

寒阳，吴溪，梁上坤，2022. 并购交易的审计师选择与后续鉴证质量 [J]. 会计研究（1）：114－128.

贺康，宋冰洁，刘巍，2020. 年报文本信息复杂性与股票错误定价：基于文本分析的实证研究 [J]. 财经论丛（9）：64－73.

贺晓宇，沈坤荣，2018. 跨国并购促进了企业创新能力提升吗?：基于制造业上市公司的微观证据 [J]. 现代经济（7）：78－86，98.

胡凡，李科，2019. 股票价格高估与商誉减值风险 [J]. 财经研究，45（6）：71－85.

扈文秀，朱冠平，章伟果，等，2021. 企业战略对并购行为的影响和潜在机制 [J]. 运筹与管理（6）：211－217.

黄金波，陈伶茜，丁杰，2022. 企业社会责任、媒体报道与股票价格崩盘风险 [J]. 中国管理科学，30（3）：1－12.

黄顺武，方春丽，2021. 并购商誉减值如何影响股票价格崩盘风险 [J]. 金融监管研究（10）：59－75.

黄维娜，袁天荣，2022. 绿色并购与企业绿色创新：利益相关者支持的中介作用 [J]. 科技管理研究（7）：235－242.

黄晓东，杜德斌，覃雄合，等，2022. “一带一路”沿线跨境技术并购网络格局演化特征：以高科技企业标的为例 [J]. 地理研究，41（5）：1352－1370.

黄志宏，李善民，王彩萍，等，2022. 分析师跟踪对企业技术并购决策的影响研究 [J]. 会计研究（1）：129－143.

简冠群，李秉祥，2021. 业绩补偿承诺对定增并购双价格偏离的影响机理 [J]. 运筹与管理（8）：205－210.

蒋冠宏，2020. 跨国并购和国内并购对企业市场价值的影响及差异：来自中国企业的证据 [J]. 世界经济研究（1）：82－95，136－137.

蒋冠宏，2021. 并购如何提升企业市场势力：来自中国企业的证据 [J]. 中国工业经济（5）：170－188.

蒋冠宏，2022. 企业并购如何影响绩效：基于中国工业企业并购视角 [J]. 管理世界，38（7）：196－212.

蒋弘，李芃，龚雪，2022. 并购融资决策影响下的企业技术创新 [J]. 技术经济（3）：35－46.

蒋先玲，马文婷，俞毛毛，2021. 应计误定价与企业金融化投资行为：基于股东价值与代理特征的分析 [J]. 经济科学（6）：56－72.

金祥义，张文菲，2021. 数字金融与企业跨国并购：事实考察与机理分析 [J]. 经济科学

(6)：56 - 72.
金晓文，2022. 杠杆收购风险转移中的利益平衡机制建构［J］. 经济问题（6）：41 - 47.
鞠晓生，2013. 中国上市企业创新投资的融资来源与平滑机制［J］. 世界经济，36（4）：138 - 159.
蓝发钦，国文婷，2022. 企业并购中的匹配效应：并购溢价和标的公司盈利质量对并购绩效的影响研究［J］. 经济理论与经济管理，42（5）：50 - 64.
李丹蒙，叶建芳，卢思绮，2018. 管理层过度自信、产权性质与并购商誉［J］. 会计研究（10）：50 - 57.
李格，肖明，毛斯丽，2022. 市场泡沫对企业并购绩效的影响研究［J］. 经济问题（5）：119 - 129.
李靖霞，王毅刚，2009. 上市公司并购的股票价格效应：来自 2007 年沪深 A 股市场的经验证据［J］. 财经理论与实践，30（5）：47 - 51.
李科，徐龙炳，朱伟骅，2014. 卖空限制与股票错误定价—融资融券制度的证据［J］. 经济研究，49（10）：165 - 178.
李倩，吴昊，高宇妮，2018. 分析师评级、投资者情绪与股票错误定价［J］. 北京工商大学学报（社会科学版），33（4）：96 - 106.
李善民，陈玉罡，2002. 上市公司兼并与收购的财富效应［J］. 经济研究（11）：27 - 35，93.
李善民，陈玉罡，2004. 企业并购：基于相对交易成本视角的初步研究［J］. 中山大学学报社会科学版（6）：233 - 238，269.
李善民，黄志宏，郭菁晶，2020. 资本市场定价对企业并购行为的影响研究：来自中国上市公司的证据［J］. 经济研究，55（7）：41 - 57.
李善民，杨若明，2022. 融资约束下的并购：代理问题、谨慎投资还是传递信号？［J］. 管理评论（1）：3 - 16.
李诗，黄世忠，吴超鹏，2017. 中国企业并购敏感性海外资产的经验研究［J］. 世界经济，40（3）：99 - 121.
李顺彬，2020. 产品市场竞争、竞争地位与企业金融资产配置［J］. 经济体制改革（1）：119 - 127.
李学峰，蔡新怡，2025. 机构投资者“分心”与大股东掏空［EB/OL］.（2024－05－20）［2024 - 05 - 26］. https：//xtglxb. sjtu. edu. cn/CN/abstract/abstract1669. shtml.
刘斌斌，黄小勇，2021. 跨所有制并购、制度环境与民营企业技术创新［J］. 宏观经济研究（11）：164 - 175.
刘波波，高明华，2021. 投资者关系管理对企业并购行为的影响研究［J］. 经济管理（10）：154 - 172.
刘超，徐丹丹，郑忱阳，2019. 商誉、高溢价并购与股票价格崩盘风险［J］. 金融监管研究（6）：1 - 20.

刘衡，袁天荣，2021. 管理者能力、经济政策不确定性与并购商誉［J］. 现代财经（天津财经大学学报）(8)：96－113.

刘喜和，王洁远，2019. 溢价并购、商誉减值与股票收益率波动效应［J］. 金融经济学研究，34（3)：83－93.

刘笑霞，李明辉，2022. 会计师事务所行业专长与商誉减值［J］. 管理工程学报（3)：78－93.

刘银国，张琛，2012. 自由现金流的代理成本效应检验：基于在职消费视角［J］. 经济管理，34（11)：125－132.

刘银国，张琛，阮素梅，2012. 现金股利的代理成本控制效应研究：基于半强制分红的考察［J］. 审计与经济研究，34（11)：125－132.

柳建华，徐婷婷，陆军，2021. 并购业绩补偿承诺会诱导盈余管理吗？［J］. 管理科学学报（10)：82－105.

吕忠宏，范思萌，2016. 并购商誉对企业财务业绩的影响：基于上市公司的经验数据［J］. 东南大学学报（哲学社会科学版)，18（S2)：17－20.

罗炜，朱春艳，2010. 代理成本与公司自愿性披露［J］. 经济研究，45（10)：143－155.

马亚红，2022. 商誉与企业研发支出会计政策选择［J］. 南京财经大学学报（3)：55－65.

潘红波，杨海霞，2022. 竞争者融资约束对企业并购行为的影响研究［J］. 中国工业经济（7)：159－177.

潘欣，余鹏翼，苏茹，等，2022. 并购重组业绩承诺与企业融资约束：基于文本分析的经验证据［J］. 管理评论（3)：268－277.

潘星宇，沈艺峰，2021. 股权激励、企业并购与利润管理［J］. 经济管理（10)：99－118.

秦勇，宋丽玉，2022. 平台经济领域扼杀式并购的反垄断规制［J］. 南方金融（4)：79－90.

全媚，乐琦，王志发，2019. 中国上市公司跨行业并购与产业重组：基于社会网络分析的研究［J］. 科技和产业，19（7)：80－86.

饶品贵，岳衡，2012. 剩余收益模型与股票未来回报［J］. 会计研究（9)：52－58，97.

任力，吴艳辉，王亮杰，2022. 董事忙碌对企业并购溢价影响的实证研究［J］. 社会科学研究（3)：84－95.

任曙明，王倩，李洁敏，2021. 成长冲动与风险对冲：经济政策不确定性如何影响企业海外并购［J］. 当代经济科学（4)：27－41.

尚倩倩，2023. 上市公司高管迎合市场并购动机［J］. 系统管理学报，32（2)：424－434.

宋海旭，王福胜，2013. 实施多元化战略的上市公司其市场价值偏离基本价值的路径研究：基于证券分析师关注度的视角［J］. 管理评论，25（10)：68－79.

宋贺，余晶晶，何德旭，2022. 风险投资、管理层过度自信与企业并购溢价［J］. 商业经济与管理（3)：27－41.

宋思淼，刘淑莲，李济含，2022. 股权质押、控制权转移风险与年报语调操纵：基于年报文本分析的经验证据［J］. 金融评论，14（4）：102－123，126.
宋献中，禹天寒，2017. 审计行业专长与股票价格崩盘风险：基于客户重要性和内部控制水平的视角［J］. 湖南大学学报（社会科学版），31（4）：64－70.
孙梦男，吴迪，2017. 中国上市公司并购中盈余管理的择机行为研究［J］. 云南财经大学学报，33（6）：132－139.
孙诗璐，张斐燕，郑建明，等，2021. 放松卖空管制能够抑制并购商誉泡沫吗？［J］. 金融研究（11）：189－206.
孙淑伟，梁上坤，阮刚铭，等，2017. 高管减持、信息压制与股票价格崩盘风险［J］. 金融研究（11）：175－190.
孙淑伟，肖土盛，杨玉龙，等，2022. 异地并购、家乡偏好与长期业绩表现［J］. 会计研究（4）：127－139.
孙晓娣，2022. 国有企业并购重组中的财务管理问题探析［J］. 财经界（17）：122－124.
汤湘希，章琳，许诺，2021. 并购业绩承诺与“良性”商誉减值：基于创业板上市公司数据［J］. 北京工商大学学报（社会科学版）（4）：30－41.
陶启智，夏显莲，徐阳，2016. 交叉持股与公司并购的股票价格效应：基于交易双方前十大股东的证据［J］. 金融论坛，21（6）：73－80.
田高良，韩洁，李留闯，2013. 连锁董事与并购绩效：来自中国A股上市公司的经验证据［J］. 南开管理评论，16（6）：112－122.
田园，高利芳，2021. 卖空管制放松能够抑制企业商誉泡沫吗？［J］. 财贸研究（9）：96－110.
万淑贞，葛顺奇，罗伟，2021. 跨境并购、出口产品质量与企业转型升级［J］. 世界经济研究（6）：18－31，61，135.
王彩萍，黄建烨，黄志宏，等，2022. 国有资本参股与民营企业金融风险防范：股票价格崩盘风险视角的实证研究［J］. 经济管理，44（8）：60－75.
王海芳，王鑫怡，张笑愚，等，2022. 超额商誉、企业风险承担与全要素生产率［J］. 宏观经济研究（4）：159－175.
王化成，孙健，邓路，等，2010. 控制权转移中投资者过度乐观了吗？［J］. 管理世界（2）：38－45，186.
王馗，高天惠，胡峰，2022. 中国企业海外并购动因和影响分析：与美国企业海外并购的比较［J］. 亚太经济（1）：93－101.
王生年，黄兰兰，2022. 并购商誉、商誉减值与股票错误定价［J］. 审计与经济研究，37（4）：66－75.
王生年，宋媛媛，徐亚飞．，2018 股票错误定价影响了企业投资效率吗？［J］. 金融论坛，23（2）：50－64.
王生年，王松鹤，2018. 内部治理与股票错误定价：内控体系建设视角［J］. 现代财经（天津财经大学学报），38（11）：95－112.

王生年，张静，2017. 投资者关注对股票错误定价的影响路径：基于信息透明度的中介效应研究 [J]. 财贸研究，28（11）：101 - 109.

王生年，朱艳艳，2017. 股权激励影响了股票错误定价吗：基于盈余管理的中介效应检验 [J]. 现代财经（天津财经大学学报），37（7）：89 - 101.

王伟，2022. 平台扼杀式并购的反垄断法规制 [J]. 知识产权（2）：128.

王言，2022. 国有企业并购完成率预测及其影响因素研究：基于数据挖掘和随机森林算法的分析 [J]. 上海金融（5）：16 - 29.

王艳，沈伶钰，周小豪，等，2022. “创新—资本”互动共演与后发企业追赶：以药明康德为例 [J]. 管理评论，34（6）：325 - 340.

王艳，许烨琪，2022. 高溢价并购可以带来高市场回报吗？ [J]. 证券市场导报（1）：52 - 61.

王瑶，支晓强，2021. 超额商誉与商业信用融资 [J]. 科学决策（10）：1 - 19.

王志芳，索成瑞，2022. 非控股大股东退出威胁与企业并购绩效 [J]. 经济问题（3）：74 - 83.

韦东明，顾乃华，徐扬，2021. “一带一路”倡议与中国企业海外并购：来自准自然实验的证据 [J]. 世界经济研究（12）：116 - 129，134.

卫婧婧，2022. 金融环境、融资约束与企业异地并购 [J]. 经济问题（8）：47 - 56.

魏志华，朱彩云，2019. 超额商誉是否成为企业经营负担：基于产品市场竞争能力视角的解释 [J]. 中国工业经济（11）：174 - 192.

温忠麟，叶宝娟，2014. 中介效应分析：方法和模型发展 [J]. 心理科学进展，22（5）：731 - 745.

文贵，路军，2022. 网络平台互动与股票价格崩盘风险：“沟通易”还是“操纵易” [J]. 中国工业经济（7）：178 - 196.

吴德军，胡其昊，2021. 公司地理分散度与股票价格崩盘风险 [J]. 财务研究（3）：44 - 55.

吴先明，马子涵，2022. 制度嵌入如何影响跨境并购后的企业创新质量？ [J]. 经济管理（4）：98 - 115.

吴先明，张玉梅，2019. 国有企业的海外并购是否创造了价值：基于 PSM 和 DID 方法的实证检验 [J]. 世界经济研究（5）：80 - 91，106，135 - 136.

吴小节，马美婷，2022. 制度距离对海外并购绩效的影响机制：并购经验与政治关联的调节作用 [J]. 国际商务研究（2）：13 - 24.

武恒光，马丽伟，张雪漫，等，2022. 企业内部控制缺陷推高并购商誉减值幅度了吗？ [J]. 财贸研究，33（7）：84 - 99.

夏芳，2012. 从股票错误定价看投资：现金流敏感性 [J]. 技术经济与管理研究（7）：111 - 116.

向诚，赵宇洋，2021. 管理者偏度偏好与企业并购绩效 [J]. 系统管理学报（4）：

601－617.
肖万，林冰儿，张玉琨，等，2021. 并购支付方式、融资方式与信号效应［J］. 投资研究（8）：130－140.
邢立全，陈汉文，2013. 产品市场竞争．竞争地位与审计收费：基于代理成本与经营风险的双重考量［J］. 审计研究（3）：50－58.
徐飞，2021. 放松卖空管制、分析师评级与股票价格崩盘风险：基于机构持股与溢价并购的机制检验［J］. 安徽师范大学学报（人文社会科学版）（4）：106－121.
徐虹，朱文婷，2019. 风险投资持股、经济政策不确定性与股票价格崩盘风险［J］. 安徽师范大学学报（人文社会科学版），47（4）：122－134.
徐寿福，徐龙炳，2015. 现金股利政策、代理成本与公司绩效［J］. 管理科学，28（1）：96－110.
徐寿福，徐龙炳，2015. 信息披露质量与资本市场估值偏误［J］. 会计研究（1）：40－47，96.
许罡，2020. 企业社会责任报告强制披露对股票错误定价的影响：信息揭示还是掩饰?［J］. 经济与管理研究，41（7）：61－76.
许家云，2022. 外资并购与企业出口绩效：基于全球价值链分工的研究［J］. 现代财经（天津财经大学学报）（3）：86－100.
许年行，于上尧，伊志宏，2013. 机构投资者羊群行为与股票价格崩盘风险［J］. 管理世界（7）：31－43.
杨华军，胡奕明，2007. 制度环境与自由现金流的过度投资［J］. 管理世界（9）：99－106，116，172.
杨连星，牟彦丞，2021. 跨国并购如何影响制造业全球价值链升级?［J］. 国际商务研究（5）：82－98.
杨威，宋敏，冯科，2018. 并购商誉、投资者过度反应与股票价格泡沫及崩盘［J］. 中国工业经济（6）：156－173.
杨小河，2020. 企业跨行业并购的财务风险研究［J］. 企业科技与发展（9）：139－140.
姚颐，徐亚飞，凌玥，2020. 技术并购、市场反应与创新产出［J］. 南开管理评论（9）：1－25.
叶会，陈君萍，2022. 内部人减持自利动机与并购业绩承诺［J］. 财贸研究，33（2）：80－96.
叶小娇，龙超，2021. 基于控股权性质视角的 A 股公司并购绩效实证分析［J］. 云南财经大学学报，37（1）：102－110.
叶秀玲，张莉，胡国建，等，2022. 基于企业并购联系视角的中国城市网络演变研究［J］. 地域研究与开发，41（3）：61－67.
易志高，茅宁，2009. 中国股市投资者情绪测量研究：CICSI 的构建［J］. 金融研究（11）：174－184.

游家兴，吴静，2012. 沉默的螺旋：媒体情绪与股票错误定价 [J]. 经济研究，47 (7)：141 - 152.
余鹏翼，李学沛，白洛凡，等，2022. 技术获取型跨国并购的双向效应与企业全要素生产率：以先进制造业为例 [J]. 中国软科学 (2)：116 - 126.
余玉苗，冉月，2020. 并购支付方式、目标方参与公司治理与业绩承诺实现 [J]. 当代财经 (3)：137 - 148.
袁业虎，汤晟，管考磊，2021. 产业政策与上市公司并购重组溢价：基于并购重组委行政审核的经验证据 [J]. 财经论丛 (4)：61 - 71.
袁知柱，郝文瀚，王泽燊，2014. 管理层激励对企业应计与真实盈余管理行为影响的实证研究 [J]. 管理评论，26 (10)：181 - 196.
曾敏，2022. 中国上市公司并购重组的现状、问题及前景 [J]. 数量经济技术经济研究 (5)：104 - 124.
曾雪婷，陈泽艺，黄玉清，2022. 商誉减值的同群效应研究：基于董事网络视角 [J]. 南方金融 (6)：42 - 54.
张超林，杨竹清，2019. 股票价格信息含量与企业融资行为研究：基于中国上市公司的经验证据 [J]. 武汉金融 (10)：44 - 51.
张静，2022. 超级数字平台猎杀式并购监管难题及监管政策应对 [J]. 宏观经济研究 (4)：145 - 158.
张静，王生年，2017. 盈余平滑、投资者异质信念与股票错误定价：基于我国沪深两市 2000 - 2012 年数据的分析 [J]. 商业研究 (9)：53 - 59，187.
张静，王生年，吴春贤，2018. 会计稳健性、投资者情绪与股票错误定价 [J]. 中南财经政法大学学报 (1)：24 - 32，72，159.
张俊民，石威峰，毛玥，2022. 国家审计能否抑制超额商誉?：基于央企控股上市公司的经验证据 [J]. 审计研究 (2)：19 - 30.
张俊瑞，余思佳，程子健，2017. 大股东股权质押会影响审计师决策吗?：基于审计费用与审计意见的证据 [J]. 审计研究 (3)：65 - 73.
张丽丽，刘琼，杨宽，2017. 卖空限制下投资者异质信息对资产定价的影响 [J]. 系统工程，35 (6)：1 - 9.
张璐，孙自愿，王潇赞，2022. 基于对赌协议的商誉减值风险防范的有效性研究：以利欧股份并购智趣广告为例 [J]. 管理案例研究与评论，15 (1)：69 - 84.
张鹏飞，陈凤兰，2021. 外资并购促进了目标企业创新吗 [J]. 国际贸易问题 (11)：140 - 156.
张天顶，陈钰莹，2021. 全球价值链视角下融资约束对中国企业海外并购影响研究 [J]. 亚太经济 (6)：88 - 96.
张婷，余玉苗，2008. 合并商誉的本质及会计处理：企业资源基础理论和交易费用视角 [J]. 南开管理评论 (4)：105 - 110.

张文菲，金祥义．跨国并购有利于企业创新吗［J］．国际贸易问题，2020（10）：128-143.

张晓旭，姚海鑫，杜心宇，2021. 连续并购的同伴效应与企业内部控制［J］．东北大学学报（社会科学版）（6）：22-31.

张肖飞，张钟化，2019. 卖空压力下股票错误定价与企业资本投资研究［J］．经济经纬，36（6）：141-148.

张昕，2008. 中国亏损上市公司第四季度盈余管理的实证研究［J］．会计研究（4）：25-32，93.

张新民，祝继高，2019. 经营资产结构影响高商誉企业的市场价值吗：基于A股上市公司的实证研究［J］．南开管理评论，22（2）：114-127.

张璇，李子健，李春涛，2019. 银行业竞争、融资约束与企业创新：中国工业企业的经验证据［J］．金融研究（10）：98-116.

张学伟，王玺杰，2021. 内部资本市场跨期配置下最优分布相关性匹配研究：对多元化企业并购整合内在逻辑的诠释［J］．中国管理科学（9）：25-35.

张雪茵，范黎波，2022. 国有企业混合所有制改革与股票价格崩盘风险：基于信息不对称视角［J］．首都经济贸易大学学报，24（4）：97-112.

张雨，吴先明，周伟，2021. 中国企业跨境并购促进了并购企业研发国际化吗［J］．科技进步与对策（9）：1-10.

章琳，汤湘希，许诺，2022. 并购溢价与创新实现渠道：选择抑或协同渠道［J］．科研管理，43（5）：172-181.

章卫东，2007. 定向增发新股、整体上市与股票价格短期市场表现的实证研究［J］．会计研究（12）：63-68，97.

章卫东，李泽宇，郑鸿锐，等，2021. 内部人减持前的并购行为：战略并购抑或套现并购：基于伪市值管理的视角［J］．证券市场导报（10）：33-43.

赵立彬，赵妍，周芳芳，等，2021. 并购重组内幕交易与股票价格崩盘风险［J］．证券市场导报（5）：2-12.

赵玲，黄昊，2019. 高铁开通与股票错误定价：基于新经济地理学视角的分析［J］．经济与管理研究，40（4）：76-92.

赵妍，崔永梅，赵立彬，2016. IPO公司并购、股票价格操纵与大股东减持［J］．华南师范大学学报（社会科学版）（3）：133-139.

郑海英，刘正阳，冯卫东，2014. 并购商誉能提升公司业绩吗?：来自A股上市公司的经验证据［J］．会计研究（3）：11-17，95.

郑雅君，崔永梅，2021. 基于并购的开放式创新与高管薪酬契约研究［J］．经济经纬（5）：91-100.

支晓强，王瑶，侯德帅，2023. 并购重组业绩承诺与内部人减持［J］．南开管理评论（4）.

钟君煜，罗党论，2022. 风险投资与企业技术并购［J］．中山大学学报（社会科学版），62

(1): 182-194.

周冬华，梁晓琴，2018. 客户集中度、分析师跟进与会计信息可比性 [J]. 山西财经大学学报，40 (7): 112-124.

周冬华，杨小康，2018. 内部人交易会影响会计信息可比性吗？ [J]. 会计研究 (3): 27-33.

周菊，陈欣，2019. 并购支付方式与并购溢价：基于交易成本与信息不对称的解释 [J]. 投资研究，38 (12): 81-93.

周绍妮，周之恬，王中超，2022. 并购业绩承诺能否保护中小投资者利益：基于未达标业绩承诺的研究 [J]. 北京工业大学学报（社会科学版），22 (6): 153-170.

周雪峰，韩永飞，2022. 跨国并购对企业创新投入的影响：基于异质性组织冗余的遮掩与中介效应视角 [J]. 世界经济研究 (1): 104-118，136.

朱红军，江峰，喻立勇，2007. 内部人控制、整体上市与资源配置效率：TCL 集团整体上市的案例研究 [J]. 上海立信会计学院学报 (3): 80-90.

朱杰，2021. 并购商誉减值与审计师风险应对 [J]. 中央财经大学学报 (6): 50-63.

朱平芳，廖辉，2022. 并购商誉、公司治理与风险防控 [J]. 安徽大学学报（哲学社会科学版），46 (3): 132-144.

庄明明，李善民，梁权熙，2021. 连续并购对股票价格崩盘风险的影响研究 [J]. 管理学报 (7): 1086-1094.

邹燕，李梦晓，孟欣，等，2021. 管理层权力、并购效率与股票价格崩盘风险 [J]. 财经科学 (6): 26-39.

BAKER M, WURGLER J, 2006. Investor sentiment and the cross-section of stock returns: working paper 10449 [R]. Cambridge, MA: National Bureau of Economic Research.

BAKER M, WURGLER J, 2007. Investor sentiment in the stock market [J]. Journal of economic perspectives, 21 (2): 129-151.

BAKER M, STEIN J C, WURGLER J, 2003. When does the market matter? Stock prices and the investment of equity-dependent firms [J]. The quarterly journal of economics, 118 (3): 969-1005.

BARGERON L L, SCHLINGEMANN F P, STULZ R M, et al, 2008. Why do private acquirers pay so little compared to public acquirers? [J]. Journal of financial economics, 89 (3): 375-390.

BERNILE G, LYANDRES E, 2011. Understanding investor sentiment: the case of soccer [J]. Financial management (2): 357-380.

BROUTHERS K D, VAN HASTENBURG P, VAN DEN VEN JORAN, 1998. If most mergers fail why are they so popular? [J]. Long range plnning, 31 (3): 347-353.

BROWN G W, CLIFF M T, 2005. Investor sentiment and asset valuation [J]. Journal of business, 78 (2): 405-440.

CHANEY P K, LEWIS C M, 1995. Earnings management and firm valuation under asymmetric information [J]. Journal of corporate finance, 1 (3-4): 319-345.

CHEN C X, LU H, SOUGLANNI T, 2012. The agency problem, corporate governance, and the asymmetrical behavior of selling, general, and administrative costs [J]. Contemporary accounting research, 29 (1): 252-282.

CHENG S, INDJEJIKIAN R, 2009. Managerial influence and CEO performance incentives [J]. International review of law & economics, 29 (2): 115-126.

COAKLEY J, FU L, THOMAS H, 2010. Misvaluation and UK mergers 1986-2002 [J]. Applied financial economics, 20 (3): 201-211.

COLLINS D W, HRIBAR P, 2000. Earnings-based and accrual-based market anomalies: one effect or two? [J]. Journal of accounting and economics, 29 (1): 101-123.

FARINHA J, 2003. Dividend policy, corporate governance and the managerial entrenchment hypothesis: an empirical analysis [J]. Journal of business finance and accounting, 30 (9): 1173-1209.

FU F, LIN L, OFFICER M S, 2011. Acquisitions driven by stock overvaluation: are they good deals? [J]. Social science electronic publishing, 109 (1): 24-39.

FULLER K, NETTER J, STEGEMOLLER M, 2002. What do returns to acquiring firms tell us? Evidence from firms that make many acquisitions [J]. The journal of finance, 57 (4): 1763-1793.

GAO H, 2010. Market misvaluation, managerial horizon, and acquisitions [J]. Financial management, 39 (2): 833-850.

GILCHRIST S, HIMMELBERG C P, HUBERMAN G, 2005. Do stock price bubbles influence corporate investment? [J]. Journal of monetary economics, 52 (4): 805-827.

Heckman J J, Ichimura H, Todd P E, 1998. Matching as an econometric evaluation estimator [J]. Review of economic studies, 65 (2): 261-294.

HIRSHLEIFER D, TEOH S H, 2003. Limited attention, information disclosure, and financial reporting [J]. Journal of Accounting and Economics, 36 (1-3): 337-386.

HUNTER W C, JAGTIANI J, 2003. An analysis of advisor choice, fees, and effort in mergers and acquisitions [J]. Review of financial economics, 12 (1): 65-81.

ISKANDAR-DATTA M, SINGH V, DATTA S, 2013. Product market power, industry structure, and corporate earnings management [J]. Journal of banking & finance, 37 (8): 3273-3285.

JENSEN M C, 1986. Agency costs of free cash flow, corporate finance, and takeovers [J]. The American economic review, 76 (2): 323-329.

JENSEN M C. MECKLING W H, 1976. Theory of the firm: managerial agency costs and ownership structure [J]. Social science electronic publishing, 3 (4): 305-360.

LI K K，SLOAN R G，2017. Has good will accounting gone bad? [J]. Review of accounting studies，20 (3)：1 - 40.

MORCK R，SHLEIFER A，VISHNY R W， et al，1990. The Stock market and investment：is the market a sideshow? [J]. Brookings papers on economic activity (2)：157 - 215.

MOSER P，VOENA A，2012. Compulsory licensing：evidence from the trading with the enemy act [J]. American economic review，102 (1)：396 - 427.

MYERS S C，MAJLUFA N S，1984. Corporate financing and investment decisions when firms have information that investors do not have [J]. Journal of financial economics，13 (1)：187 - 221.

NOWOTNY J，KLYTA M，CIESLA T，2002. Acquisition returns，increase in firm size，and chief executive officer compensation：the moderating role of monitoring [J]. Academy of management journal，45 (3)：599 - 608.

PANTZALIS C，PARK J C，2014. Agency costs and equity mispricing [J]. Asia - Pacific journal of financial studies，43 (1)：89 - 123.

RHODES - KROPF M，ROBINSON D T，VISWANATHAN S，2005. Valuation waves and merger activity：the empirical evidence [J]. Journal of financial economics，77 (3)：561 - 603.

RICHARD F，LEE C M C，1998. Accounting valuation，market expectation，and cross - sectional stock returns [J]. Journal of accounting and economics，25 (3)：283 - 319.

SHLEIFER A，VISHNY R W，2003. Stock market driven acquisitions [J]. Journal of financial economics，70 (3)：295 - 311.

SLOAN R G，1996. Do Stock prices fully reflect information in accruals and cash flows about future earnings? [J]. The accounting review，60 (3)：289 - 315.

SLOVIN M B，SUSHKA M E，POLONCHEK J A，2005. Method of payment in asset sales：contraction with equity versus cash [J]. The journal of finance，60 (5)：2385 - 2407.

TEBOURBI I，2012. Timing of mergers and acquisitions：evidence from the canadian stock market [J]. International journal of economics and finance，4 (9)：87 - 107.

WATTS R，2003. Conservatism in accounting part I：Explanation and implications [J]. Accounting horizons，17：207 - 221.

WHITED T M，BAKKE T E，2010. Which firms follow the market? An analysis of corporate investment decisions [J]. Review of financial studies，23 (5)：1941 - 1980.

XIE H，2011. The mispricing of abnormal accruals [J]. Accounting review，76 (3)：357 - 373.

# 致　谢

四年半的博士学习终于告一段落。这段时间的学习对我来说刻骨铭心，终生难忘。2018年，我怀着忐忑不安的心情报考了石河子大学的博士入学统一考试，有幸被石河子大学经济与管理学院录取，从此正式成为2018级博士研究生的一员。我硕士毕业工作多年后终于圆了读博的梦想。现在回想起来，当初的决定是多么的明智。

回顾四年的求学时光，最需要感谢的是我的导师王生年教授。他治学严谨、学识渊博、为人谦逊、平易近人，让我受益匪浅。我有幸跟随他的脚步在会计学领域探索，恩师孜孜不倦的教导是我能够在该领域踏实前行的动力源泉。王生年教授在本书的选题、结构安排、论文撰写及修改等方面给予了我极大的帮助。

同时，衷心感谢石河子大学经济与管理学院院长杨兴全教授、公司治理与管理创新研究中心主任白俊教授、刘嫦教授、魏卉教授、买生教授、刘追教授、石冠峰教授、崔登峰教授。他们提出的宝贵意见与建议使得本书的质量更上一层楼，他们对我的指导是一笔无价的财富，使我受益颇多！

感谢好友毕鹏博士、王丽丽博士、杜妍博士、孙云云博士、李枫博士、薄彩香博士、张纪元博士、鲁春洋博士、郑潘婷师妹、胡书雅师妹、孙孟杰师妹、白秋苹师妹、牛慧君师妹、曾婉慧师妹、韩文静师妹、许阳师弟等。感谢朋友们在我“山重水复疑无路”的时候给予我安慰和鼓励，为我创造了一个其乐融融的科研氛围；感谢我的同学们给我一个温馨友好的学习环境，在我求学路上给予我很多帮助。同门情谊之深令我终生难忘。愿我们的情谊之树常青，于道各努力，千里自同风。

能够顺利博士毕业完全离不开家人在背后的默默支持。谢谢我的老公任劳任怨地包揽了所有家务，独自承担辅导儿子学习的重任，另外还要时不时开导我，帮助我减轻压力。感谢生命中遇到这样一个有担当、有责任、勤劳能干的老公。博士四年半的时光，最大的愧疚莫过于对儿子的亏欠，陪伴少之又少。父母之恩，无以为报。在最无助的时候有公婆的帮衬是何其的幸福，谢谢我的公婆对孩子的照顾，感谢你们对我学业的支持！感谢我的家人们，我现在只想不断努力，成为你们的骄傲！

感谢那个曾经坚持不懈、努力奋斗的自己。心中有梦，脚下生风。吾辈以坦荡立于世间，必将步步生花，一路风景如画。人生的新篇章即将拉开帷幕，这次的主角是我自己。

志行万里者，不会中道而辍足。虽已博士毕业，但标杆绝不能降低，奋斗绝不能松懈。我会以更加饱满的热情、更加昂扬的斗志、更务实的作风，一张蓝图绘到底，一身担当拼到底，一心求真走到底，在自己从事的科研领域继续努力，取得更多无愧于导师、无愧于家人、无愧于自己的科研成果。

**图书在版编目（CIP）数据**

企业并购对股票错误定价的影响研究 / 黄兰兰著. 北京 ：中国农业出版社，2024. 6. -- ISBN 978-7-109-32075-8

Ⅰ. F832.51

中国国家版本馆 CIP 数据核字第 2024Y31H99 号

中国农业出版社出版

地址：北京市朝阳区麦子店街 18 号楼

邮编：100125

责任编辑：姚　佳　　文字编辑　蔡雪青

版式设计：杨　婧　　责任校对：吴丽婷

印刷：北京印刷集团有限责任公司

版次：2024 年 6 月第 1 版

印次：2024 年 6 月北京第 1 次印刷

发行：新华书店北京发行所

开本：700mm×1000mm　1/16

印张：13.5

字数：242 千字

定价：88.00 元